CHIC
清洁供热产业委员会
Clean Heating Industry Committee

U0962233

中国清洁供热产业发展报告 2025

CHINA CLEAN HEATING INDUSTRY DEVELOPMENT REPORT 2025

清洁供热产业委员会（CHIC）编写

主　编◎周宏春　周　春
副主编◎綦升辉　李长征

中国经济出版社
CHINA ECONOMIC PUBLISHING HOUSE

图书在版编目（CIP）数据

中国清洁供热产业发展报告. 2025 / 周宏春，周春主编；綦升辉，李长征副主编. -- 北京：中国经济出版社，2025. 6. -- ISBN 978-7-5136-8177-3

Ⅰ. F426. 9

中国国家版本馆 CIP 数据核字第 20254B1Z44 号

责任编辑　张　巍（出版咨询 13371751852）
责任印制　李　伟
封面设计　原创在线

出版发行　中国经济出版社
印 刷 者　北京科信印刷有限公司
经 销 者　各地新华书店
开　　本　710mm×1000mm　1/16
印　　张　18
字　　数　360 千字
版　　次　2025 年 6 月第 1 版
印　　次　2025 年 6 月第 1 次
定　　价　168. 00 元
广告经营许可证　京西工商广字第 8179 号

中国经济出版社　**网址** http://epc. sinopec. com/epc/　**社址** 北京市东城区安定门外大街 58 号　**邮编** 100011
本版图书如存在印装质量问题，请与本社销售中心联系调换（联系电话：010-57512564）

编写委员会

主　　编　周宏春　周　春

副 主 编　綦升辉　李长征

章节牵头人　李先庭　秦绪龙　马文生　姚　辑
宋玲玲　李　津　吴　荣　付毕安

编　　委　石文星　闫金光　卞　正　曹　勇　武娟妮
张理驰　郑　娜　王　源　王宝龙　王东旭
黄霆鹤　王思琪　付　洁　于晓龙　刘景东
申剑光　贺煜程　董光磊　黄玉梅　张广保
陈　渝　沙玉峰　孙小宇　白　瑜　李佳洋
赵海霞　李　兰　王　伟　杨志刚　苗　舰
罗彬铭　周　琼　李宇航　孙晓素　臧云哲
宋　辉　岳　亮　谢德刚　柴玉文　李　慧
司未涛　胡令猛　周北京　张亚南　王学敏

鸣　谢

国家发展和改革委员会价格成本和认证中心

国家发展和改革委员会能源研究所

国家节能中心

生态环境部环境规划院

清华大学建筑学院

清华大学图书馆

中国建筑科学研究院

北京市煤气热力工程设计院有限公司

北京国发绿色节能环保技术研究院

福建沃豪科技集团有限公司

恒亦明（重庆）科技有限公司

山东骏兴新能源投资有限责任公司

财达证券股份有限公司

序 言

PREFACE

清洁供热一头连着能源，另一头连着民生，是新时代能源革命的重要领域，更是关乎民生冷暖的公共工程。在百年未有之大变局的背景下，随着能源绿色低碳转型和数字化融合的纵深推进，清洁供热推进绿色低碳智能供热体系构建，在提升供热效率的同时为节能减排做出行业贡献。作为新质生产力的重要领域，清洁供热通过技术创新和产业升级，推动经济社会高质量发展，为实现“双碳”目标夯实基础。

2024 年是中国高质量发展扎实推进的一年。这一年，在更加错综复杂的国际国内环境下，中国统筹扩大内需与供给侧结构性改革，战略性新兴产业和未来产业加速培育，新质生产力稳步发展，改革开放持续深化，创新驱动持续增强，产业升级加速推进，数字经济、新能源、高端制造等领域取得显著突破，重点领域风险化解有序有效；全球能源体系在气候危机、地缘政治和技术革命多重驱动下呈现“多极化重构”特征，中国绿色低碳转型稳步推进，可再生能源转型、新型电力系统建设、能源数字化等推动国内能源变革深度优化，为全球气候治理提供中国方案，展现负责任大国担当。

2024 年是中国能源转型变革加速重构的一年。这一年，以能源安全新战略和能源绿色低碳转型为引领，充分发挥煤炭煤电兜底保障作用，清洁能源发电量稳步增长，风能、光伏等新能源发电装机容量再创新高，非化石能源发电装机容量占比超过 55%，新型储能和氢能技术取得重大进展，新型电力系统进一步构建，数字能源深度融合，新能源消纳能力显著提升；市场机制改革释放转型动能，全国统一电力市场加快建设，绿电交易、碳市场建设持续深化，能源供给侧与消费侧改革协同推进。

2024年是中国清洁供热产业智慧跃迁的一年。这一年，“源—网—站—户”深度融合的智慧供热系统加速升级，新能源供热技术（如热泵供暖、太阳能供热）与区域能源系统进入协同发展态势，北方地区清洁取暖覆盖率进一步提升，空气质量持续改善。智慧供热采用新一代信息技术和数字技术，对供热系统中热源端、输送端和消费端的数据进行监测、传输和模型分析，以尽可能少的热能供应为用户创造舒适的环境。位于气候过渡带的湖北、贵州、安徽、江苏等地也开始给居民供暖，面积超过1.1亿平方米。清洁供热行业推动供热计量改革、智能调控平台建设与新型电力系统的紧密耦合，在保障居民温暖过冬的同时，从“传统保供”向“智慧服务”、从“能源孤岛”向“系统节点”方向转型发展。

《中国清洁供热产业发展报告2025》是清洁供热产业委员会（Clean Heating Industry Committee，CHIC）组织编写的清洁供热产业年度发展报告，从能源发展、体制改革、产业现状、转型趋势、智慧供热、政策解读、典型案例、金融服务、发展趋势、政策建议、重大创新等方面，对2024年的发展状况进行全面梳理、综合归纳，并提出展望建议。报告中三次遴选绿色低碳创新技术，涵盖能源、工业、建筑、交通、农业等重点领域的生产、消费等诸多环节，经专家评选，共推荐5种年度绿色低碳创新技术、相应示范项目以及鉴定报告，旨在挖掘并推广具有重大创新意义的技术和示范项目，促进行业的高质量发展，进一步激发行业创新活力，加速新技术应用落地，为行业高质量发展提供技术支撑和标杆示范。

清洁供热作为一个新兴的万亿元级产业，已经吸引了清洁供热企业、产品设备生产商、节能环保服务公司、工程设计公司、金融机构、科研院所等产业链的8400多家相关企事业单位参与。作为中国清洁供热行业组织，CHIC 将在政策研究、标准制定、品牌宣传、技术推广、能力建设、国内外交流等方面发挥平台、桥梁和窗口作用，规范和引领中国清洁供热产业健康持续发展。

《中国清洁供热产业发展报告 2025》，由 CHIC 主任周宏春研究员指导编制，以大量的调查研究和准确的统计数据为支撑，视野开阔、系统全面、凝聚焦点、分析深入，既有政策导向也有案例分析，既有理论阐述也有实践经验总结，是清洁供热产业年度报告，可供政策制定者、供热企业和行业研究者参阅。

刘燕华

科技部原副部长 国务院原参事

国家气候变化专家委员会原主任

内容提要

ABSTRACT

一、我国清洁供热产业的相关要点

在“双碳”战略和蓝天保卫战政策推动下，清洁供热工程持续扩容并实现品质不断提升。供热版图已由传统北方采暖区域向气候过渡带区域延伸，产业规模有序增长；科技创新加速驱动清洁供热产业转型升级。需求端催生精准调控高要求，供给和传输端深度融合数字技术，推动供热体系智能化发展。清洁供热产业领域不断演进出新业态、新模式，涌现出创新型解决方案和系列新产品。

用什么方式供暖最经济？是热电联产供暖好，还是利用太阳能、地热能供热好，或利用热泵供热好？这是供热企业和用户均关注的问题。严格地说，这些方式各有优势。相关研究表明，选择供热方式的原则是热源越近越好，因为可以就近取材，减少运输成本；转换环节越少越好，因为转换环节越多效率越低。热源的选择原则是宜气则气、宜电则电，宜煤则煤、宜柴则柴，这是国家提出并逐步完善的原则。供热是一个系统工程，以热泵为例，地源热泵供热有几个环节，第一环节是把热从地下取出来，常用办法是“换热不换水”；第二环节是把热输送到一个地方集中储存，用的时候再把热释放出来，为居民创造一个宜居环境。热泵将地下能源收集起来并传输到指定地方，在用户需要时释放出来，起到“热能搬运工”的作用。

供热价格一般均采用两部制，即供热价格由基本热价和计量热价构成。基本热价是由热的传导性决定的。在集中供暖情形下，如果相邻两家中一家不供热而邻家供热了，由于热的传导性会出现“共享”供热效果的情形，这就需要有基本热价的存在；用热流量表来测量一个家庭用多少热，乘以单位热价后是计量热价，这就是我国北方城镇现行的两部制热价。如何推动热价改革？要由地方政府先确定供热定价公式，然后在实践中发现问题并不断调整完善。热价改革是一个地方性问题，必须从各地实际情况出发，由当地政府主导；供热企业和公众参与既要考虑建筑物的节能情况，又要考虑其他相关因素，唯如此才能把供热价格改革好。

清洁供热作为推进“双碳”战略的关键领域和重要民生工程，要因地施策、统筹兼顾，以政策引领、群众满意为准则，加快供热新技术推广应用，建立健全智慧供热解决方案的商业运行机制，真正将清洁供热打造成为政府部门放心、市场主体安心、人民群众暖心的“三心”工程。

二、报告框架及主要内容

《中国清洁供热产业发展报告 2025》分六篇，系统分析我国能源发展的总体情况，解析清洁供热产业发展现状，梳理产业转型趋势，并阐述新型智慧供热系统广泛应用情况；介绍国内外及地方政府在能源领域重要利好政策以及行业标准；展示清洁取暖项目城市建设实例和实施成效，着重评估零碳供热与智慧供热技术路线及进行效益分析，列示 6 个典型项目案例和技术亮点，并重点解析供热价格调整和供热计量深化改革过程中的政策导向和未来发展方向；整理清洁供热行业融资路径，包括房地产投资信托基金（Real Estate Investment Trusts，REITs）、资产支持证券（Asset - Backed Securities，ABS）、绿色债券、绿色信贷、政府专项债、产业投资基金等；筛选并推荐能源行业绿色低碳创新技术以及相应示范项目，评选出 5 种年度绿色低碳创新技术及相关示范项目，以期为绿色低碳行业提供借鉴参考，推动重大创新技术的规模化应用；展望未来清洁供热发展方向并给出相应的政策建议。

据 CHIC 统计，截至 2024 年底，我国北方地区供热总面积 252 亿平方米（其中城镇供热面积 182 亿平方米，农村供热面积 70 亿平方米），其中清洁供热面积 209 亿平方米，清洁供热率近 83%。中央财政累计投入资金 1209 亿元，带动地方政府和社会投资超过 4000 亿元。全国涉及清洁供热企业 8400 家，产业总产值 9300 亿元，从业人员达 127 万人。清洁供热产业成为新质生产力提升和数字化转型的重点领域之一。

第一篇，综合篇。该篇全面阐述清洁供热定义及发展现状并分析能源消费及碳排放情况。明确清洁供热定义、内涵和分类；统计并分析煤炭、原油、天然气、电力、清洁能源等能源品类的消费情况；追踪建筑用能和碳排放情况。从总体概况、集中供热、散煤替代、多能替代等维度解析我国清洁供热产业发展现状；梳理清洁供热产业转型发展的几种趋势，重点展示新型智慧供热的广泛应用情况。

第二篇，政策篇。该篇全面梳理国内外和各地方政府清洁供热相关政策法规，并筛选具有行业代表性的标准和国外资讯。收录国家层面上2024年我国出台的多项推进能源绿色转型与清洁供热发展、重点支持可再生能源替代和节能减排技术改造等政策；选取部分代表性城市清洁取暖、智慧供热相关政策，结合当地实际情况加快智慧供热试点、热计量布局以及供热价格改革，推动清洁取暖向智慧供热转型；解析清洁供热行业标准内容；筛选了国外代表性地区清洁供热标准条款。

第三篇，实践篇。该篇盘点了清洁取暖项目城市建设情况，智慧供热、零碳供热现状及典型案例和技术亮点。详细介绍了泰安、呼和浩特等城市通过多元化技术改造、建筑能效提升、政策资金保障等措施成功提升清洁取暖率和空气质量，形成可持续发展模式的情况；介绍了智慧供热和零碳供热产业概况和技术，并对智能调控、热计量、热调控、零碳供热技术等关键技术环节进行应用介绍和比较；围绕智慧供热和零碳供热技术，分别选取北京、济宁、青岛、林口、山西、鄂尔多斯6个落地典型应用项目，并详细解构核心技术创新点和运行效果；围绕供热价格调整与供热计量深化改革进行政策、问题挑战和发展趋势分析，旨在通过技术进步和政策深化实现供热商品化、市场化，同时注重因地制宜，避免“一刀切”式推进。按照集中供热、分散供热对供热价格机制和特点进行对比探讨。

第四篇，融资篇。该篇主要概述供热企业建设改造资金来源，介绍基础设施公募REITs模式及在清洁供热产业中的发展前景，并详细剖析供热价格机制与特点。概述清洁供热行业多个融资路径，梳理现行的融资模式，并分别展示不同投融资模式下成功的清洁供热项目融资案例。

第五篇，技术篇。该篇梳理绿色低碳创新技术遴选标准并筛选代表性绿色低碳年度创新技术及创新主体。从绿色低碳性、重大创新性、经济收益性三个方面明确定义绿色低碳重大创新技术遴选标准规则。按照遴选规则，筛选出 5 个具有代表性的绿色低碳创新技术以及示范项目，重点介绍绿色低碳技术创新主体及落地载体，旨在推动重大创新技术的规模化应用。

第六篇，展望篇。在总结 2024 年清洁供热行业发展状况的基础上，展望清洁供热行业发展趋势，从技术创新和人才培养方面立足行业发展高度，对政府、企业、用户给出政策建议。

目 录

CONTENTS

第一篇 综合篇

第二篇　政策篇

第三篇　实践篇

CHIC
清洁供热产业委员会
Clean Heating Industry Committee

第一篇　综合篇

核心数据：据CHIC统计，截至2024年底，我国北方地区供热总面积252亿平方米（其中城镇供热面积182亿平方米，农村供热面积70亿平方米），其中清洁供热面积209亿平方米，清洁供热率近83%。中央财政累计投入资金1209亿元，带动地方政府和社会投资超过4000亿元。全国涉及清洁供热企业8400家，产业总产值9300亿元，从业人员有127万人。清洁供热产业成为新质生产力提升和数字化转型的重点领域之一。

一、清洁供热的定义、特点

（一）清洁供热的定义

清洁供热是指因地制宜使用清洁化能源（热源），直接或通过高效输配管网为热用户提供安全、绿色、经济热能的供热方式，其实质是热能生产、输配以及使用全过程实现节能清洁环保。清洁化能源主要指天然气、电、地热能、生物质能、太阳能、风能、空气能、工业余热、清洁化煤炭、核能等能源。热用户涵盖工业、农业及建筑等所有生产、生活场所。

清洁供热有广义和狭义之分（见图1－1）。

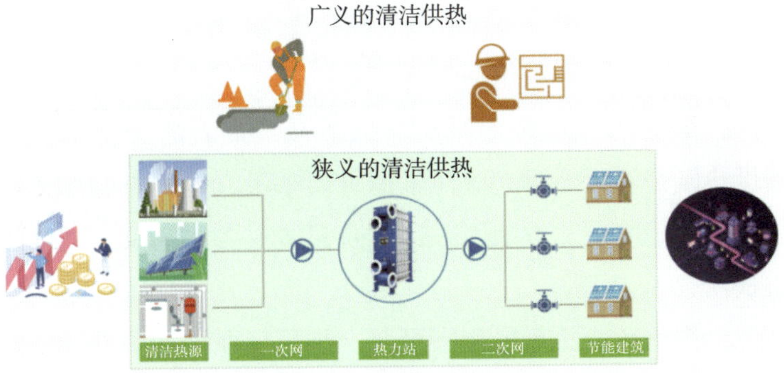

图1－1　清洁供热示意

广义的清洁供热不仅覆盖清洁化能源（热源）、高效输配管网（热网）、节能建筑（热用户）等，还包含方案设计、融资服务、节能改造、工程施工、精细管理及智慧运营等环节。狭义的清洁供热主要是指针对建筑的清洁供热。

（二）清洁供热的内涵

在碳中和导向下，清洁供热以安全、高效、清洁、低碳、经济、智能为特征（见图 1－2）。

图 1－2　清洁供热的特征

安全，即要求供热不出或尽可能少出事故，安全永远是清洁供热的第一要求；高效，即要求供热节能低碳或热源利用效率最大化；清洁，即要求供热产生的对环境和气候的不利影响最小化；低碳，即要求供热过程中碳排放最小化；经济，即要求以居民可承受的成本温暖过冬；智能，即要求供热系统实现“源—网—站—户”全流程的智能化管理，用户实现按需供热。

清洁供热工程主要有以下两个方面特点。

民生性：推进北方地区冬季清洁取暖，是重大的民生工程、民心工程。清洁供热既是解决冬季大气污染的重要手段，也是打赢蓝天保卫战的重要措施，不仅能满足北方地区人民群众温暖过冬的需要，还能提高居民的生活质量。

公益性：供热产业关系民生、民心，是环境保护和公共设施建设的要求，也是社会稳定发展的因素之一，主要服务于人民群众基本的生活需要，是不可或缺的，所以兼具公益性特征。

（三）清洁供热的分类

清洁供热产业覆盖源头、生产过程和末端，包括规划设计、技术路线、装备生产、建设运营、科技研发与就业等方面，不仅关注技术路线也关注产业发展、社会福祉和环境效益。从产业链来看，清洁供热产业大致分为上游、中游和下游（见图1－3）。

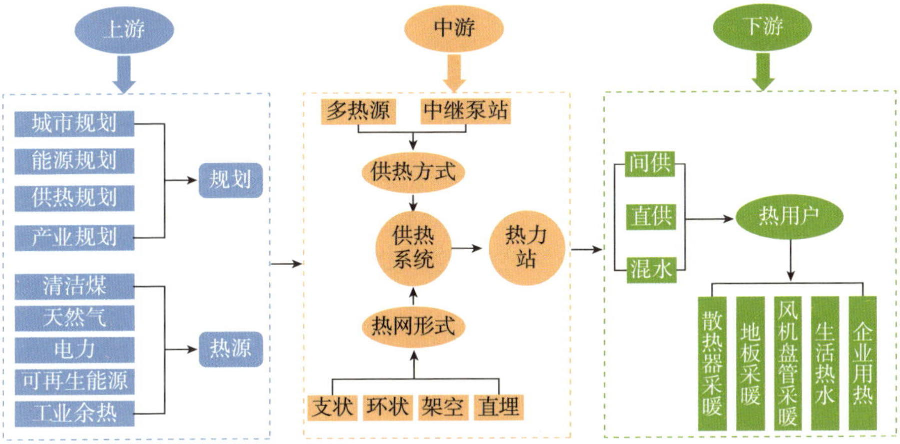

图1－3　清洁供热产业链示意

清洁供热产业上游为规划设计和清洁热源；中游是以供热系统为核心的一、二级热网，换热站等，各种供热方式不断涌现，呈现数字化、智能化趋势；下游为用户。上游主体为热源、能源供应企业；中游的主要参与者为热力公司、自有热源供热企业以及工业余热利用企业；下游用户则涉及工业企业消费者、住宅采暖消费者与非住宅采暖消费者。

按供热方式的不同，清洁供热分为集中清洁供热、分布式清洁供热和分散式清洁供热等。集中清洁供热是指由集中热源所产生的蒸汽、热水通过管网供给一个城市（镇）或部分区域生产、采暖和生活所需的热量的供热方式。有集中供热管网、建筑密度高的北方大中型城市主要采用集中供热方式。分布式能源是指建立在用户负荷中心附近的能源综合利用系统，涵盖发电、热电联产、储能和能源管理系统等多种形式。部分居住建筑、公共建筑以及厂矿、学校等建筑采用分布式清洁供热，如采用热泵、燃气锅炉、电锅炉、地热能作为热源为一个或几个小区供热。分散式清洁供热的热源设置在用户端，用户可自主供热。受经济、地理条件和生活习惯限制的城乡接合部和乡村主要采用分散式清洁供热方式，其主要供热设备包括户式炉具、电暖气、发热电缆、碳纤维发热材料、燃气壁挂炉等。分散式清洁供热没有热力管网，运行灵活，收费按电表或气表计量，最适合行为节能管理。

按供热能源的不同，清洁供热可以分为清洁燃煤集中供热、天然气供热、电力供热、可再生能源供热（包括太阳能供热、生物质能供热、地热能供热）、工业余热供热等五种类型（见图 1 –4）。

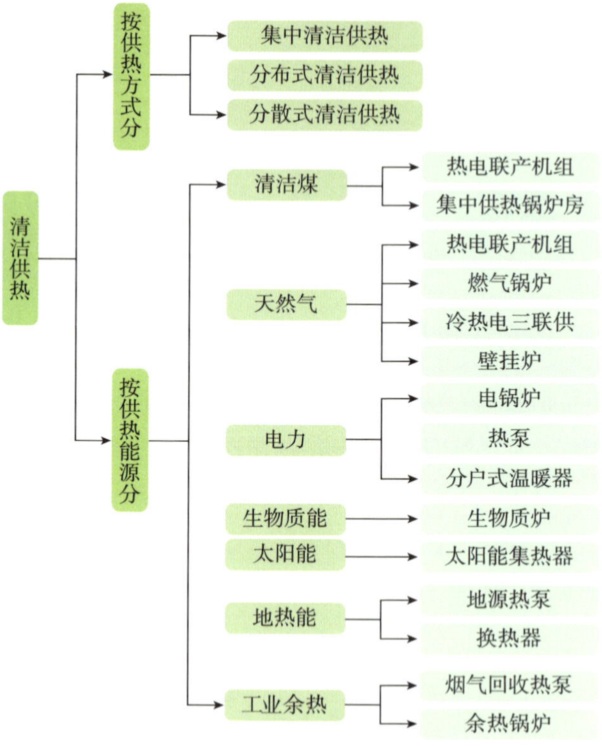

图 1 –4　清洁供热的分类

二、能源消费情况

国家统计局数据显示，2024 年全社会能源消费总量比 2023 年增长

4.2%。2004 年，随着能源消费绿色低碳转型进程加快，非化石能源占能源消费总量的比重稳步提升，比 2023 年提高 1.8 个百分点；煤炭比重下降 1.6 个百分点，石油比重下降 0.5 个百分点，天然气比重上升 0.3 个百分点。

（一）煤炭消费

根据国家统计局的数据，2024 年 1—10 月，全国商品煤消费同比增长 1.2%，增速较 2023 年有所放缓。煤炭消费增速放缓的主要原因：**一是绿色低碳转型的推动**。政策对新能源发展、能效提升和煤炭消费降低的要求日益严格，部分煤炭消耗密集的行业面临着压力。**二是传统行业需求变化**。钢铁和建材行业需求下降导致煤炭消费减少，尤其是钢铁行业，在环保压力和市场需求的双重影响下，用煤量同比下降约 3%。

煤炭在电力生产中依然占据着主导地位，尤其是在电力紧张的时段，火电仍是我国电力供应的保障力量。尽管风能、太阳能等可再生能源发电装机容量持续增加，但电力行业的煤炭需求依然未见明显下降。2024 年 1—10 月，煤炭消费用于电力生产的比重仍占总体消费的 60% 以上。

煤化工产业作为煤炭消费的重要领域，主要涉及煤制油、煤制天然气、煤制化肥等行业。尽管煤化工产业面临一定的环保和成本压力，但随着国家政策支持和技术进步，这一领域的煤炭需求仍然强劲，特别是煤制化肥和煤制油领域。

（二）原油消费

《2024 年国内外油气行业发展报告》显示，2024 年我国石油表观消费量 7.56 亿吨，与 2023 年基本持平，增速大幅下降。从消费结构来看，石油消费结构呈“交通用油下降，化工用油上升”特征，成品油消费量同比下降 2.4%，化工用油同比增长 7.3%。2024 年，受交通运输结构优化、新能源替代加速等多重因素影响，成品油需求进入下降通道，全年成品油消费量为 3.9 亿吨，同比下降 2.4%。一是汽油消费量同比由增转降。截至 2024 年底，我国新能源汽车保有量达到 3140 万辆，累计替代汽油约 2800 万吨，全年汽油消费量约为 1.58 亿吨，同比下降约 3.1%。二是柴油消费量小幅回落。2024 年，我国工业、建筑、物流行业用油表现低迷，尤其是建筑行业，持续在低位徘徊，柴油消费量为1.92亿吨，同比下降4.8%。三是航空出行恢复支撑煤油消费量呈增长趋势。2024年，国内航空出行指数同比上涨4.8%，全年煤油消费量为3984万吨，同比增长14.6%。

（三）天然气消费

《全国天然气运行快报》显示，2024年，我国天然气表观消费量为4260.5亿立方米，同比增长8%，主要集中在工业、居民生活以及电力和交通领域。这一增长主要得益于以下几个方面：**一是工业需求增加**。特别是化工、钢铁、冶金等高能耗行业，天然气作为替代能源，使用量逐渐增加。**二是居民生活需求增长**。随着气候变化和能源消费方式多样化，北方地区冬季取暖需求显著推动天然气消费增长，尤其在供暖季节。**三是交通领域推广**。液化天然气作为清洁能源在交通领域的应用不断增加，在长途货运和公车、客车等公共交通中得到广泛使用。

（四）电力消费

2024年，全社会用电量98521亿千瓦时，同比增长6.8%；与2023年相比，2024年全社会用电量增速提高0.1个百分点。其中，第一、第二、第三产业及居民生活用电量对全社会用电量的拉动点分别为0.1个、3.4个、1.8个、1.5个百分点，对全社会用电量增长的贡献率分别为1.3%、49.7%、26.3%、22.7%。

第一产业用电量全年同比增长6.3%，畜牧业用电量增速领先。2024年，全国第一产业用电量1357亿千瓦时，同比增长6.3%。分行业看，2024年畜牧业、渔业、农业用电量同比分别增长9.2%、7.1%、4.1%。第二产业用电量全年同比增长5.1%，高技术及装备制造业用电量增速领先。2024年，全国第二产业用电量6.39万亿千瓦时，同比增长5.1%。其中，制造业用电量4.79万亿千瓦时，同比增长5.1%。2024年，全国第三产业用电量1.83万亿千瓦时，同比增长9.9%。其中，充换电服务业2024年用电量811亿千瓦时，同比增长50.9%，用电量高速增长。城乡居民生活用电量全年同比增长10.6%，第三季度受高温因素拉动显著。华中地区居民生活用电量同比下降1.7%，华北地区、华东地区、东北地区居民生活用电量分别仅增长 0.9%、1.9%、3.4%。

三、建筑用能与碳排放情况

（一）建筑用能情况

一是近年来新建建筑面积增速放缓，城镇居住建筑体量较大，是建筑面积增长的最主要来源。2010—2021 年，我国建筑总面积从 472 亿平方米增加到 713 亿平方米，增长 51%，年均增长 3.8%。公共建筑面积从 78 亿平方米增加到 150 亿平方米，增长 92%，年均增长 6%；城市居住建筑面积从 187 亿平方米增加到 333 亿平方米，增长 78%，年均增长 5.4%。农村居住建筑面积受农村人口流出等因素的影响，仅增长 11%。2022 年以来，我国新建建筑面积增速放缓。2024 年，房地产开发企业房屋施工面积 73.32 亿平方米，比 2023 年下降 12.7%。其中，住宅施工面积 51.33 亿平方米，下降 13.1%；房屋竣工面积 73.74 亿平方米，下降 27.7%。住宅竣工面积 53.74 亿平方米，下降 27.4%。

二是建筑运行能耗增速放缓。数据显示，“十五”“十一五”“十二五”“十三五”时期，我国建筑运行能耗年均增长率分别为 10.7%、6.1%、5.9% 和 4.5%。中国建筑节能协会和重庆大学城乡建设与发展研究院联合发布的《中国城乡建设领域碳排放研究报告（2024 年）》，2022 年，我国建筑运行能耗达到 11.9 亿吨标准煤，同比增长 5.3%，与 2021 年同期相比下降 1.3%。考虑到近年来我国新建建筑面积下降等情况，若建筑运行能耗年均增长率按 3% ~4% 计算，2024 年建筑运行能耗为 12.6 亿 ~12.9 亿吨标准煤。

三是公共和城镇居住建筑仍是运行能耗主要方面。2022 年，我国公共建筑面积仅占总建筑面积的 20% 左右，其运行能耗占建筑总运行能耗的 41%（4.9 亿吨标准煤）；城镇居住建筑面积占总建筑面积的 45% 以上，其运行能耗占建筑总运行能耗的 38%（4.5 亿吨标准煤）；农村居住建筑面积占总建筑面积的 30% 左右，其运行能耗仅占建筑总运行能耗的 21%（2.2 亿吨标准煤）。

（二）建筑碳排放情况

一是碳排放年均增速略低于能源消费，建筑运行能源结构不断优化。数据显示，“十五”和“十一五”期间，我国建筑运行碳排放年均增速大于建筑运行能耗年均增速。“十二五”以来，建筑运行碳排放年均增速小于建筑运行能耗年均增速。2022 年，我国建筑运行碳排放量为 23.1 亿吨，同比增长 2.7%，低于能耗增速近 2.6 个百分点。这是因为全国建筑运行综合碳排放因子从 2010 年的 2.32（千克碳排放量/千克标准煤）下降至 2022 年的 1.94（千克碳排放量/千克标准煤），建筑运行能源结构不断优化。考虑到我国电力结构中风电、光伏电等可再生能源电力比重不断增加，集中供热面积进一步扩大，建筑运行碳排放量年均增长率可按 2% ~ 3% 计算，2024 年建筑运行碳排放量为 24 亿 ~ 24.5 亿吨。

二是直接碳排放逐年下降，电力碳排放占比已超六成。2016 年，直接碳排放占建筑运行碳排放总量的比重超过 30%，直接碳排放年均下降 6.2%；2022 年，直接碳排放量为 4.6 亿吨，占建筑运行碳排放总量的比重下降至 19%。热力碳排放稳步增长，但增速较缓，2015—2022 年的年均增速为 1%，占建筑运行碳排放总量的比重保持在 20%。“十三五”以来，建筑运行电力碳排放年均增速 6.7%；2022 年电力碳排放量明显上升，从 2021 年的 13.7 亿吨上升至 2022 年的 14.4 亿吨，增长 5.1%，占建筑运行碳排放总量的 63%。考虑到近年来建筑面积增速下降、能源结构不断优化、建筑电气化水平不断提高，2024 年热力碳排放占建筑运行碳排放总量的比重可能下降至 18% 以下，电力碳排放比重将进一步提升。

三是公共建筑、城镇居住建筑和农村居住建筑保持 4∶4∶2 碳排放结构情况。不同类型建筑运行碳排放总量的增速不尽相同，但碳排放结构相对固定，近年来公共建筑、城镇居住建筑和农村居住建筑运行碳排放结构一直保持为 4∶4∶2。2022 年，得益于电力碳排放因子下降，公共建筑运行碳排放量为 9.4 亿吨，同比增长 284 万吨，增速为 0.3%；城镇居住建筑运行碳排放量为 8.9 亿吨，同比增长 0.19 亿吨，增速为 2.1%；农村居住建筑运行碳排放量为 4.8 亿吨，同比增长 0.38 亿吨，增速为 7.9%。2023 年以来，新建建筑以城镇居住建筑为主，城镇化水平不断提升，2024 年建筑运行碳排放结构中公共建筑比重保持不变，城镇居住建筑比重略有增长，农村居住建筑比重略有下降。

四、清洁供热产业发展现状

（一）总体概况：规模持续稳定增长

据 CHIC 统计，截至 2024 年底，我国北方地区供热总面积 252 亿平方米（其中城镇供热面积 182 亿平方米，农村供热面积 70 亿平方米）（见图 1－5）。2024 年，清洁供热面积 209 亿平方米，清洁供热率近 83%（见图 1－6）。中央财政累计投入资金 1209 亿元，带动地方政府和社会投资超过 4000 亿元。与 2023 年相比，清洁供热面积增加 66 亿平方米，清洁供热率比 2023 年增加 7 个百分点，增势较之前年份有大幅提升。

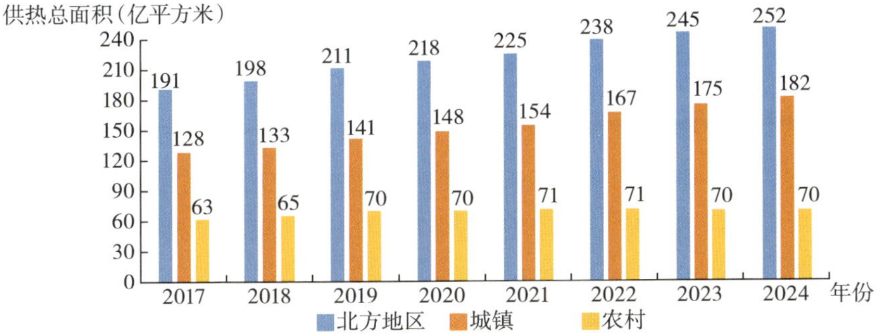

图 1－5　2017—2024 年北方地区供热总面积

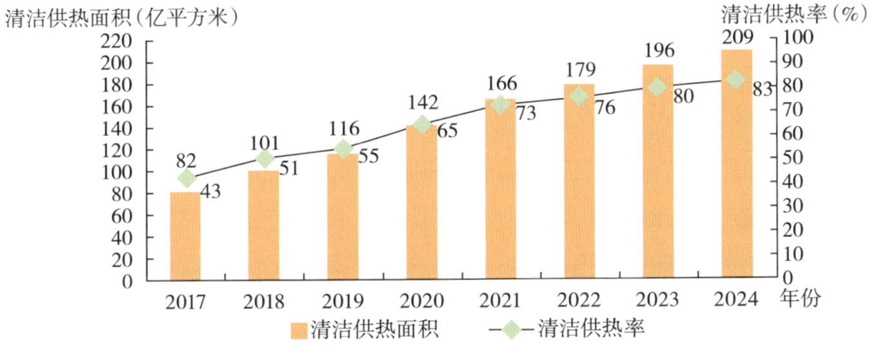

图 1－6　2017—2024 年北方地区清洁供热概况

2017—2024 年，随着能源结构的调整、市场机制的完善，我国北方地区清洁供热面积不断增加，生产总值随着市场需求而不断增加，我国清洁供热产业的营商环境呈现良好的发展态势。清洁供热企业从 2017 年的 7700 家增长到 2024 年的 8400 家；从业人员从 110 万人扩展到 127 万人；产业总产值从 8200 亿元提高到 9300 亿元（见图 1－7、图 1－8）。

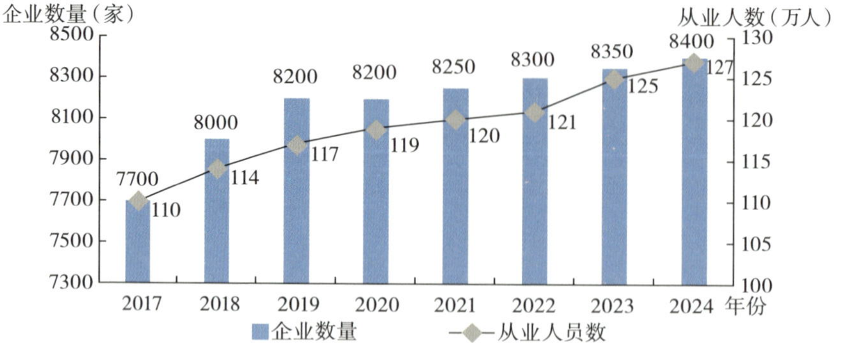

图 1－7　2017—2024 年涉及清洁供热企业数量和从业人员数

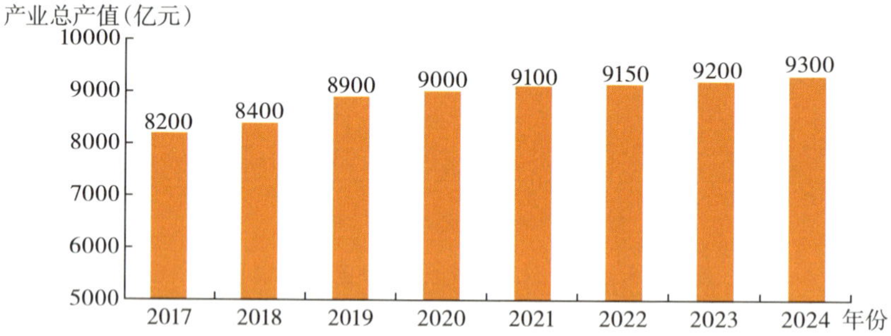

图 1－8　2017—2024 年清洁供热产业总产值

（二）城镇集中供热：供热面积持续增长

2024 年 10 月 25 日，中华人民共和国住房和城乡建设部（以下简称住房城乡建设部）发布《2023 年中国城市建设状况公报》，截至 2023 年末，全国城市集中供热管道长度为 52.37 万千米，同比增长 6.14%；集中供热面积为 115.49 亿平方米，同比增长 3.81%（见图 1－9、图 1－10）。全国城市蒸汽集中供热能力为 123908 吨/小时，同比下降 1.30%；热水集中供热能力为 631206 万兆瓦，同比增长 5.17%。

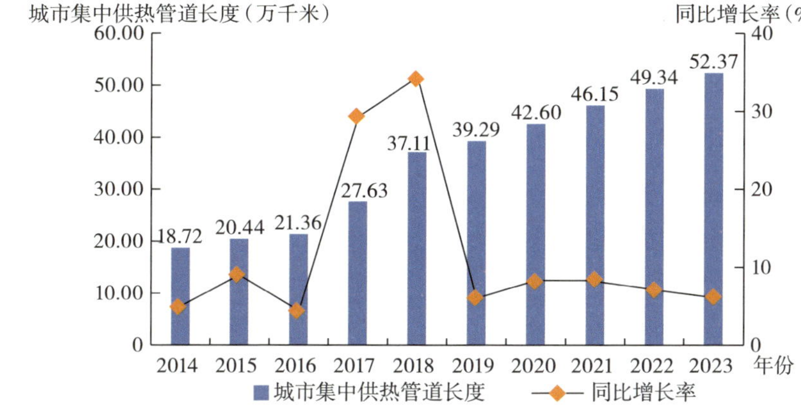

图 1－9　2014—2023 年全国城市集中供热管道长度及同比变化

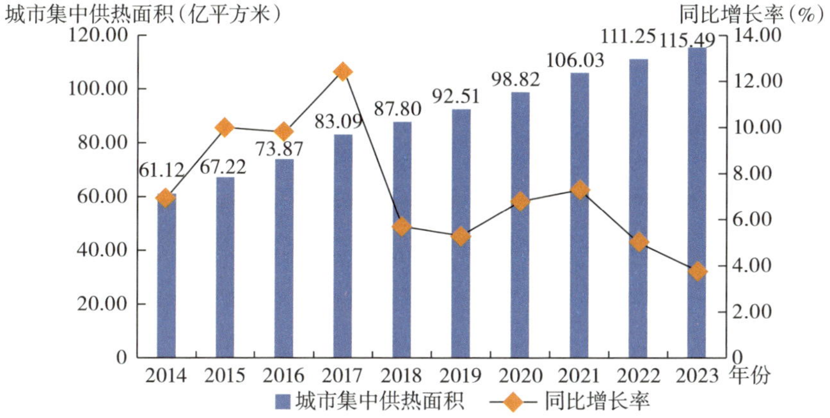

图 1－10　2014—2023 年全国城市集中供热面积及同比变化

分省份看，山东、辽宁和河北 3 个省的城市集中供热面积超过 10 亿平方米；黑龙江、山西、北京、内蒙古、吉林、河南、天津和陕西 8 个省（区、市）的城市集中供热面积为 5 亿～10 亿平方米；新疆、甘肃和宁夏 3 个省（区）的城市集中供热面积为 1 亿～5亿平方米；青海、江苏、安徽、湖北、贵州、云南、西藏、四川 8 个省（区）和新疆生产建设兵团的城市集中供热面积在 1 亿平方米以下；上海、浙江、福建、江西、湖南、广东、广西、海南和重庆 9 个省（区、市）无集中供热。

从固定资产投资来看，2023 年，全国城市市政公用设施建设固定资产

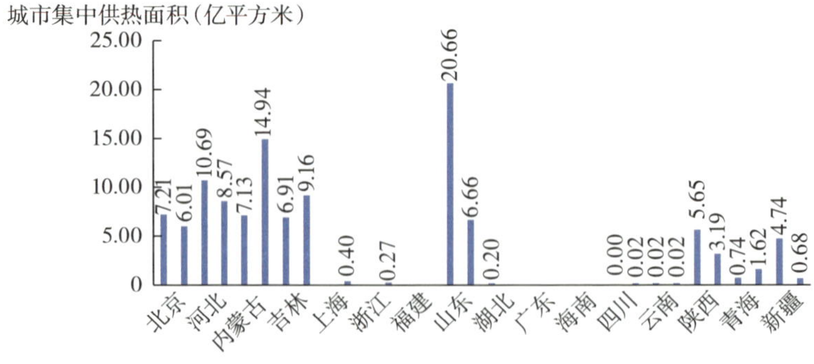

图 1－11　2023 年全国各省（区、市）和新疆生产建设兵团城市集中供热面积

投资总额达 20331.3 亿元。其中，集中供热固定资产投资达 516.1 亿元，占全国城市市政公用设施建设固定资产投资总额的 2.5%，较 2022 年的 339.8 亿元增长 51.9%（见图 1－12）。

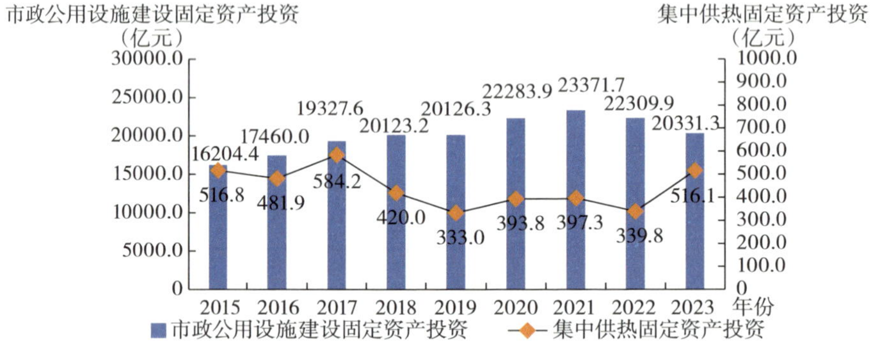

图 1－12　2015—2023 年我国城市市政公用设施建设固定资产投资和集中供热固定资产投资

从供热能力来看，2015—2023 年我国城市集中供热能力整体提升。2023 年，我国蒸汽集中供热能力为 123908 吨/小时，热水集中供热能力为 631206 兆瓦（见图 1－13、图 1－14）。

从供热总量来看，2023 年，我国蒸汽集中供热总量为 6.5 亿吉焦，占城市集中供热总量的 15.2%；热水集中供热总量为 36.3 亿吉焦，占城市集中供热总量的 84.8%，是我国城市集中供热的主流（见图 1－15）。

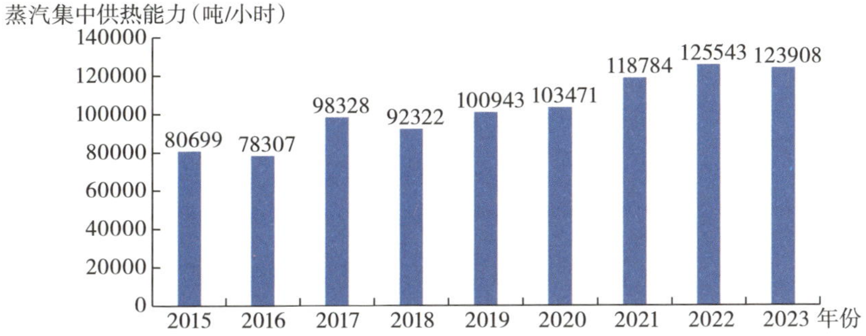

图 1－13　2015—2023 年我国蒸汽集中供热能力

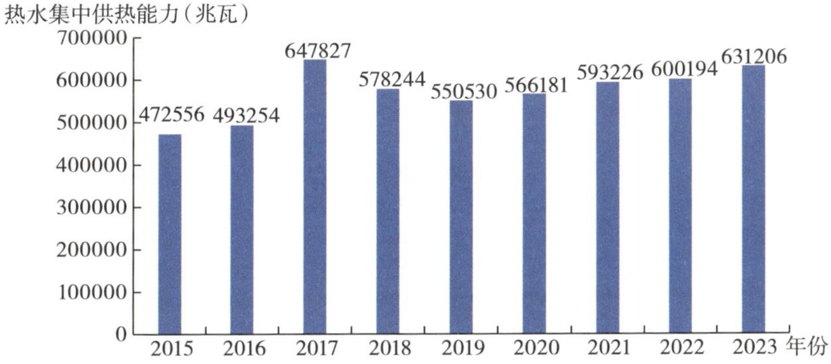

图 1－14　2015—2023 年我国热水集中供热能力

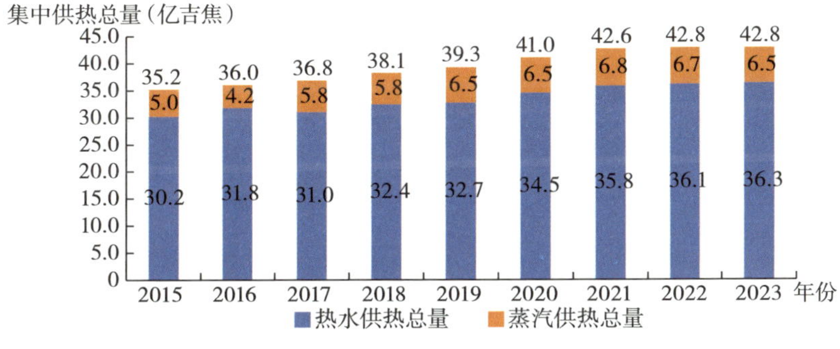

图 1－15　2017—2023 年我国城市集中供热总量

（三）散煤替代：散煤治理取得积极成效，但农村取暖仍面临挑战

经过多年的不懈努力，中国散煤治理取得积极成效。根据《中国散煤

综合治理研究报告 2024》数据，截至 2023 年底，北方农村地区累计完成清洁取暖改造约 3900 万户。北方地区农村清洁取暖逐步形成以清洁能源替代为主、以清洁煤和配套环保炉具兜底的发展思路，积极试点示范太阳能、风能等可再生能源供热，因地制宜探索“可再生能源 +”的多能互补模式。从区域分布来看，京津冀及周边地区以电和气为主、西北地区以“太阳能 +”为主、东北地区以“生物质 +”为主的格局初步形成。

总体来看，“十四五”期间受多方面因素影响清洁取暖率的提升速度放缓。首先，重点区域清洁取暖改造已基本完成，2023 年全面进入存量巩固阶段；其次，清洁取暖试点虽然已经向东北、西北地区延伸，但推进速度不及重点区域，改造规模增量整体有所下降；最后，东北、西北地区的清洁取暖改造难度升级且年施工期较短，导致上述地区的清洁取暖建设相比重点区域需要更长的时间。

在推进散煤替代的过程中，依旧面临着财政紧张、费用偏高、居民接受度较低等挑战。当前，各地主要依赖财政补贴推动清洁取暖，由于基础设施改造耗资巨大，部分清洁取暖设备价格高，同时电采暖和燃气采暖的运行成本高于燃煤采暖，居民对政府补贴的依赖性较强，地方政府财政负担普遍过重，相关补贴政策难以长期推行。未来，随着清洁供热改造面积不断扩大、项目数量不断增加，原有项目运维及新项目持续推进所需的高额补贴会让地方财政陷入进退两难的境地。同时，农村的情况较为复杂，居民生活和经济条件存在差异，对采暖的要求不同，政府招标的项目难以满足不同用户对采暖多样性的需求，造成其安装使用的积极性不高。并且，广大农村，尤其是较偏远农村中大部分为留守的中老年人，他们仍习惯于采用传统的散煤供暖方式，认为其热量高、成本低，而对清洁取暖方式的接受度不高。此外，短期内大规模安装的设备，安全性、稳定性和售后服务能否跟得上，也是用户担心的问题。

（四）防止散煤返烧：解决清洁取暖可持续性问题的关键

在继续推进清洁取暖改造的同时，巩固已完成改造的区域，防止散煤返烧也是工作重点。散煤返烧现象的出现是农村能源绿色低碳转型中的波动，是可预见且必须攻克的难题，也是解决清洁取暖可持续性问题的关键。

根据《中国散煤综合治理研究报告 2024》的调研结果，从不同区域来看，华北地区农村散煤管控力度大、农户可承受能力较高，返煤率较低；东北、西北地区农村散煤管控力度小、农户可承受能力较低，返煤率相对略高。

从不同技术路径来看，直热式电暖器、蓄热式电锅炉返煤率最高，返煤原因主要是取暖成本过高。燃气壁挂炉返煤率在 35% ~50%，返煤原因主要是取暖成本较高、取暖效果不理想、气源不稳定等。空气源热泵取暖成本较低，但在不同地区返煤率有较大差异，华北地区的空气源热泵取暖返煤率仅为 3% ~5%；但在西北地区返煤率达到 60% ~80%，返煤原因主要是西北地区农村长期以来形成了用烤火炉煨罐罐茶、烤馍、做饭、烧水等习惯，而空气源热泵无法兼顾用户炊事和热水的需求，因此返煤率较高。“太阳能 + 电辅热”取暖成本居中，但返煤率在 90% 以上，返煤的主要原因除了取暖成本高、取暖效果差以外，最主要的问题是不能兼顾做饭，而且太阳能集热管经常出现冻管、爆管、漏水等问题，加之售后服务不到位，因此弃用率较高。生物质炉具取暖成本较低，但不同地区返煤率也有较大差异，西北地区的生物质炉具取暖返煤率约为 40%；而东北地区返煤率达到 70% ~90%，这是因为东北地区清洁取暖改造前通常以免费的秸秆、玉米芯、薪柴等取暖为主，在极寒天气会烧煤取暖，秸秆压块与免费的秸秆、薪柴相比不具备经济性优势，与散煤相比热值低、不耐烧、操作不方便需要经常清灰、室内环境差（清灰时室内飞灰较多），且在极寒天气取暖效果差，难以满足用户的取暖需求。地源热泵取暖成本最低，仅为燃煤取暖的 60% 左右，出现返煤现象的情况较为罕见。8 个调研城市不同技术路径返煤返柴率比较如图 1 –16 所示。

（五）多能互补：“煤改气”“煤改电”“煤改生物质”等多元化能源替代，促进农村清洁取暖

《中国散煤综合治理研究报告 2024》调研结果显示，北方地区清洁取暖的公众意识有了显著提高，空气源热泵销量在北方地区明显上升，处于刚性需求增长阶段；河北早期“煤改气”用户在没有购置补贴的情况下，

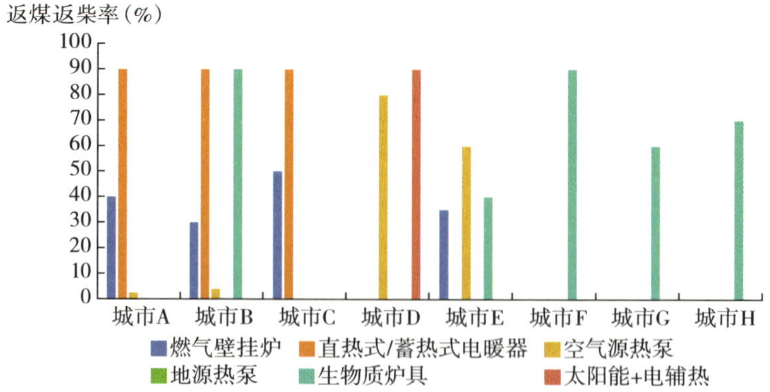

图1-16　8个调研城市不同技术路径返煤返柴率比较

自费购买高效节能冷凝式燃气采暖炉的用户逐渐增多。在河北、山东、山西等地，经济条件较好的用户主要选择安装空气源热泵取暖，尤其是新房用户安装“空气源热泵+地暖”的占比较高。

“煤改电”技术路径中产品种类较为繁杂，包括电暖气、电暖桌、碳晶类等，这些产品在应用中的实际体验和能耗高低成为零售市场竞争的重要因素。从近几年的市场表现来看，空气源热泵相比其他产品在用户体验和运行成本方面具有一定优势，市场增长态势明显。根据中国节能协会热泵专业委员会发布的《2023年中国热泵产业发展年鉴》，2023年空气源热泵市场销量达166.9万台，与2022年相比增幅高达34.7%。空气源热泵2021—2023年市场销量（如图1-17所示）。从区域分布来看，北京空气源热泵置换潜力释放将进一步成为市场热点，目前河北、辽宁是零售市场发展的主要区域，政府项目主要分布在辽宁、内蒙古、宁夏、甘肃、新疆和青海。

2021—2023年“煤改气”市场销量整体下滑，但普通工程和零售市场逆势增长。根据中国土木工程学会燃气分会《燃气采暖热水炉产品2023年度市场统计公告》，2023年普通工程和零售市场的燃气采暖热水炉销量保持稳定，全年销量达222万台，占全年总销量的93.7%；“煤改气”政府项目燃气采暖热水炉销量进一步下降至15万台，与2022年相比降幅高达53.1%，占全年总销量的6.3%，如图1-18所示。政府项目市场主要

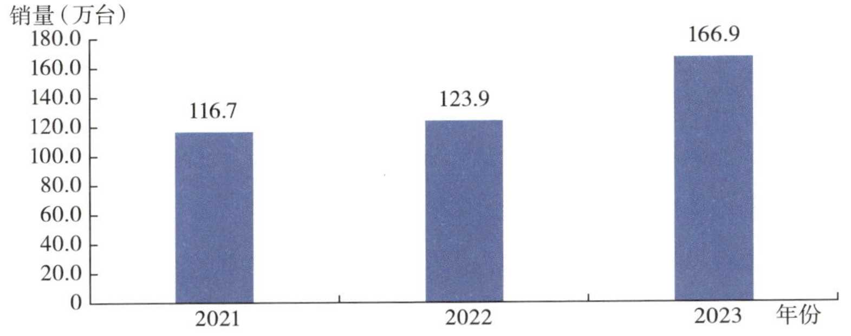

图 1-17　2021—2023 年空气源热泵市场销量变化

分布在西北地区的宁夏、甘肃等省（区），其次是山东、内蒙古等地。

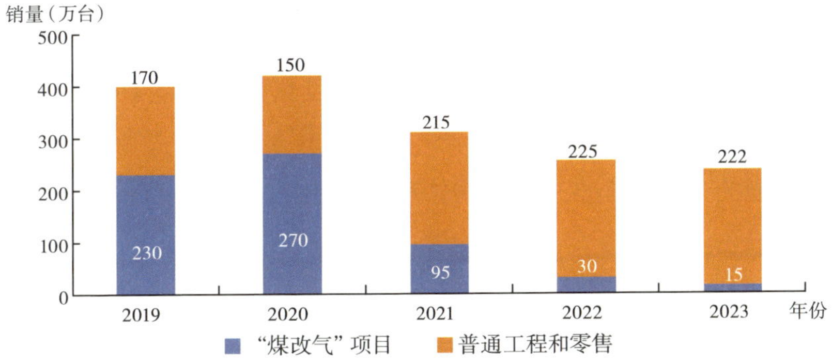

图 1-18　2019—2023 年“煤改气”与普通工程和零售市场销量变化

生物质炉具在清洁炉具市场中占据主导地位，当前生物质炉具的快速发展主要依托政府项目，特别是东北和西北地区清洁取暖改造项目的需求集中释放。其中，生物质壁炉配套颗粒燃料销售的市场化程度提高且逐年上升；燃煤壁炉开始热销，以农村别墅类、乡镇农村小商铺等分散取暖为主。根据《中国散煤综合治理研究报告 2024》，2023 年炉具行业骨干企业的清洁炉具年销量在经历了连续 3 年的下滑后实现首次增长，总销量约 176.9 万台，相比 2022 年的销量水平增长 36%。其中，生物质炉具销量创下新高，约 115.4 万台，占炉具总销量的 65%；燃煤炉具销量连续 3 年下滑后 2023 年出现小幅反弹，总销量约 61.5 万台。如图 1-19 所示。

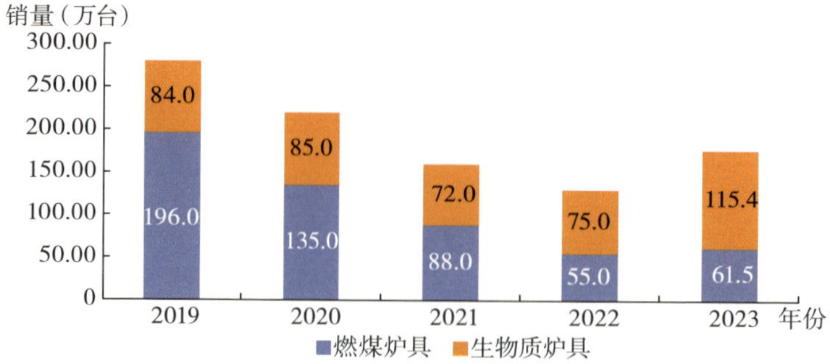

图 1－19　2019—2023 年北方地区采暖炉骨干企业产品销量变化

五、清洁供热产业转型趋势

清洁供热产业还将持续发展壮大，清洁供热面积也将不断扩大，以满足日益增长的清洁供热需求。清洁供热产业转型将朝着更加低碳、绿色、高效与智能的方向稳步推进，具体体现在集中供热热源低碳化建设、分散供热模式绿色多元化探索、建筑能效进一步提升以及新型智慧供热广泛应用等方面。

（一）集中供热热源低碳化建设

当前，北方城镇集中供热的热源以化石能源为主（燃煤约占 70%，天然气约占 20%），可再生能源为辅。2022 年，燃煤热电联产和燃煤锅炉分别占比 55.4% 和 14.6%，燃气热电联产、燃气锅炉分别占比 6.6%、21.1%，其他非煤非燃气热源占比 2.3%。

集中供热系统中，清洁低碳热源的应用将更加广泛，生物质能、核能、地热能、太阳能、工业余热等清洁新能源将作为重要的热源，应因地制宜、宜用尽用，加速替代化石能源供热。传统燃煤供热技术将逐步被新型供热技术替代，新型供热基础设施建设也将逐步加快，浅层地源热泵、水源热泵、中深层地热、再生水源热泵、污水源热泵、生物质供热、工业余热、绿氢供热、集中式空气源热泵以及新能源多能耦合综合能源站等新能源供热技术将应用到示范工程中，并在有条件的地区逐步推广。

集中供热也将适应新型电力系统的建设，构建新型的清洁供热系统。

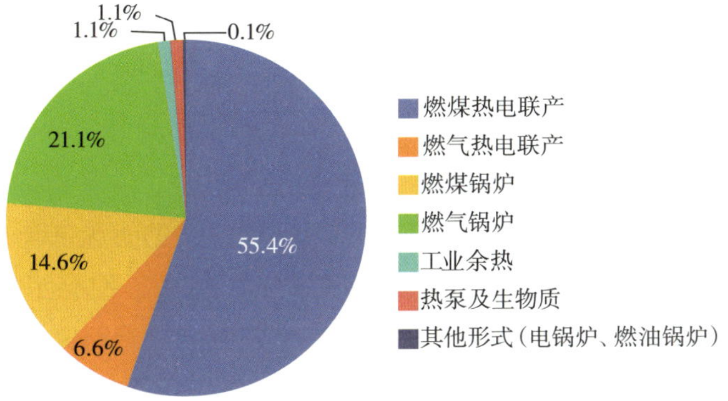

图 1－20　2022 年北方城镇集中供热热源结构

随着可再生能源发电装机容量的进一步提升，电力系统对峰谷调节的需求日益增大，集中供热系统作为重要的用能部门，可大力推进各种调峰蓄热技术的应用，通过示范项目推广实现热泵的大规模使用，推动集中供热和电力系统部门耦合的研究和示范项目，发展不同介质（水、熔盐、固体、相变材料等）储热技术，如既有“煤电机组＋熔盐”，实现热电深度解耦，在提高机组深度调峰能力和运行灵活性的同时增加供热能力和尖峰负荷出力。

（二）分散供热模式绿色多元化探索

农村地区的清洁供热仍将持续发展，散煤治理还将加大推动方面，一方面继续推广“煤改气”“煤改电”的供暖方式；另一方面要进一步发展低碳甚至零碳的采暖技术，力争推动我国农村地区采暖方式实现低碳转型。

生物质能供暖方式将成为农村地区重要的供暖方式。在生物质能源丰富的地区，比如东北地区，应减少生物质直接粗放燃烧的方式，可推广秸秆固化成型技术手段，应用高效清洁炉具等供热，支持对高效节能低碳生物质炉具的研发和推广。在人口比较密集的农村住宅小区可推广生物天然气分布式采暖方式。

在一些电力资源，特别是可再生能源电力资源比较丰富的地区，可以考虑大规模应用热泵和蓄热空调供热。华北、西北等寒冷地区可优先考虑采用空气源热泵，既有农宅可采用空气源热泵热风机、新建农宅可采用“空气源热泵+地板”供暖的方式。严寒地区的农村住宅建筑可考虑采用“电直热+建筑物储热”方式，并推进结合高效燃烧器、低温水热系统、储热水箱和智能温控系统的生物质供热技术。

在有条件的地区，可开发余热、沼气等其他特色能源供暖技术。一些靠近城镇的农村地区，或具有较多工业的农村地区，拥有工业余热等资源，可以通过利用这些热力资源、建设部分集中供热管网输送热源的方式为农村地区供暖。一些具有地热能资源的农村地区也可以中深层地热资源等作为采暖的热源。在一些养殖业比较发达的农村地区，可以推广粪污能源化利用方式，沼气工程可以在处理畜禽粪污时提供大量能源、降低二氧化碳的排放。在一些太阳能资源比较丰富的地区，可采用被动式太阳房结合主动式太阳能取暖方式采暖。

（三）建筑能效进一步提升

实现建筑围护结构节能是北方地区清洁供暖工作的基础，对降低供暖能耗和运行成本、降低农村地区返煤风险，形成可持续发展的清洁取暖工作长效机制具有重要意义。近年来，中国不断提高新建建筑节能标准，稳步推进既有建筑节能改造，已经取得明显进展，截至2023年底，累计建成节能建筑面积达326.8亿平方米，节能建筑面积占城镇既有建筑面积比例超过64%，较2013年提升近30个百分点，累计建成超低能耗、近零能耗建筑超过4370万平方米。

对城镇既有建筑和市政基础设施进行节能改造，通过对建筑屋顶和外墙进行保温、隔热改造，提高建筑外围护结构的热工性能和气密性能，提升用能效率，降低城镇地区供热需求；热网侧设施层次提高，通过老旧热网改造、运行系统升级，可使故障率显著降低，减少供热管网损失，降低供热能耗。

农村地区建筑节能普遍处于起步发展阶段，通过支持对农村既有建筑门窗、北向外墙、屋顶等薄弱环节开展节能改造，可以有效降低供暖能耗、降低供热成本。采暖季北方农村地区“煤改电”居民户均用电量为5000~6000千瓦时，“煤改气”居民户均用气量为1200~1500立方米。针对房屋薄弱环节进行建筑节能改造后可降低户均供暖能耗30%左右，采暖季户均电能、天然气消费量分别可减少1500千瓦时、500亿立方米。

（四）新型智慧供热广泛应用

清洁供热的核心在于“减污”，通过热源清洁化、提高能效、终端节能等方式，降低污染物排放总量和排放强度，减少雾霾天气，实现居民清洁采暖。智慧供热的核心在于“节能降碳”，实现按需供热和精准供热、居民舒适采暖。在全社会积极稳妥推进碳达峰、碳中和，加快构建新型能源体系的背景下，供热行业在挖潜增效、深度回收低碳热源、开发零碳热源、优化热源结构的同时，应重视深度应用物联网、大数据、人工智能赋能供热行业，加速构建新型智慧供热系统，实现从清洁供热到智慧供热转型。

新型智慧供热以节能降碳、提升供热安全保障能力为主要目标，以供热信息化、自动化和数字化为基础，通过新一代数字化技术与供热系统“源—网—站—户”全过程的深度融合，实现按需供热和精准供热。其范畴涵盖煤电供热改造、供热管网节能降碳改造、建筑节能改造等，推广多能互补系统、大数据调度调控系统、供热计量系统，协同推进节能、减污、降碳、扩绿，全面提升供热系统安全高效、绿色低碳水平，保障居民清洁、温暖、舒适过冬。

热源侧推广多能互补系统。推动热电机组“热电协同”技术研发与应用，推广相变材料储热、熔盐储热等先进高效储热技术，实施“煤电+蓄热电锅炉”“煤电+抽汽蓄能”等灵活性改造，提高新能源消纳能力；推广燃煤机组大比例耦合生物质、绿氨（氢）发电技术，大幅降低度电碳排放，推进燃煤发电机组灵活化、耦合化、低碳化转型；积极推广低碳供热技术，积极推广工业余热、核电厂余热、地热、跨季节储热供热和多能互补的区域供热、电热泵供热等新型低碳或零碳集中供热技术，研发示范泳池堆供热、氢燃料电池热电联产等前瞻性技术。

热网侧推进系统节能降碳改造。持续推动老旧供热管网基础设施节能降碳改造，积极推广热网自动控制系统、管网水力平衡改造、无人值守热力站等节能技术措施，研发示范新一代高效、精准、寿命长、低成本、易安装维护的户用及楼宇热计量和调控装置。推广监测计量、优化调度等智慧供热系统建设，供热技术与先进信息技术、智能设备、智能传感器等深度融合，实现“源—网—站—户”的可调可控以及闭环控制，提升供热的现代化水平。

用户侧提高建筑能效和智能化水平。加快更新建筑节能标准，提高节能降碳要求，开展建筑能耗限额管理，深化可再生能源建筑应用，提高建筑终端电气化水平；全面普及供热计量调控，打通热力系统“最后一公里”和“源—网—站—户”的闭环控制，实现精准供热和按需送热，全面提升智能化水平和热力系统能效；理顺供热价格机制，以节约、按需、灵活供热为目的，在完善智慧供热基础设施和依托先进技术装备的基础上，有序推进按热量收费。

CHIC
清洁供热产业委员会
Clean Heating Industry Committee

第二篇　政策篇

本篇重点关注2024年国家以及地方发布的有关能源发展、碳排放、绿色转型及相关经济社会建设等的政策、法规等。这些政策、法规从不同角度协同发力，旨在推动能源领域的可持续发展，促进经济社会的绿色转型，提升民生保障水平，提升国家或地方在能源和生态环境领域的治理能力。

一、国家政策

2024年，国务院、国家能源局、中华人民共和国国家发展和改革委员会（以下简称国家发展改革委）、生态环境部、住房城乡建设部等多个部委聚焦能源、绿色发展、城镇化等领域，发布多项政策法规、工作要点、发展规划等，具体如下。

（一）能源政策与监管

《中华人民共和国能源法》自2025年1月1日起施行，就能源领域基础性重大问题在法律层面做出规定，是能源领域的基础性、统领性法律。这标志着我国能源治理现代化迎来重要里程碑，标志着新时代能源行业高质量发展步入新阶段。《2025年能源监管工作要点》不仅为中国未来能源市场的监管指明方向，还在当前国际能源形势动荡的背景下，为实现能源安全和可持续发展提供了新的战略蓝图。明确从能源安全保供监管、能源绿色发展监管、能源自然垄断环节监管等八个方面开展工作，保障能源稳定供应与可持续发展。

（二）绿色发展规划

《关于大力实施可再生能源替代行动的指导意见》提出实施可再生能源替代行动的总体要求、重点任务和保障措施；重点对可再生能源安全可靠供应、传统能源稳妥有序替代，工业、交通、建筑、农业农村等重点领域加快可再生能源替代应用提出具体要求。《完善碳排放统计核算体系工作方案》旨在贯彻中央相关部署，提升碳排放统计核算能力。重点提出分2025年、2030年两个阶段目标，部署健全区域核算制度、完善行业核算机制、健全企业核算方法、构建项目核算体系、建立碳足迹体系等八方面23

项任务。《关于加强煤炭清洁高效利用的意见》立足我国以煤为主的能源资源禀赋，以减污降碳、提高能效为主攻方向，全面加强煤炭全链条清洁高效利用。提出到2030年建成煤炭清洁高效利用体系，从开发、生产、储运、使用四个环节部署15项重点任务，还明确了加大政策支持力度等三方面保障措施。《加快推动建筑领域节能降碳工作方案》推动建筑领域节能降碳工作，涉及新建建筑、既有建筑改造等多方面。

（三）城镇化与绿色保险

《深入实施以人为本的新型城镇化战略五年行动计划》提出实施新型城镇化战略的总体要求、重点任务和组织方式，包括推进农业转移人口市民化、培育现代化都市圈等，推动城镇化高质量发展。《国家金融监督管理总局关于推动绿色保险高质量发展的指导意见》对推动绿色保险高质量发展提出指导意见，包括总体要求、重点领域保障、资金投资支持等方面，发挥保险在绿色发展中的作用。

（四）其他政策

《2024—2025年节能降碳行动方案》明确节能降碳目标任务，涉及多领域专项行动。《绿色低碳先进技术示范项目清单（第一批）》公布示范项目，推动技术应用推广。《推进建筑和市政基础设施设备更新工作实施方案》促进相关设备更新。《节能降碳中央预算内投资专项管理办法》规范投资管理。《关于2023年中央和地方预算执行情况与2024年中央和地方预算草案的报告》涵盖预算执行和草案情况。《绿色低碳转型产业指导目录（2024年版）》为产业发展提供指导。《锅炉绿色低碳高质量发展行动方案》推动锅炉行业绿色发展。

（五）相关国家政策摘要

《2025年能源监管工作要点》

【发布单位】国家能源局

【发布日期】2025年1月6日

【重要内容】六、围绕监管为民，加强民生领域用能监管

（十八）加强民生用能服务保障。开展民生用电服务突出问题专项监

管，重点对频繁停电整治成果进行“回头看”，并同步监管城乡居民用电报装、抢修复电等民生用电突出问题。重点围绕清洁取暖政策落实、能源供应保障等情况，开展北方地区清洁取暖专项监管。全面宣贯落实12398热线投诉举报处理制度，加强派出机构和能源企业工作人员业务培训，压实能源企业投诉处理主体责任，切实提升投诉举报工作效能。推动地方因地制宜做好非电网直供电小区等用电薄弱区域综合治理工作。

【参考链接】http：//www.nea.gov.cn/20250110/3fd4783e366f4c14b9ad2c613a58d67f/c.html.

《产品碳足迹核算标准编制工作指引》

【发布单位】生态环境部、国家发展改革委、国家市场监督管理总局、交通运输部、国家数据局

【发布日期】2024年12月28日

【重要内容】鼓励各方积极参与产品碳足迹核算标准制定修订，确保实现2027年前制定100项和2030年前制定200项产品碳足迹核算标准的目标，促进国内国际标准衔接互认。

【参考链接】https：//www.gov.cn/zhengce/zhengceku/202501/content_6996538.htm.

《中华人民共和国能源法》

【发布单位】第十四届全国人民代表大会常务委员会

【发布日期】2024年11月8日

【重要内容】这是中国能源领域的基础性和纲领性法律文件。

第二十六条　国家鼓励合理开发利用生物质能，因地制宜发展生物质发电、生物质能清洁供暖和生物液体燃料、生物天然气。

国家促进海洋能规模化开发利用，因地制宜发展地热能。

【参考链接】https：//www.gov.cn/yaowen/liebiao/202411/content_6985761.htm.

《关于大力实施可再生能源替代行动的指导意见》

【发布单位】国家发展改革委、工业和信息化部、住房城乡建设部、交通运输部、国家能源局、国家数据局

【发布日期】2024 年 10 月 18 日

【重要内容】经济高效推进发电、供热、制气、制氢多元发展和替代。推动建立可再生能源与传统能源协同互补、梯级综合利用的供热体系。加强热力、燃气管网及氢能供应网络等基础设施建设和升级改造，强化管网互联互通，就近接纳更多非电可再生能源。在保障好居民冬季取暖前提下推进热电联产机组供热范围内燃煤锅炉关停整合，因地制宜推进耦合生物质燃烧技术改造，鼓励发展大容量燃煤锅炉掺绿氨燃烧。因地制宜推进地热能、空气源热泵和集中式生物质能等供热制冷应用，偏远地区可按照就地取材原则利用户用生物质成型燃料炉具供暖。推进有条件地区生物天然气进入管网，因地制宜推进乡镇集中供热，优先利用地热能、太阳能等供暖，逐步减少直至禁止煤炭散烧。健全市场机制和价格机制。建立健全可再生能源供热、生物天然气、清洁低碳氢的市场机制。

【参考链接】https：//www. gov. cn/zhengce/zhengceku/202410/content_6983959. htm.

《完善碳排放统计核算体系工作方案》

【发布单位】国家发展改革委、生态环境部、国家统计局、工业和信息化部、住房城乡建设部、交通运输部、国家市场监督管理总局、国家能源局

【发布日期】2024 年 10 月 8 日

【重要内容】到 2025 年，建立国家及省级碳排放年报和快报制度，发布行业和产品碳排放核算标准；到 2030 年，构建完成系统的碳排放统计核算体系。重点任务包括健全区域统计制度、完善行业核算机制、建立企业核算方法、构建项目核算体系、建立碳足迹管理体系及温室气体排放因子数据库，推动技术应用与国际合作。

【参考链接】https：//www. gov. cn/zhengce/zhengceku/202410/content_6983052. htm.

《关于加强煤炭清洁高效利用的意见》

【发布单位】国家发展改革委、工业和信息化部、自然资源部、生态环境部、交通运输部、国家能源局

【发布日期】2024 年 9 月 11 日

【重要内容】到2030年，煤炭绿色智能开发能力明显增强，生产能耗强度逐步下降，储运结构持续优化，商品煤质量稳步提高，重点领域用煤效能和清洁化水平全面提升，与生态优先、节约集约、绿色低碳发展相适应的煤炭清洁高效利用体系基本建成。

【参考链接】https：//www. gov. cn/zhengce/zhengceku/202410/content_6978315. htm.

《中国的能源转型》白皮书

【发布单位】国务院新闻办公室

【发布日期】2024年8月29日

【重要内容】积极推进北方地区清洁取暖，推动以电力、天然气、生物质、地热、工业余热等清洁低碳能源替代燃煤供暖，2024年北方地区清洁取暖率近83%。

中央财政累计投入资金1209亿元，带动地方各类投入超过4000亿元，有力支持各地因地制宜推进清洁取暖。截至2024年底，北方地区清洁取暖面积较2017年底增加127亿平方米，清洁取暖率提高40个百分点，清洁取暖替代散煤对区域环境空气质量改善的贡献率达30%以上，大幅提升了人民生活品质。

【参考链接】https：//www. nea. gov. cn/2024 –08/29/c_ 1310785406. htm.

《深入实施以人为本的新型城镇化战略五年行动计划》

【发布单位】国务院

【发布日期】2024年7月28日

【重要内容】推进城镇老旧小区改造。以水电路气信邮、供热、消防、安防、生活垃圾分类等配套设施更新及小区内公共部位维修为重点，扎实推进2000年底前建成的需改造城镇老旧小区改造任务，有序实施城镇房屋建筑更新改造和加固工程。加强地下综合管廊建设和老旧管线改造升级。加快城市燃气管道等老化更新改造，推动完善城市燃气、供热等发展规划及年度计划，深入开展城市管道和设施普查，有序改造材质落后、使用年限较长、不符合标准的城市燃气、供排水、供热等老化管道和设施，加快消除安全隐患，同步加强物联感知设施部署和联网监测。加强城市应急备用水源建设和管网互通。

【参考链接】https：//www. gov. cn/zhengce/zhengceku/202407/content_6965543. htm.

《关于加快经济社会发展全面绿色转型的意见》

【发布单位】中共中央、国务院

【发布日期】2024 年 7 月 31 日

【重要内容】这是中央层面首次对加快经济社会发展全面绿色转型进行系统部署。到 2030 年，节能环保产业规模达到 15 万亿元左右；非化石能源消费比重提高到 25%左右；营运交通工具单位换算周转量碳排放强度比 2020 年下降 9.5%左右；大宗固体废弃物年利用量达到 45 亿吨左右等。

【参考链接】https：//www. gov. cn/gongbao/2024/issue_ 11546/202408/content_ 6970974. html.

《煤电低碳化改造建设行动方案（2024—2027 年)》

【发布单位】国家发展改革委、国家能源局

【发布日期】2024 年 6 月 24 日

【重要内容】到 2025 年，首批煤电低碳化改造建设项目全部开工，转化应用一批煤电低碳发电技术；相关项目度电碳排放较 2023 年同类煤电机组平均碳排放水平降低 20%左右、显著低于现役先进煤电机组碳排放水平，为煤电清洁低碳转型探索有益经验。到 2027 年，煤电低碳发电技术路线进一步拓宽，建造和运行成本显著下降；相关项目度电碳排放较 2023 年同类煤电机组平均碳排放水平降低 50%左右、接近天然气发电机组碳排放水平，对煤电清洁低碳转型形成较强的引领带动作用。

【参考链接】https：//www. gov. cn/zhengce/zhengceku/202407/content_6963501. htm.

《2024—2025 年节能降碳行动方案》

【发布单位】国务院

【发布日期】2024 年 5 月 23 日

【重要内容】(七) 建筑节能降碳行动

1. 加快建造方式转型。严格执行建筑节能降碳强制性标准，强化绿色设计和施工管理，研发推广新型建材及先进技术。大力发展装配式建筑，积极推动智能建造，加快建筑光伏一体化建设。因地制宜推进北方地区清洁取暖，推动余热供暖规模化发展。到 2025 年底，城镇新建建筑全面执行绿色建筑标准，新建公共机构建筑、新建厂房屋顶光伏覆盖率力争达到 50%，城镇建筑可再生能源替代率达到 8%，新建超低能耗建筑、近零能耗建筑面积较 2023 年增长 2000 万平方米以上。

2. 推进存量建筑改造。落实大规模设备更新有关政策，结合城市更新行动、老旧小区改造等工作，推进热泵机组、散热器、冷水机组、外窗（幕墙）、外墙（屋顶）保温、照明设备、电梯、老旧供热管网等更新升级，加快建筑节能改造。加快供热计量改造和按热量收费，各地区要结合实际明确量化目标和改造时限。实施节能门窗推广行动。到 2025 年底，完成既有建筑节能改造面积较 2023 年增长 2 亿平方米以上，城市供热管网热损失较 2020 年降低 2 个百分点左右，改造后的居住建筑、公共建筑节能率分别提高 30%、20%。

3. 加强建筑运行管理。分批次开展公共建筑和居住建筑节能督查检查。建立公共建筑运行调适制度，严格公共建筑室内温度控制。在大型公共建筑中探索推广用电设备智能群控技术，合理调配用电负荷。

【参考链接】https：//www.gov.cn/zhengce/content/202405/content_6954322.htm.

《国家金融监督管理总局关于推动绿色保险高质量发展的指导意见》

【发布单位】国家金融监督管理总局

【发布日期】2024 年 4 月 20 日

【重要内容】（六）推动能源绿色低碳转型。针对太阳能、风电、水电、核电等能源产业生产、建设和运营期间的风险特性，提供全生命周期保险保障。探索推进新型储能、氢能、生物质能、地热能、海洋能等新能源领域的保险创新，覆盖研发、制造、运维等关键环节风险。通过保险机制为新型电力系统建设提供风险解决方案。为传统能源绿色升级改造提供保险保障。

【参考链接】https：//www.gov.cn/zhengce/zhengceku/202404/content_6947537.htm.

《绿色低碳先进技术示范项目清单（第一批)》

【发布单位】国家发展改革委办公厅

【发布日期】2024 年 3 月 30 日

【重要内容】第一批清单共纳入 47 个项目，其中北京大兴区采育镇地热供暖示范项目、长沙机场绿色能源示范项目入选。

【参考链接】https：//www. ndrc. gov. cn/xwdt/tzgg/202404/t20240416_1365684. html.

《加快推动建筑领域节能降碳工作方案》

【发布单位】国家发展改革委、住房城乡建设部

【发布日期】2024 年 3 月 12 日

【重要内容】到 2025 年，建筑领域节能降碳制度体系更加健全，城镇新建建筑全面执行绿色建筑标准，新建超低能耗、近零能耗建筑面积比 2023 年增长 0. 2 亿平方米以上，完成既有建筑节能改造面积比 2023 年增长 2 亿平方米以上，建筑用能中电力消费占比超过 55%，城镇建筑可再生能源替代率达到 8%，建筑领域节能降碳取得积极进展。

方案提出，各地区要结合实际制订供热分户计量改造方案，明确量化目标任务和改造时限，逐步推动具备条件的居住建筑和公共建筑按用热量计量收费，户内不具备供热计量改造价值和条件的既有居住建筑可实行按楼栋计量。北方采暖地区新竣工建筑应达到供热计量要求。加快实行基本热价和计量热价相结合的两部制热价，合理确定基本热价比例和终端供热价格。

因地制宜推进热电联产集中供暖，支持建筑领域地热能、生物质能、太阳能供热应用，开展火电、工业、核电等余热利用。推动农村用能低碳转型，引导农民减少煤炭燃烧使用，鼓励因地制宜使用电力、天然气和可再生能源。

【参考链接】https：//www. gov. cn/zhengce/zhengceku/202403/content_6939607. htm.

《推进建筑和市政基础设施设备更新工作实施方案》

【发布单位】住房城乡建设部

【发布日期】2024 年 3 月 27 日

【重要内容】方案明确，以供热、供气、城市生命线工程、建筑节能改

造等为重点，分类推进建筑和市政基础设施设备更新，到2027年，对技术落后、不满足有关标准规范、节能环保不达标的设备，按计划完成更新改造。

方案提出，按照《重点用能产品设备能效先进水平、节能水平和准入水平（2024年版）》、《锅炉节能环保技术规程》（TSG 91）、《工业锅炉能效限定值及能效等级》（GB 24500）、《锅炉大气污染物排放标准》（GB 13271）等要求，更新改造超过使用寿命、能效等级不满足工业锅炉节能水平或2级标准、烟气排放不达标的燃煤锅炉。重点淘汰35蒸吨/小时及以下燃煤锅炉，优先改造为各类热泵机组。按照《热水热力网热力站设备技术条件》（GB/T 38536）、《清水离心泵能效限定值及节能评价值》（GB 19762）、《城镇供热用换热机组》（GB/T 28185）等要求，更新改造超过使用寿命、能效等级不达标的换热器和水泵电机。积极推进供热计量改造，按照供热计量有关要求，更新加装计量装置等设备。

【参考链接】https：//www.gov.cn/zhengce/zhengceku/202404/content_6944067.htm.

《2024年能源工作指导意见》

【发布单位】国家能源局

【发布日期】2024年3月18日

【重要内容】促进北方地区清洁取暖持续向好发展，因地制宜推进超低排放热电联产集中供暖和地热、太阳能、生物质能等可再生能源供暖，逐步发展电力、工业余热、核能供暖等多种清洁供暖方式，推动具备条件的清洁供暖项目稳妥有序实施。推进农村能源革命试点县建设，以点带面加快农村能源清洁低碳转型。修订天然气利用政策，推动天然气在新型能源体系建设中发挥更大作用。发布《能源绿色低碳转型典型案例集》，通过典型示范带动转型发展。

【参考链接】https：//www.gov.cn/zhengce/zhengceku/202403/content_6941170.htm.

《节能降碳中央预算内投资专项管理办法》

【发布单位】国家发展改革委

【发布日期】2024年3月17日

【重要内容】第六条 本专项重点支持重点行业和重点领域节能降碳、循环经济助力降碳等方向，重点支持内容包括：

（一）碳达峰、碳中和先进技术示范及应用项目。支持“双碳”领域技术水平领先、减排效果突出、示范效应明显的项目建设，重点支持列入绿色低碳先进技术示范项目清单的项目。支持国家碳达峰试点城市和园区使用生物质能、地热能等可再生能源替代化石能源示范项目。支持规模化碳捕集利用与封存项目建设。工业重点领域绿色低碳技术攻关项目通过其他资金渠道支持。

（二）重点行业和重点领域节能降碳项目。支持电力、钢铁、有色、建材、石化、化工、焦化、纺织、造纸、印染、机械、数据中心等重点行业重点领域节能降碳改造，重点用能单位和园区能源梯级利用、能量系统优化等综合能效提升，供热基础设施节能升级改造与综合能效提升，中央和国家机关节能改造等。

列入绿色低碳先进技术示范项目清单的参照技术攻关管理并按支持资金不超过项目总投资的30%控制，其他碳达峰、碳中和先进技术示范及应用项目、重点行业和重点领域节能降碳项目支持资金按不超过项目总投资的20%控制，循环经济助力降碳项目支持资金按不超过项目总投资的15%控制，单个项目支持资金原则上不超过1亿元。

【参考链接】https：//www. ndrc. gov. cn/xxgk/zcfb/ghxwj/202404/t20240408_1365534. html.

《关于2023年中央和地方预算执行情况与2024年中央和地方预算草案的报告》

【发布单位】财政部

【发布日期】2024年3月13日

【重要内容】持续深入推进污染防治攻坚。围绕污染防治重点区域、重点领域、关键环节，支持打好蓝天、碧水、净土保卫战。中央财政大气污染防治资金安排340亿元，继续支持北方地区冬季清洁取暖工作。水污染防治资金安排267亿元，加强大江大河、重要湖泊、重点海域保护治理。土壤污染防治专项资金安排44亿元，支持开展涉重金属历史遗留尾矿库治理和土壤污染源头防控。农村环境整治资金安排40亿元，扩大农村黑臭水体治理试点范围。

全年新增税费优惠超过2.2万亿元。积极扩投资促消费。新增地方政府专项债券额度3.8万亿元，将城中村改造、5G融合设施等纳入投向领域，将供热、供气等纳入用作项目资本金范围，鼓励和吸引社会资本参与，推动交通、水利、能源等利当前惠长远的重大项目建设。

【参考链接】https：//www.gov.cn/yaowen/liebiao/202403/content_6939289.htm.

《绿色低碳转型产业指导目录（2024年版）》

【发布单位】国家发展改革委、工业和信息化部、自然资源部、生态环境部、住房城乡建设部、交通运输部、中国人民银行、国家金融监督管理总局、中国证券监督管理委员会、国家能源局

【发布日期】2024年2月2日

【重要内容】4.4 传统能源清洁低碳转型

4.4.1 煤炭清洁生产

4.4.2 煤炭清洁高效利用

4.4.3 煤电机组节能降碳改造、供热改造、灵活性改造和清洁高效支撑性调节性电源建设

6.5 城乡能源基础设施

6.5.1 城镇电力设施智能化建设运营和改造

6.5.2 城镇一体化集成供能设施建设和运营

6.5.3 城镇集中供热系统清洁化、低碳化建设运营和改造

6.5.4 农村清洁能源基础设施建设和运营

【参考链接】https：//www.gov.cn/zhengce/zhengceku/202403/content_6935418.htm.

《锅炉绿色低碳高质量发展行动方案》

【发布单位】国家发展改革委、国家市场监督管理总局、工业和信息化部、生态环境部、国家能源局

【发布日期】2023年11月29日

【重要内容】强化分类指导，加强锅炉生产制造、建设运行、回收利用等全链条管理，大力推进锅炉节能降碳减污改造，推动锅炉设备“能源品种多元化、燃煤锅炉大型化、燃气锅炉冷凝化、小型锅炉电气化、电站锅炉高参数化”转型升级，持续提升锅炉绿色低碳高质量发展水平，为积极稳妥推进碳达峰、碳中和提供有力支撑。

到 2025 年，工业锅炉、电站锅炉平均运行热效率较 2021 年分别提高 5 个百分点、0.5 个百分点，燃煤电站锅炉全面实现超低排放，燃煤小锅炉淘汰取得积极进展，废旧锅炉规范化处置和回收利用水平有效提升。

到 2030 年，工业锅炉产品热效率较 2021 年提高 3 个百分点，平均运行热效率进一步提高；新建大型电站锅炉最低稳燃负荷满足电站机组最小技术出力要求，存量燃煤电站锅炉节能降碳和灵活性改造取得积极进展；锅炉污染治理水平全面提升。

【参考链接】https：//zfxxgk. ndrc. gov. cn/web/iteminfo. jsp？ id =20297.

二、地方政策

通过调研 2024 年我国地方政府在节能减排、绿色发展领域的政策和措施，发现我国多个地方政府积极响应国家节能降碳、绿色发展号召，在供热领域从规划、政策、技术、管理等多维度发力，制订一系列方案和措施。这些文件围绕绿色转型、节能降碳、提升服务质量等核心目标，从热源结构调整、供热技术升级、建筑节能改造、市场监管强化等方面进行全面部署，旨在构建高效、清洁、可持续的供热体系。

（一）政策规划引领绿色转型方向

各地纷纷制定中长期供热发展规划和建筑节能降碳方案，明确绿色转型目标。如北京提出到 2025 年新能源供热面积占比达 10% 以上，新建供热项目新能源供热装机占比不低于 60%；天津规划到 2035 年可再生能源及其他清洁能源供热能力达供热总面积的 20% 左右；河南通过《河南省 2024—2025 年节能工作方案》推动公共机构节能增效，推广新能源和热泵技术应用。这些政策为供热行业绿色转型提供了清晰的路径和目标导向。

（二）热源结构调整促进能源清洁化

优化热源结构是实现供热绿色转型的关键。北京、山东、山西、安徽等推进燃气锅炉烟气余热深度利用，推广新能源供热技术；天津、北京、山东、陕西、黑龙江、辽宁等地积极发展可再生能源供热，推动多种能源联合供热；陕西、河南、安徽等大力推进地热能供热项目建设，鼓励开发浅层和中深层地热能。各地因地制宜，充分挖掘本地清洁能源潜力，减少对传统化石能源的依赖，提高清洁能源在供热能源中的比重。

（三）建筑节能改造提升能源利用效率

建筑节能改造是降低供热能耗的重要手段。北京鼓励对既有建筑开展智能供热改造，结合老旧小区改造推进供热管网更新；山东提出到 2025 年完成既有建筑节能改造 1600 万平方米以上，推进建筑光伏一体化建设；黑龙江计划到 2025 年完成既有建筑节能改造 1000 万平方米以上，提升建筑用能中电力消费占比。通过这些改造，提高建筑围护结构保温性能，优化供热系统，实现能源的高效利用。

（四）技术创新推动供热智能化发展

智能化供热技术是提升供热管理水平和服务质量的重要支撑。北京支持智能化供热新材料、新技术、新模式应用，推进道路照明节能改造；天津推动供热企业管理数字化、智能化转型升级；内蒙古开展供热计量收费改革试点，实现供热智能化。各地借助现代信息技术，实现对供热系统的精准调控和管理，提高供热效率，降低能耗。

（五）市场机制完善激发行业发展活力

各地通过完善市场机制，吸引社会资本参与供热行业发展。北京鼓励第三方专业供热公司参与数据中心余热利用项目投资建设及运营管理；山东健全新能源消纳体系机制，推动新能源电力市场化交易；天津实施居民室内供暖设施及外窗更新补贴政策，激发市场需求。这些举措有助于优化资源配置，提高供热行业的市场竞争力和运营效率。

（六）监督管理强化保障政策落地见效

为确保供热行业绿色转型政策的有效实施，各地加强监督管理。北京对重点用能单位开展节能综合监察，加强公共建筑节能温控执法检查；天津建立供热专项规划实施保障机制，加强对供热企业的监管；陕西强化建筑能耗统计核算制度，对民用建筑能源资源消耗进行调查统计和评价分析。通过严格的监督管理，确保各项政策措施落到实处，保障供热行业健康有序发展。

（七）相关地方政策摘要

1. 北京市

《推进美丽北京建设　持续深入打好污染防治攻坚战 2025 年行动计划》

【发布单位】北京市人民政府办公厅

【发布日期】2025 年 1 月 27 日

【重要内容】重点任务：清洁能源示范项目”中提到“推进燃气壁挂炉供热绿色转型。结合城市更新任务，推动具备条件的燃气壁挂炉供热住宅小区试点开展电气化替代。其中，朝阳区、海淀区、丰台区各试点推进 1 至 2 个小区。不具备条件的区域，各区继续支持老旧燃气壁挂炉用户开展消费品以旧换新，鼓励更换为一级能效设备。结合资源禀赋、实施条件，带动一批锅炉使用单位通过新能源利用、深度低氮改造等工程措施开展提级改造，全市各区共完成 500 蒸吨以上。

重点任务：“发挥经济政策激励引导作用”中提到结合碳中和目标下清洁低碳供热技术应用，研究完善更加有利于促进供热领域降碳减污的价格体系。

重点任务：“加强科技标准支撑”中提到启动京津冀环境综合治理国家科技重大专项项目“超大城市大气污染精准防治与智慧决策支撑研究与示范”研究。探索区域内含 VOCs 生产生活类产品溯源管理机制。开展本市电厂夏季余热资源“夏储冬用”研究。积极推进非道路移动机械清洁化关键技术、超大城市沥青路面建材烟气污染物全过程减排及资源化等领域的试点项目。

重点任务：“强化督导和监管执法”中提到针对采暖季锅炉、柴油车

（械）等重点领域开展专项执法。

重点任务："创建绿色低碳智能供热体系"中提到出台并实施本市供热系统低碳绿色转型方案。全市范围内禁止新建和扩建燃气独立供暖系统，新建建筑及新建供热项目优先采用新能源供热或采用新能源耦合常规能源供热。新建建筑耦合供热系统中，新能源供热装机占比原则上不低于60%；全市城镇地区单位建筑面积供热能耗、碳排放比"十三五"末分别降低10%左右和10%以上"。"加大再生水（污水）源热泵、地源热泵和余热回收等绿色低碳技术推广应用。鼓励在具有一定规模的再生水厂、污水处理厂周边地区，优先采用再生水（污水）热泵系统供暖。发挥华能电厂烟气余热利用项目示范效应，支持具备条件的燃气热电厂、燃气调峰热源厂、燃气锅炉房等加装烟气余热热泵回收装置。推动高安屯、鲁家山、南宫、顺政、安定循环产业园垃圾焚烧发电厂热电联供和余热利用供热示范，替代周边锅炉房。推进数据中心余热利用，余热供热面积达50万平方米。探索数据中心余热跨规划厂界对外供热机制。完成3800万平方米既有建筑供热系统智能化改造，创建一批可推广的典型案例。推动锅炉使用单位安装能源在线监控装置。

重点任务："强化应对气候变化的财政及经济政策支持"中提到统筹做好对减缓和适应气候变化工作的资金保障，鼓励低碳技术研发推广和项目建设，逐步削减对燃气供暖等化石能源消费的政策补贴，加强对光伏发电、地热及热泵等可再生能源开发利用以及非二氧化碳温室气体、低碳试点示范等方面的政策支持。

【参考链接】https://www.beijing.gov.cn/zhengce/gfxwj/202501/t20250127_4001762.html.

《北京市进一步强化节能实施方案（2024年版）》

【发布单位】北京市发展和改革委员会、北京市机关事务管理局、北京市住房和城乡建设委员会、北京市经济和信息化局、北京市城市管理委员会、中共北京市委宣传部、北京市商务局、北京市交通委员会、北京市教育委员会、北京市市场监督管理局、北京市人民政府国有资产监督管理委员会、中共北京市委网络安全和信息化委员会办公室

【发布日期】2024 年 1 月 29 日

【重要内容】六、加强建筑、交通、工业和信息化等重点领域节能管理

（一）推进建筑、交通等重点领域节能

（13）推进燃气锅炉烟气余热深度利用，推广先进的平衡调节、气候补偿、自动监测控制和智能化供热等节能技术，提高供热系统效率和管理控制水平。结合既有建筑智能供热升级、老旧小区改造等城市更新，继续开展供热隐患排查治理、推进老旧供热管网更新改造。持续推进燃气行业绿色改造，推动燃气电厂和燃气锅炉等余热回收利用，推广节能用气设备应用。（责任单位：北京市城市管理委员会、北京市住房和城乡建设委员会、北京市发展和改革委员会按职责分工负责）

（三）规范引导数据中心实现高质量发展

（17）推动数据中心余热利用试点示范项目建设。鼓励数据中心余热供热改造，并鼓励第三方专业供热公司通过 BOT、EPC 等多种模式进行投资建设及供热运营管理。研究促进数据中心余热接入城市大网或区域热力管网，提高用户供暖保障水平，解决余热直供用户难等问题。（责任单位：北京市城市管理委员会、北京市经济和信息化局、北京市发展和改革委员会按职责分工负责）

【参考链接】https：//www. beijing. gov. cn/zhengce/zhengcefagui/202402/t20240202_ 3554355. html.

《北京市“十四五”时期供热发展建设规划》

【发布单位】北京市城市管理委员会

【发布日期】2022 年 7 月 25 日

【重要内容】随着未来建筑节能标准进一步提高和既有建筑节能改造的不断推进，预测“十四五”期间全市城镇地区建筑综合设计热指标为 42 瓦/平方米，2025 年城镇地区建筑热负荷约为 44100 兆瓦。

农村地区结合美丽乡村建设和农宅节能改造相关标准推算，采暖季热负荷指标为 64 ~96 瓦/平方米，2025 年农村地区建筑热负荷为 6400 ~9600 兆瓦。

二、推进既有建筑智能供热改造

既有居住建筑节能设计水平达到二步节能标准以上、完成老旧供热管网更新改造的，既有公共建筑完成建筑节能改造和老旧供热管网改造的，鼓励供热单位对其开展智能供热改造。制定既有民用建筑智能供热改造相关标准及工作方案，实施由热源到楼栋热力入口的智能供热改造，用户安装室温采集装置，既有公共建筑同步实施供热计量改造。2022 年底前完成 2000 万平方米试点示范，2023—2025 年完成 1 亿平方米以上既有建筑智能化供热改造。

【参考链接】https：//www. beijing. gov. cn/zhengce/zhengcefagui/202208/t20220808_ 2787726. html.

《关于全面推进新能源供热高质量发展的实施意见》

【发布单位】北京市发展和改革委员会、北京市规划和自然资源委员会等十部门

【发布日期】2023 年 10 月 9 日

【重要内容】（三）发展目标

坚持新能源供热优先原则，推动供热系统绿色低碳转型替代。提升新能源供热比重，持续降低供热系统碳排放。禁止新建和扩建燃气独立供暖系统（不具备可再生能源供热条件的除外，居民自行安装燃气壁挂炉采暖除外），新建供热项目新能源供热装机占比原则上不低于 60%。

到 2025 年，新能源供热领域制度不断完善、管理更加规范、规模稳步提升，力争全市新能源供热面积累计达到 1. 45 亿平方米，新能源供热面积占全市供热面积比重达到 10% 以上。

到 2030 年，新能源供热市场趋于成熟，新能源供热产业发展稳定、供热规模持续扩大，力争新能源供热面积占全市供热面积比重达到 15% 以上。

【参考链接】https：//fgw. beijing. gov. cn/fgwzwgk/zcgk/bwqtwj/202311/t20231108_ 3297412. htm.

《关于加大城市供热管道老化更新改造工作支持力度的通知》

【发布单位】北京市发展和改革委员会

【发布日期】2023 年 5 月 5 日

【重要内容】（四）支持智能化供热新材料、新技术、新模式应用，对于同步实施智能化供热的项目，市政府固定资产投资参照上述标准给予同比例资金支持。

【参考链接】https：//fgw. beijing. gov. cn/fgwzwgk/zcgk/bwgfxwj/202305/t20230509_ 3090761. htm.

2. 天津市

《天津市居民室内供暖设施及外窗更新工作方案》

【发布单位】天津市城市管理委员会

【发布日期】2024 年 9 月 13 日

【重要内容】重点推进供热质量欠佳的老旧小区更新使用年限较长、锈蚀堵塞的暖气设施和非节能保温外窗，到 2024 年底前更新 10 万户左右，提高居民室内供暖效果。

居民室内供暖设施包括散热器以及与之配对使用的温控阀和球阀。选用的散热器类型为钢制散热器。按照更新费用的 50% 予以补贴，每户上限 2000 元。外窗包括居民住宅居室和厅的外窗，将原铁质、木质、塑钢窗等保温性能低的外窗更新为断桥铝中空玻璃外窗。实行定额补贴，每个居室补贴 350 元，厅补贴 350 元（限补贴 1 个厅），每户上限 2000 元。

【参考链接】https：//csgl. tj. gov. cn/zwgk_ 57/csgldt/202409/t20240913_6727386. html.

《天津市供热专项规划》

【发布单位】天津市城市管理委员会

【发布日期】2024 年 12 月 2 日

【重要内容】规划期限为 2021—2035 年，近期规划至 2025 年，远期规划至 2035 年。规划预测，供热建筑面积负荷远期达 98010 万平方米，近期达 62117 万平方米。规划采暖热负荷远期为 37609 兆瓦，近期为 26752 兆瓦。至规划期末，可再生能源及其他清洁能源供热能力预计达到总供热面积的 20% 左右。

规划明确热电厂的空间布局、供热能力、占地面积、供热范围、“津城”核心区及“滨城”核心区新建DN500及以上热电厂供热管线示意走向，明确“津城”核心区供热站的示意位置、规模、占地面积、供热范围及中继泵站的示意位置、占地面积，明确“滨城”核心区供热站的示意位置和中继泵站的示意位置及占地面积。

规划提出，综合考虑当地资源、能源状况及热负荷分布，选择合适的清洁低碳供热方式，确定热源形式和规模。深入挖掘电厂供热能力，积极发展可再生能源供热，推动热电联产、可再生能源、锅炉房等多种能源联合的供热方式，因地制宜发展电供热，提高可再生能源的供热比例。近期优先选择电热泵供热方式，远期结合储能与电供暖技术发展，鼓励示范使用。

【参考链接】https：//csgl. tj. gov. cn/zwgk_ 57/zcwj/bzgf/202412/t20241202_ 6794804. html.

《关于天津市2024—2025采暖期居民冬季清洁取暖有关运行政策的通知》

【发布单位】天津市发展和改革委员会

【发布日期】2024年10月23日

【重要内容】自2024年11月1日起至2025年10月31日止。

“煤改电”运行政策：2024—2025年采暖期不执行阶梯电价，执行每日20时至次日8时0.3元/千瓦时的低谷电价。同时，给予0.2元/千瓦时的补贴，最高补贴电量8000千瓦时/户。

“煤改气”运行政策：2024—2025年采暖期不执行阶梯气价，执行农村“煤改气”居民家庭冬季采暖用气价格。同时，给予1.2元/立方米的补贴，最高补贴气量1000立方米/户。

【参考链接】https：//fzgg. tj. gov. cn/zwgk_ 47325/zcfg_ 47338/zcwjx/fgwj/202410/t20241030_ 6765864. html.

3. 河北省

《关于加快推动重点行业节能降碳的工作措施》

【发布单位】河北省发展和改革委员会、河北省工业和信息化厅、河北省生态环境厅、河北省市场监督管理局、河北省数据和政务服务局

【发布时间】2024 年 9 月 13 日

【重要内容】河北省加快推动重点行业节能降碳工作，提出了七项工作措施，旨在落实国家要求，推动行业能效提升，助力实现碳达峰、碳中和目标。

四、实施清洁能源替代

鼓励各地结合本地区生物质、风能、太阳能发电等资源禀赋条件，实施清洁低碳能源替代。支持煤电企业实施煤电机组耦合生物质发电、掺烧绿氨发电、碳捕集利用与封存项目。鼓励开展数据中心绿电直供。优先支持与可再生能源协同布局的数据中心项目建设。

五、加大政策支持

积极争取中央财政资金，用好省级相关专项资金，支持重点行业节能降碳改造和用能设备更新。落实国家节能节水、资源综合利用等相关税收优惠政策。积极运用碳减排支持工具，充分发挥河北省钢铁行业转型金融工作指引作用，引导金融机构向绿色降碳领域提供优惠利率贷款。发挥省级科技计划作用，支持开展节能降碳关键共性技术研发。对能效达到标杆水平或环保绩效达到 A 级水平的钢铁、炼油、合成氨等重点行业企业，实施差异化产量调控。推动水泥行业实行常态化错峰生产。综合考虑能耗、环保绩效水平，完善高耗能行业阶梯电价制度。对能效低于节能水平的存量数据中心和能效未达到先进水平的在建、拟建数据中心，探索依据能效水平差距执行阶梯电价。

【参考链接】https：//hbdrc. hebei. gov. cn/xxgk_ 2232/zc/wzcwj/202410/t20241008_ 116251. html.

《河北省开发区分布式新能源高质量发展推进方案》

【发布单位】河北省发展和改革委员会

【发布日期】2024 年 6 月 20 日

【重要内容】2026 年，全面推进全省剩余省级以上开发区分布式新能源建设，力争到 2030 年覆盖率达到 90% 以上，全省省级以上开发区分布式光伏、分散式风电高质量发展模式创新取得积极进展，各类新场景、新应用不断涌现，分布式新能源助推开发区绿色低碳转型成效初步显现。

【参考链接】https：//hbdrc.hebei.gov.cn/xxgk_2232/zc/wzcwj/202406/t20240625_114630.html.

4. 山西省

《山西省加快推动建筑领域节能降碳工作实施方案》

【发布单位】山西省人民政府办公厅

【发布日期】2024 年 8 月 21 日

【重要内容】到 2025 年，绿色建筑面积占城镇新建建筑面积比例达到 100%，完成既有建筑节能改造面积比 2023 年增长 2000 万平方米，城镇建筑可再生能源替代率达到 8%。到 2027 年，建筑领域节能降碳水平全面提高，新建建筑绿色低碳发展质量稳步提升，既有建筑节能改造进一步推进，建筑用能结构更加优化。

加强地热能建筑应用。具备条件的地方投资建设新立项公共建筑全部采用“地热能 +”多能互补的形式，解决供暖（制冷）用能需求。因地制宜推广空气能、生物质能、工业余热等供热应用。引导建筑采暖、生活热水、炊事用能向电气化发展。鼓励建设以“光储直柔”为特征的新型建筑电力系统，发展柔性用电建筑。

【参考链接】https：//www.shanxi.gov.cn/zfxxgk/zfxxgkzl/fdzdgknr/lzyj/szfbgtwj/202409/P020240906339197652775.pdf.

5. 内蒙古自治区

《内蒙古自治区加快推动建筑领域节能降碳实施方案》

【发布单位】内蒙古自治区人民政府办公厅

【发布日期】2024 年 9 月 10 日

【重要内容】方案明确，到 2025 年，全区建筑领域节能降碳制度体系更加健全，城镇新建建筑全面执行绿色建筑标准，新建超低能耗、近零能耗建筑面积超过 30 万平方米，完成既有建筑节能改造面积比 2023 年增长 500 万平方米以上，建筑用能中电力消费占比力争超过 40%，城镇建筑可再生能源替代率稳步提高，建筑领域节能降碳取得积极进展。到 2027 年，既有建筑节能改造规模进一步扩大，建成一批超低能耗建筑，建筑用能结构更加优化，绿色低碳高品质建筑实现规模化发展，建筑领域节能降碳取得显著成效。

方案提出，因地制宜推进清洁取暖，大力发展热电联产、工业余热集中供暖，支持建筑领域地热能、太阳能供热应用，鼓励有条件的地区有序指导农村牧区发展生物质锅炉供暖。提高建筑电气化水平，推动新建公共建筑全面电气化。呼和浩特市、包头市、赤峰市、鄂尔多斯市、乌海市先行试点，分区域示范推动自治区供热计量收费改革，实现供热智能化。逐步推动具备条件的居住建筑和公共建筑按用热量计量收费，户内不具备供热计量改造价值和条件的既有居住建筑可实行按楼栋计量。

【参考链接】https：//sthjt. nmg. gov. cn/sthjdt/ztzl/srgclbcjtl/jsmfzzq/202409/t20240918_ 2576594. html.

《内蒙古自治区智慧供热示范推广工作方案》

【发布单位】内蒙古自治区住房和城乡建设厅

【发布日期】2023 年 6 月 15 日

【重要内容】二、工作任务

（一）呼和浩特市、包头市示范推广面积不小于 500 万平方米。赤峰市不小于 200 万平方米。乌海市在现有基础上新建居住建筑全部实行供热计量。鄂尔多斯市在康巴什新区全面推行供热计量。其他盟市要做好供热计量准备工作，2024—2025 年分区域示范推广。

【参考链接】 https：//zjt. nmg. gov. cn/zwgk/zfxxgkn/fdzdgknr/bmwj/202307/t20230717_ 2348236. html

6. 辽宁省

《辽宁省空气质量持续改善行动实施方案》

【发布单位】辽宁省人民政府

【发布日期】2024 年 7 月 1 日

【重要内容】到 2025 年，全省 $PM_{2.5}$ 平均浓度降至 34 微克/立方米以下，优良天数比率达到 88.3% 以上，重度及以上污染天数比率控制在 0.7% 以内，氮氧化物和 VOCs 排放总量比 2020 年分别下降 10% 以上。

因地制宜整村、整屯推进民用、农用散煤替代。纳入中央财政支持北方地区清洁取暖范围的城市，保质保量完成改造任务。2025 年底前基本完成沈阳、鞍山、抚顺、锦州、营口、辽阳、铁岭、盘锦、葫芦岛 9 个重点城市城区（含城中村、城乡接合部）、县城清洁取暖改造。完成散煤替代的城区、县城及村屯必须保障居民生活和清洁取暖用电、用气需求，防止散煤复烧。严厉打击劣质煤销售，依法全面取缔高污染燃料禁燃区内散煤销售网点。

【参考链接】https：//www. ln. gov. cn/web/zwgkx/zfwj/szfwj/2024n/202407081642458O614/index. shtml.

《国家碳达峰试点（沈阳）实施方案》

【发布单位】沈阳市人民政府

【发布日期】2024 年 10 月 31 日

【重要内容】构建清洁低碳高效供暖体系。因地制宜优化城区、乡镇、农村供热体系。建设符合超低排放标准的大型燃煤热源，有序替代城区存量低效燃煤锅炉，协同远距离长输供热系统，逐步构建大环网、多热源联网的供热格局。在具备条件的住宅、公共建筑、产业园区，分类推广空气源热泵、“光伏 + 辅助热源”设备、燃气壁挂炉、生物质能设备等燃煤供热替代模式。在苏家屯区、沈北新区等管网基础条件较好的地区，引导整合建设生物质集中供热锅炉房，推进乡镇生物质集中供热示范试点建设。推进农村地区可再生能源多元供能体系建设。到 2025 年，全市基本完成散煤替代。

【参考链接】https：//www. shenyang. gov. cn/zwgk/zcwj/zfwj/szfwj/202410/t20241031_ 4753982. html.

7. 吉林省

《吉林省城市供热企业评价管理办法（暂行）》

【发布单位】吉林省住房和城乡建设厅

【发布日期】2024 年 6 月 14 日

【重要内容】管理办法全文

【参考链接】https：//xxgk. jl. gov. cn/zcbm/fgw_ 98022/xxgkmlqy/202406/t20240614_ 8920726. html.

《美丽吉林建设规划纲要（2024—2035 年）》

【发布单位】中共吉林省委、吉林省人民政府

【发布日期】2024 年 5 月 23 日

【重要内容】（四）推动能源清洁低碳转型

推进清洁能源快速发展。加快构建清洁低碳安全高效的能源体系，以太阳能、风能、氢能、水能等为重点，建立多元能源供应体系，打造国家级清洁能源基地。加快推进“陆上风光三峡”“山水蓄能三峡”“全域地热三峡”及东北松辽清洁能源基地送电华北工程等重大项目建设。创建新能源产业“绿电+消纳”试点，加快白城、松原、双辽、通榆“绿电”示范园区建设，提升清洁能源本地消纳能力。结合技术发展，适时推广中深层地热供暖试点示范项目。持续实施“氢动吉林”“醇行天下”行动，推进氢能“制储输用”全链条发展。

优化能源消费结构。重点控制煤炭等化石能源消费，加强煤炭清洁高效利用，逐步降低煤炭消费比重，石油消费“十五五”时期进入峰值平台期。严控新增耗煤项目，实行煤炭消费目标管理和减量替代管理。严格控制煤电装机规模，加快现役煤电机组节能升级和灵活性改造。有序关停改造分散燃煤锅炉和小火电，逐步减少直至禁止煤炭散烧。因地制宜推进煤改电、煤改生物质。到 2030 年，非化石能源占能源消费总量比重达到 20%左右；到 2035 年，非化石能源占能源消费总量比重进一步提高。

【参考链接】http://www.jl.gov.cn/gb/2024/zb_202411/zwyw_380908/202406/t20240619_8922802.html.

《关于进一步强化金融支持吉林省绿色低碳发展的若干措施》

【发布单位】中国人民银行吉林省分行、中共吉林省委金融委员会办公室、吉林省发展和改革委员会、吉林省工业和信息化厅、吉林省财政厅、吉林省生态环境厅、国家金融监督管理总局吉林监管局、中国证券监督管理委员会吉林监管局

【发布日期】2024 年 5 月 21 日

【重要内容】“吉林绿色金融二十条”从加大绿色信贷、绿色债券支持，丰富绿色金融产品服务，加强对绿色低碳转型重点领域融资支持，推

动环境信息披露和碳核算，建立环境、碳减排数据共享机制和强化应对气候变化风险能力等方面提出二十条具体措施，以期为吉林省经济高质量发展提供更加精准有力的政策支撑。

【参考链接】http：//jr. jl. gov. cn/jrzx/jrdt/jgdt/202405/t20240524_ 3166389. html.

8. 黑龙江省

《加快推动建筑领域节能降碳实施方案》

【发布单位】黑龙江省发展和改革委员会、黑龙江省住房和城乡建设厅

【发布日期】2024 年 4 月 17 日

【重要内容】以习近平新时代中国特色社会主义思想为指引，到 2025 年，建筑领域节能降碳制度体系更完善，城镇新建建筑全面执行绿色建筑标准，新建政府投资公共建筑执行超低能耗建筑设计标准，超低能耗、近零能耗建筑面积增长超 65 万平方米，既有建筑节能改造超 1000 万平方米，建筑用能中电力消费占比增速达全国平均水平，城镇建筑可再生能源替代率超 8%。到 2027 年，既有建筑改造规模扩大，超低能耗建筑规模化发展，建筑用能结构优化，绿色低碳高品质建筑实现规模化发展 。

【参考链接】https：//www. zwfw. hlj. gov. cn/zczx/zwzx/art/2024/art_02d80a39eeab42bfb8d54530f2efa9c8. html.

9. 山东省

《山东省绿色建筑高质量发展工作方案》

【发布单位】山东省住房和城乡建设厅

【发布时间】2024 年 7 月 17 日

【重要内容】到 2025 年，全省新增绿色建筑 2 亿平方米以上，占城镇新竣工民用建筑比例达到 100%；新建超低能耗、低碳建筑及近零能耗、近零碳建筑 200 万平方米；完成既有建筑节能改造 1600 万平方米以上；城镇建筑可再生能源替代率达到 10%。

方案提出，推动建筑光伏一体化建设，因地制宜推广地热能、生物质能、太阳能及污水源、空气源热泵等供热制冷应用，开展火电、工业、核

电等余热利用，稳步推进核电余热供热试点，支持有条件的地区打造“核能零碳”供暖城市。提高建筑电气化水平，推动新建公共建筑全电气化设计。加快实施城镇老旧供热管网更新改造，进一步深化供热计量改革，具备条件的居住建筑和公共建筑逐步推行按用热量计量收费。积极推广建筑能源合同管理，推行节能咨询、诊断、设计、融资、改造、托管等“一站式”综合服务模式。

【参考链接】http：//zjt. shandong. gov. cn/art/2024/7/23/art_ 103756_10341705. html.

《关于健全完善新能源消纳体系机制促进能源高质量发展的若干措施》

【发布单位】山东省人民政府办公厅

【发布时间】2024 年 12 月 17 日

【重要内容】2025—2026 年，新增风电项目（含分散式风电，下同）可自主选择全电量或 30% 发电量参与电力市场，新增光伏发电项目（含分布式光伏，下同）可自主选择全电量或 15% 发电量参与电力市场，实施过程中根据国家政策要求变化优化调整；2030 年起，新增风电、光伏发电项目实现全面入市。

提高大型清洁高效煤电机组调峰能力，新建纯凝和抽凝煤电机组最小技术出力应不高于 20% 和 30% 额定负荷。加快存量煤电机组灵活性改造，按改造后新增深调能力 10% ×8 小时的标准折算储能容量，作为新建新能源项目配套储能。鼓励煤电机组通过配建电锅炉储热设施、熔盐储热等设施增加深度调峰能力，相关设施建设在发电企业计量出口内的，其用电按照厂用电管理但统计上不计入厂用电。

【参考链接】http：//www. shandong. gov. cn/jpaas-jpolicy-web-server/front/info/detail？iid＝383b59c739f6417f8d9dba1d3fc78776.

10. 河南省

《河南省空气质量持续改善行动计划》

【发布单位】河南省人民政府

【发布日期】2024 年 3 月 23 日

【重要内容】（五）持续推进清洁取暖改造。加大民用散煤替代力度，因地制宜成片推进清洁取暖改造，支持平顶山、漯河、驻马店等市申报国家清洁取暖试点城市，保质保量完成许昌、商丘、周口等试点城市清洁取暖改造任务。到2025年采暖季前，全省平原地区散煤基本清零，稳妥推进山区散煤清洁能源替代。依法将完成清洁取暖改造的地方划定为高污染燃料禁燃区，依法依规整治违规销售、储存、运输、使用散煤行为，防止散煤复烧。对暂未实施清洁取暖改造的地方，加强洁净型煤生产供应和质量监管。（河南省发展和改革委员会、河南省工业和信息化厅、河南省公安厅、河南省财政厅、河南省生态环境厅、河南省住房和城乡建设厅、河南省交通运输厅、河南省市场监督管理局按职责分工负责）

【参考链接】https：//www. henan. gov. cn/2024/03 –29/2967684. html.

《河南省推动大规模设备更新和消费品以旧换新实施方案》

【发布单位】河南省人民政府

【发布日期】2024 年 4 月 7 日

【重要内容】（三）建筑和市政基础设施领域设备更新工程。推进以人为核心的新型城镇化，以住宅电梯、供水、供热、供气、污水处理、环卫、城市生命线工程、安防等为重点，对超过设计使用年限、材质落后的老旧市政基础设施及设备进行更新改造，推进“平急两用”公共基础设施建设。加快更新不符合现行产品标准、安全风险高的老旧住宅电梯。加快推进处理工艺陈旧、设备设施不达标的自来水厂更新改造，按照高能效、智慧化运维管理要求，重点推动加压调蓄供水设施设备升级改造。有序推动液化石油气充装站标准化更新建设。稳步推进供热计量改造，持续推动供热企业燃煤锅炉替代，重点推动老旧换热站设备更新，加大高效能换热器、变频水泵推广使用力度，安装在线调控智能化装置，提高供热管理效能。结合城市更新、“三区一村”（老旧小区、老旧厂区、老旧街区、城中村）改造等工作，以外墙保温、门窗、供热装置等为重点，推进存量建筑节能改造，购置更换建筑热泵。

【参考链接】https：//www. henan. gov. cn/2024/04 –16/2979779. html.

《河南省2024—2025年节能工作方案》

【发布单位】河南省发展和改革委员会

【发布时间】2024年2月18日

【重要内容】到2025年，全省单位生产总值能源消耗比2020年下降14.5%以上。（八）实施公共机构节能增效行动。持续推广新能源汽车，适度提高新能源汽车配备比例和充电基础设施数量要求。持续开展公共机构既有建筑围护结构、供热、制冷、照明、用水等设施节能改造，因地制宜推广利用太阳能、地热能、生物质能等能源和热泵技术。鼓励公共机构采用能源费用托管等合同能源管理服务模式，引导社会资本参与公共机构节能降碳改造。推进公共机构节能标准体系应用，全面开展节约型机关创建行动。到2025年，创建160家节约型公共机构示范单位，遴选6家公共机构能效领跑者。

【参考链接】https：//fgw. henan. gov. cn/2024/02 –26/2953280. html.

11. 陕西省

《陕西省民用建筑节能与绿色发展条例》

【发布单位】陕西省第十四届人民代表大会常务委员会

【发布日期】2024年9月27日

【重要内容】条例提出，设区的市、县（市、区）人民政府应当根据资源状况，合理确定供热方式，优化集中供热布局，推行分户计量收费，提高能源利用效率。

纳入能源资源消耗统计对象的民用建筑所有权人或者受托管理人应当按照规定报送用电、用气、用热、用水等数据。供电、供气、供热、供水等单位应当按照规定报送纳入能源资源消耗统计对象的民用建筑的用电、用气、用热、用水等结算数据。

新建、扩建和改建民用建筑应当根据当地资源与适用条件，选择太阳能、地热能、空气能等可再生能源，用于采暖、制冷、照明和热水供应等。

【参考链接】https：//www. shaanxi. gov. cn/xw/sxyw/202411/t20241125_3213262. html.

《西安市减污降碳协同创新试点实施方案》

【发布单位】西安市人民政府办公厅

【发布日期】2024 年 9 月 27 日

【重要内容】方案提出，在推动清洁能源供热方面，因地制宜，科学有序建立以地热能、污水能、空气能、生物质能等多能互补、分布式供热为支撑的清洁用能保障体系。全市不再新建燃煤集中供热站，原则上不再新建燃气供热站。新建居民住宅、商业综合体等必须使用清洁化能源取暖。大力推进地热能供热项目建设，具备条件的新建建筑优先采用地热能供热。因地制宜，安全合理开发浅层地热能供热，鼓励开发中深层地热能供热。鼓励具有一定规模的再生水（污水）厂周边地区，以及再生水（污水）主干管网沿线 3 千米范围内，优先采用再生水（污水）源热泵系统供暖。到 2026 年，全市新增地热能供暖面积 1600 万平方米。

【参考链接】https：//www. xa. gov. cn/gk/zcfg/szfbgtwj/1840641948781244417. html.

《西安市促进供热行业提质增效若干措施》

【发布单位】西安市人民政府办公厅

【发布日期】2024 年 12 月 27 日

【重要内容】按照 3 年挖潜 1000 万吉焦热量目标，加快实施燃煤电厂高背压等高效供热方式改造，最大限度挖掘现役热电机组潜力，“一企一策”制定年度工作目标，力争到 2027 年底实现替代供热用气 2. 8 亿立方米。

确需或适宜采用分布式形式供热的，应使用地热能、空气源、污水源等新能源供热，不得新建和扩建分散式燃气自备锅炉。2028 年底前实现全市集中供热全覆盖。

【参考链接】https：//www. xa. gov. cn/gk/zcfg/szfbgtwj/1873990577175470081. html.

《关于贯彻落实〈空气质量持续改善行动计划〉的实施意见（2024—2025 年）（征求意见稿）》

【发布单位】陕西省生态环境厅

【发布日期】2024 年 4 月 15 日

【重要内容】积极开展地热资源化利用。设立地热能专项资金，对全域地热能供暖示范区、重点地热能示范推广项目、装备制造和地热能基础能力建设项目等予以支持。新建居民住宅、商业综合体等必须使用清洁化能源供暖。地热能供暖面积提高到7000万平方米。

【参考链接】https：//sthjt. shaanxi. gov. cn/html/hbt/dynamic/notices/17798911 69670860801. html.

《西安市大气污染治理专项行动2024年工作方案》

【发布单位】西安市人民政府办公厅

【发布日期】2024年3月29日

【重要内容】有计划实施地热能、空气源热泵、污水源热泵等多种新能源供热模式。大力发展清洁取暖方式。新建居民住宅、商业综合体等必须使用清洁能源取暖（地热能、空气源热泵、污水源热泵等）。

【参考链接】https：//www. xa. gov. cn/gk/zcfg/szfbgtwj/1776797481707249665. html.

12. 甘肃省

《2025年省级农村清洁能源综合利用项目实施方案》

【发布单位】甘肃省农业农村厅

【发布日期】2024年12月6日

【重要内容】目标任务：2025年新增16处农村绿色低碳村庄、4处"三沼"综合利用项目，取得2项以上新技术新设备研发成果，举办1期培训班，打造1处科研教学基地。提升清洁能源利用比重，提升农户能源消费节本增效成效，巩固规模化沼气工程运营能力，拓展沼气沼肥利用方式，增强研发与从业人员能力。

【参考链接】https：//nync. gansu. gov. cn/nync/c107949/202412/174043491. shtml.

13. 宁夏回族自治区

《自治区发展改革委关于做好新能源消纳工作的通知》

【发布单位】宁夏回族自治区发展和改革委员会

【发布日期】2024 年 5 月 31 日

【重要内容】根据《国务院关于印发〈2024—2025 年节能降碳行动方案〉的通知》，国家能源局保障新能源高质量发展做好消纳工作有关政策精神，为推动自治区新能源健康发展和高效利用，加快高水平建设国家新能源综合示范区，宁夏回族自治区发展和改革委员会会同国网宁夏电力有限公司，结合自治区新能源发展、系统承载力、系统经济性等因素，在充分与区内新能源企业沟通研究基础上，按照“全网统筹、保量稳率”原则，确定自治区新能源利用率下限为90%。

【参考链接】https：//fzggw. nx. gov. cn/tzgg/202406/t20240603_ 4556733. html.

《宁夏回族自治区加快构建碳排放双控制度体系重点任务落实方案》

【发布单位】宁夏回族自治区人民政府办公厅

【发布日期】2024 年 12 月 4 日

【重要内容】突出碳规划引领、强化地方碳考核、探索行业碳管控、完善企业碳管理、开展项目碳评价、加快产品碳核算、加强碳双控协调。

【参考链接】https：//www. nx. gov. cn/zwgk/qzfwj/202412/t20241204_ 4747398_ wap. html.

14. 新疆维吾尔自治区

《关于深化新能源开发管理改革优化新能源项目建设管理工作的通知》

【发布单位】新疆维吾尔自治区发展和改革委员会、国网新疆电力有限公司

【发布日期】2024 年 8 月 23 日

【重要内容】明确风电光伏项目从自治区级备案下放至地州市属地备案等举措，持续推动新能源规模加速壮大，加快构建以新能源为主体的新型电力系统。

【参考链接】https：//www. xinjiang. gov. cn/xinjiang/bmdt/202408/bb283dd8587b406083b28914e835d34c. shtml.

15. 青海省

《青海省推动工业绿色转型实施方案》

【发布单位】青海省人民政府办公厅

【发布日期】2024 年 9 月 27 日

【重要内容】到 2025 年，全省规模以上工业单位增加值能耗较 2020 年下降 12.5%，重点行业二氧化碳排放强度明显下降。到 2030 年，产业结构明显优化，绿色低碳能源利用比例显著提高，减污降碳协同能力显著增强，主要资源利用效率进一步提升，碳排放总量实现达峰，绿色低碳转型成效显著。有序推动重点用能行业煤炭减量替代，合理引导工业用天然气消费。因地制宜推广应用电窑炉、热泵、电动力等设备，提升终端用能电气化水平。鼓励企业参与绿证绿电交易，支持有条件的企业、园区建设工业绿色微电网，就近大规模高比例消纳可再生能源。

【参考链接】http://www.qinghai.gov.cn/xxgk/xxgk/fd/zfwj/202409/t20240930_218695.html.

16. 安徽省

《安徽省加快推动建筑领域节能降碳实施方案》

【发布单位】安徽省住房和城乡建设厅、安徽省发展和改革委员会

【发布日期】2024 年 10 月 23 日

【重要内容】方案提出，因地制宜推进地热能、生物质能应用；推广空气源等各类电动热泵技术。到 2025 年底，城镇建筑可再生能源替代率达到 8%，建筑应用面积累计达到 6 亿平方米。引导建筑供暖、生活热水、炊事等向电气化发展，推广高效直流电器设备应用，探索建筑用电设备智能群控技术，推动新建公共建筑全电气化。到 2030 年底，建筑能耗中电力消费比例超过 65%，公共建筑全电气化比例达到 20%。推动建筑热源端低碳化，综合利用热电联产余热、工业余热，根据各地实际情况应用尽用；因地制宜探索氢燃料电池分布式热电联供，推动老旧供热管网节能降碳改造。在全省范围内开展民用燃气表计量专项监督检查，加强热量表、电能表检定校准和监督抽查工作。

【参考链接】http：//dohurd. ah. gov. cn/ztzl/gdzt/jnkj/jnykj/57564111. html.

17. 广东省

《广东省空气质量持续改善行动方案》

【发布单位】广东省人民政府

【发布日期】2024 年 11 月 27 日

【重要内容】（八）发展清洁低碳能源。到 2025 年，非化石能源消费比重力争达到 30%左右，电能占终端能源消费比重达 40%左右。完善天然气管网运营机制，年用气量 1000 万立方米以上、靠近主干管道且具备直接下载条件的工商业用户可实施直供。新增天然气优先保障居民生活、工业锅炉和炉窑清洁能源替代以及运输车船使用。工业锅炉和炉窑“煤改气”要在落实供气合同的条件下有序推进。

【参考链接】https：//www. gd. gov. cn/xxts/content/post_ 4613622. html.

三、行业标准

（一）国家标准

《城镇清洁供热技术标准（征求意见稿）》

【发布单位】住房城乡建设部办公厅

【发布日期】2024 年 11 月 13 日

【重要内容】适用于新建、扩建及改建的城镇供热系统，涵盖热源、供热管网、热力站和热用户的技术要求，推动清洁供热技术的规范化和标准化。

【参考链接】https：//www. mohurd. gov. cn/gongkai/zc/wjk/art/2024/art_ d52d4dde0ffd4f57a9db57eb3f6d6112. html.

《城镇供热工程智能化技术标准（征求意见稿）》

【发布单位】住房城乡建设部办公厅

【发布日期】2024 年 11 月 13 日

【重要内容】规范城镇供热工程的智能化技术应用，包括智能调控、数据监测和系统优化等内容，提升供热系统的能效和智能化水平。

【参考链接】https://www.mohurd.gov.cn/gongkai/zc/wjk/art/2024/art_133ee4084cf845f2929981f15658f5b3.html.

《太阳能和生物质能互补户用供暖系统技术规范》(NB/T 11500—2024)

【发布单位】国家能源局

【发布日期】2024年5月24日发布，2024年11月24日实施

【重要内容】适用于单户住宅及类似建筑的供暖系统，规范太阳能和生物质能互补供暖系统的设计、安装、调试、验收及节能量与减排量计算。

【参考链接】http://zfxxgk.nea.gov.cn/2024-05/24/c_1310777111.htm

（二）地方标准

《谷电多能互补清洁供暖系统应用技术规程》(DB21/T 4056—2024)

【发布单位】辽宁省住房和城乡建设厅、辽宁省市场监督管理局

【发布日期】2024年11月30日发布，2024年12月30日实施

【重要内容】适用于新建、改建和扩建建筑中使用的谷电多能互补清洁供暖系统，重点规范系统设计、运行和维护要求。

（三）团体标准

《智慧供热服务评价技术要求》(T/CASMES 436—2024)

【发布单位】CHIC 牵头，联合北京国发绿色节能环保技术研究院有限公司、天津地热勘查开发设计院有限公司等单位参编

【发布日期】2024年12月17日发布，2024年12月23日实施

【重要内容】建立科学合理的评价体系，从多个角度对智慧供热服务进行评估，推动行业向绿色低碳、高效智能方向发展。

《地热供热站建设项目经济评价》(T/CATSI 10001—2024)

【发布单位】中国技术监督情报协会

【发布日期】2024年12月13日发布，2025年5月1日实施

【重要内容】规定了中深层水热型地热供热站建设项目经济评价的基本方法和技术要求，适用于地热水开采、尾水回灌及热能供给的中深层水热型地热资源开发利用项目建设的经济评价。

《村镇建筑清洁供热系统能效测评方法标准》(T/CABEE 068—2024)

【发布单位】中国建筑节能协会

【发布日期】2024 年 5 月 30 日发布，2024 年 8 月 1 日实施。

【重要内容】针对村镇建筑清洁供热系统能效测评方法，解决低效燃煤和生物质散烧问题，推动清洁取暖和乡村振兴战略实施。

四、国外资讯

《清洁供热标准手册》(Clean Heat Standards Handbook)

【发布单位】睿博能源智库（Regulatory Assistance Project）

【发布日期】2024 年 4 月 17 日

【重要内容】提供了关于构建清洁供热政策的分步指导。这些政策工具被设计用来提高清洁供热产品和服务在市场中的普及程度，减少对化石燃料的依赖，并降低与化石燃料相关的气候影响。

【参考链接】https：//www. raponline. org/knowledge-center/clean-heat-standards-handbook/.

《马萨诸塞州清洁供暖标准》(Massachusetts Clean Heat Standard)

【发布单位】马萨诸塞州政府

【发布日期】2023 年 11 月

【重要内容】该清洁供暖标准是一项适用于马萨诸塞州供暖能源供应商的法规，尤其是天然气公司以及取暖油和丙烷进口商。这些义务方将被要求为马萨诸塞州的住宅和商业用户提供逐步增加比例的清洁供暖服务，从而逐步减少化石燃料的销售额。随着时间的推移，清洁供暖标准将以热泵、清洁区域能源、房屋节能改造及其他历经验证的低碳方案来取代管道燃气、燃油和丙烷供暖。

【参考链接】https：//www. mass. gov/massachusetts-clean-heat-standard.

《转型时期的可再生能源政策供暖和制会》(Renewable Energy Policies in a Time of Transition：Heating and Cooling)

【发布单位】国际可再生能源机构（IRENA）

【发布日期】2020 年 11 月

【重要内容】报告强调了全球能源消费中近一半用于供暖和制冷，其中大部分依赖化石燃料。报告提出了向基于可再生能源的、能源利用高效的供暖和制冷转变的多种可能路径，包括使用电力、基于可再生能源的气体（包括绿色氢）、可持续生物能源，以及直接利用太阳能和地热能。

【参考链接】https：//www. irena. org/publications/2020/Nov/Renewable-Energy-Policies-in-a-Time-of-Transition-Heating-and-Cooling.

Clean Heat Forum-RMI

【重要内容】这是一个国际性的论坛，旨在分享最佳实践，推动全球政策远离化石燃料，转向更清洁的供热方式。这个论坛的重要性在于，它将公共和私营部门的领导者聚集在一起，共同创造和分享最佳政策、标准和公共参与策略。

【参考链接】https：//rmi. org/our-work/buildings/clean-heat-forum/.

《中国热泵的未来》（The Future of Heat Pumps in China）

【发布单位】国际能源署（IEA）

【发布日期】2024 年 3 月

【重要内容】热泵在实现中国 2030 年前碳达峰和 2060 年前碳中和目标方面可以发挥重要作用。中国是全球热消耗量最大的国家，占全球总量的近 33%。热泵技术可以提供脱碳供暖的关键杠杆，近年来在中国销量增长迅速。

【参考链接】https：//www. iea. org/reports/the-future-of-heat-pumps-in-china.

CHIC
清洁供热产业委员会
Clean Heating Industry Committee

第三篇　实践篇

一、清洁取暖项目城市建设

（一）总体概况

大气污染防治工作是我国生态环境保护的重要组成部分，自 20 世纪 70 年代以来，我国开始构建大气环境容量理论，分区管控防治酸雨和二氧化硫污染。进入 21 世纪后，大气污染物减排进入深水期，我国进一步加大了大气污染防治的力度。2017 年，蓝天保卫战、清洁取暖试点城市建设等系列政策出台，标志着大气污染治理向纵深推进。

近年来，随着我国对环境保护和能源转型的重视，清洁取暖项目城市建设成为重要的工作方向。这些项目旨在通过替代传统的散煤取暖减少大气污染，提高能源利用效率，并改善居民生活质量。自《北方地区冬季清洁取暖规划（2017—2021 年）》实施以来，国家先后支持 5 批共 88 个清洁取暖试点城市实施清洁取暖改造，清洁取暖改造工程在大气污染防治的重点区域大规模推进（见表 3 - 1）。在 5 批清洁取暖试点城市建设完成后，中央财政预计安排 1071 亿元专项资金用于各清洁取暖试点城市的热源清洁化与建筑节能改造工作。

表 3 - 1　我国北方地区冬季清洁取暖中央财政支持试点城市名单（2017—2022 年）

批次	年度	城市名单	数量
第一批	2017	天津市、石家庄市、唐山市、保定市、廊坊市、衡水市、太原市、济南市、郑州市、开封市、鹤壁市、新乡市	12
第二批	2018	邯郸市、邢台市、张家口市、沧州市、阳泉市、长治市、晋城市、晋中市、运城市、临汾市、吕梁市、淄博市、济宁市、滨州市、德州市、聊城市、菏泽市、洛阳市、安阳市、焦作市、濮阳市、西安市、咸阳市	23
第三批	2019	定州市、辛集市、三门峡市、济源市、铜川市、渭南市、宝鸡市、杨凌示范区	8
第四批	2021	烟台市、忻州市、泰安市、承德市、大同市、许昌市、秦皇岛市、潍坊市、榆林市、朔州市、延安市、北京市、阜新市、佳木斯市、包头市、海西州、乌鲁木齐市、辽源市、兰州市、吴忠市	20

续表

批次	年度	城市名单	数量
第五批	2022	呼和浩特市、沈阳市、青岛市、银川市、长春市、临夏回族自治州、西宁市、齐齐哈尔市、哈尔滨市、商丘市、枣庄市、昌吉回族自治州、吉林市、周口市、乌兰察布市、中卫市、盘锦市、东营市、新疆生产建设兵团（第七师、第八师、第十三师）、营口市、白山市、巴彦淖尔市、金昌市、固原市、武威市	25

总体来看，清洁取暖城市建设工作按照“先试点、后推广”模式推进，并随着大气污染防治工作不断深入而逐步扩大实施范围（见图 3－1）。2017 年实施范围限定于“2＋26”京津冀大气污染传输通道城市中；2018 年实施范围在“2＋26”城市的基础上增加了汾渭平原 11 个市，中央财政支持的试点城市由 12 个扩展至 35 个；2019 年清洁取暖试点城市再次扩围，总计 43 个城市，覆盖了除北京以外的 27 个京津冀大气污染传输通道“2＋26”城市以及 11 个汾渭平原城市。2021 年，财政部办公厅、住房城乡建设部办公厅、生态环境部办公厅、国家能源局综合司联合印发《关于组织申报北方地区冬季清洁取暖项目的通知》，清洁取暖项目申报城市范围进一步拓展至新疆、甘肃、青海、吉林、辽宁等非大气污染防治重点区域的东北和西北城市，标志着我国清洁取暖工作从试点走向推广阶段。

（二）技术路线

清洁取暖的基本概念与范围在《北方地区冬季清洁取暖规划（2017—2021 年）》中首次提出。清洁取暖是指利用天然气、电、地热、生物质、太阳能、工业余热、清洁化燃煤（超低排放）、核能等清洁化能源，通过高效用能系统实现低排放、低能耗的取暖方式，包含以降低污染物排放和能源消耗为目标的取暖全过程，涉及清洁热源、高效输配管网（热网）、节能建筑（热用户）等环节。

由于我国地域辽阔，各地区间气候条件与资源禀赋不尽相同，在取暖需求和资源条件上存在一定差异，这一点在农村分散式清洁供暖方面尤为明显。在设计清洁取暖技术路线时，需要充分考虑地域性差异。我国的南北方分界线是秦岭—淮河线，而南北方集中供暖分界线大致与秦岭—淮河南北

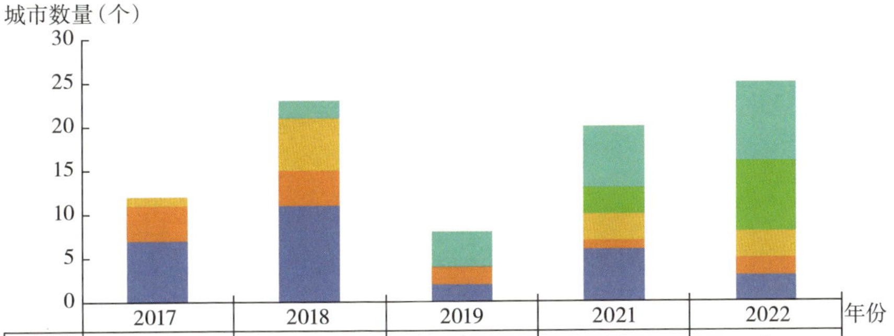

年份	2017	2018	2019	2021	2022
西北	0	2	4	7	9
东北	0	0	0	3	8
华东	1	6	0	3	3
华中	4	4	2	1	2
华北	7	11	2	6	3

图 3－1　2017—2022 年我国北方地区冬季清洁取暖试点城市区域分布数量

方地理分界线一致，秦岭—淮河线以北为严寒、寒冷地区。其中寒冷地区多分布在华中、华北、华东地区，而严寒地区则多分布于东北、西北地区。

按照《民用建筑热工设计规范》（GB 50176—2016），根据采暖度日数 HDD18 将我国严寒、寒冷地区细分为 5 个二级区划（见表 3－2）。从气候分区角度来看，2017—2019 年，我国北方地区冬季清洁取暖工作覆盖范围仅包含寒冷 A 区与寒冷 B 区，2021 年后随着清洁取暖试点城市范围向东北、西北地区进一步扩大，严寒 B 区与严寒 C 区城市逐步纳入中央财政支持改造范围（见图 3－2）。

表 3－2　我国建筑热工二级区划分类与指标

<table>
<tr><th>二级区划名称</th><th colspan="2">区划指标</th><th>设计要求</th></tr>
<tr><td>严寒 A 区</td><td colspan="2">6000≤HDD18</td><td>冬季保温要求极高，必须满足保温设计要求，不考虑防热设计</td></tr>
<tr><td>严寒 B 区</td><td colspan="2">5000≤HDD18＜6000</td><td>冬季保温要求非常高，必须满足保温设计要求，不考虑防热设计</td></tr>
<tr><td>严寒 C 区</td><td colspan="2">3800≤HDD18＜5000</td><td>必须满足保温设计要求，可不考虑防热设计</td></tr>
<tr><td>寒冷 A 区</td><td rowspan="2">2000≤HDD18＜3800</td><td>CDD26≤90</td><td>应满足保温设计要求，可不考虑防热设计</td></tr>
<tr><td>寒冷 B 区</td><td>CDD26＞90</td><td>应满足保温设计要求，宜满足隔热设计要求，兼顾自然通风、遮阳设计</td></tr>
</table>

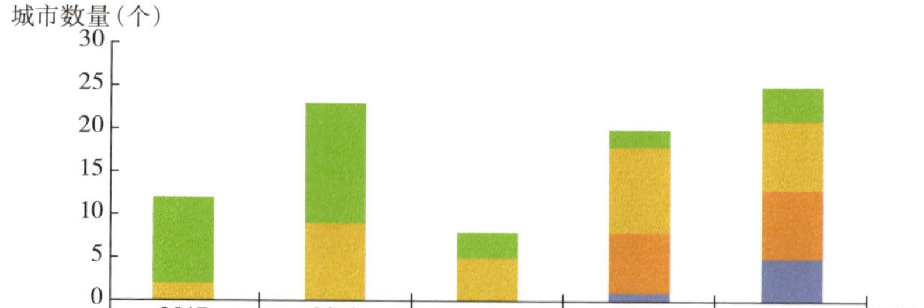

	2017	2018	2019	2021	2022
寒冷B区	10	14	3	2	4
寒冷A区	2	9	5	10	8
严寒C区	0	0	0	7	8
严寒B区	0	0	0	1	5

图3－2　2017—2022年我国北方地区冬季清洁取暖试点城市气候分区情况

在清洁取暖工作从试点示范走向全面推广后，对于严寒地区而言，在技术路线的选择上则更加贴近实际需要，在注重供暖技术环保清洁的同时也更加注重节能高效与经济适用。东北和西北地区的气候条件、经济条件、基础设施、农村人口以及居住和生活习惯等与大气污染防治重点区域的试点城市存在较大差异，这些差异决定了清洁取暖工作的推广不能简单照搬或复制“2＋26”大气污染防治重点区域的方案。以空气源热泵为例，其在华北、华中、华东地区清洁取暖项目中应用较为广泛，但西北、东北地区冬季温度更低，极端低温可达－30℃以下，常规空气源热泵在此环境下大多无法运行，需要采用应用补气增焓、多级压缩等技术的低温、超低温空气源热泵进行供暖改造，因此需要因地制宜、因时制宜，更加稳妥有序地分阶段、分区域地选择适宜的技术路线。在国家政策路线方面，清洁取暖改造的总体技术路线也从最初的“宜气则气、宜电则电，尽可能利用清洁能源，加快提高清洁供暖比重”转变为“以供定需、以气定改，同时统筹温暖过冬与清洁取暖，合理确定改造技术路线，宜电则电、宜气则气、宜煤则煤、宜热则热”。

北方地区农村清洁取暖逐步形成以清洁能源替代为主，以清洁煤和配套环保炉具兜底的发展思路，积极试点示范太阳能、风能等可再生能源供热，因地制宜探索“可再生能源＋”的多能互补模式。从区域分布来看，京津冀及周边地区以“煤改电”“煤改气”为主。东北地区气候严寒，供暖周期长，供热量占全国需求总量的1/3，清洁取暖发展基础薄弱，且经济发展相对滞后，农村居民收入相比“2+26”大气污染防治重点区域较低，随着近几年的不断探索推进，东北农村地区逐步形成以“生物质+”为主的清洁供暖格局。而西北地区的内蒙古、新疆、甘肃、青海等地光伏资源、风能资源较为丰富，具备较好的常规清洁能源与可再生能源耦合供暖的潜力。农林地区清洁取暖技术/设备适用性如图3-3所示。

	初投资	能源消耗	运行费用	推广建设
燃气壁挂炉	较低	适中	高	加大供暖用燃气费补贴
直热式电采暖	较低	较高	高	不宜作为主要设备
蓄热式电暖器	较低	较高	较高	小面积用户，谷电蓄热
电热水锅炉	适中	较高	高	小面积用户，谷电蓄热
空气源热泵（热风型）	适中	适中	适中	即开即用，分时分室
空气源热泵（热水型）	适中	适中	适中	技术成熟，注意气候条件
太阳能+电加热多能联供	较高	较高	适中	试点推广
燃气空气源热泵	较高	适中	较高	燃气壁挂炉的升级产品
地源热泵	高	适中	适中	试点推广
太阳能+空气源多能联供	高	适中	较低	试点推广

图3-3　农村地区清洁取暖技术/设备适用性

（三）清洁取暖项目城市建设实例

1. 辽源市清洁取暖建设经验

因地制宜，生物质取暖零碳暖民

辽源市生物质资源非常丰富，且由于架设电网和燃气管道施工不便，经济性较差，采用就地取材的秸秆等生物质供暖，充分考虑农村地区建设发展规划、资源禀赋、用热习惯和经济水平等客观实际，符合本地农村地区资源特点和居民的消费能力。

经综合研判，因地制宜推广“1+1”“生物质炉具+农房保温技术”模式，在开展农房保温节能改造的同时，重点推广农村生物质零碳供热模式，通过每户补贴4500元，推广生物质一体炉进行清洁取暖和炊事。采用“秸秆置换”资源化利用模式，鼓励用户用自家产的生物质秸秆与厂家进行免费置换，实现农村居民“零投资、零碳”供热。此外，在农村乡镇公共建筑等建筑，鼓励发展空气源热泵、地源热泵、电蓄热锅炉等多种分散式清洁取暖形式，作为生物质供暖技术路线的补充。

完善制度，制定生物质收储运价格政策

印发《关于辽源市鼓励秸秆离田市级补贴资金的通知》，对实施离田的地块进行补贴。按照现行“省直管县”的财政管理体制，市、县（区）要分别设立秸秆离田补贴专项资金，对秸秆离田进行奖补。市级投入321万元（玉米和水稻耕种面积1.07公顷，每公顷补贴300元），按市区6:4比例，由市区财政分别承担。秸秆离田补贴资金坚持“先预拨、后考核、再清算”的原则，即按照须离田面积先行预拨，待离田工作结束后，根据离田工作完成情况及秸秆离田期间火点数量，结合生态环境部门的考核结果在次年根据实际清算已预拨资金。

目前本地农村采暖方式基本都以焚烧秸秆为主，能源利用方式较为原始，有很大的市场开拓空间。生物质秸秆资源对于当地农民来说很多时候是一种废物资源，每年冬天均有农民露天焚烧秸秆，政府在控制秸秆焚烧方面也投入了大量的人力和物力。未来可积极利用秸秆等进行生物质颗粒置换，在保障民生的同时也可实现供暖清洁化。为此，各县区积极组织印发生物质成型燃料推广基金项目实施方案，推进生物质收储运体系的建立和完善。推广生物质颗粒成型燃料的收购、生产、运输、储存、配送等产业发展。推广模式一：鼓励生产加工项目（包括提升完善现有生物质成型燃料加工中心项目和新建生物质成型燃料加工中心项目）；推广模式二：鼓励县域生物质成型燃料生产加工企业新建收储运配送延链项目；推广模式三：鼓励新建收购、生产、运输、储存、配送全产业链项目。

2. 新疆生产建设兵团清洁取暖建设经验

电蓄热集中供暖改造经验

兵团第七师胡杨河市各团场集中供暖热源清洁化改造以固体蓄热式电锅炉、“电极式电锅炉 + 蓄热水箱”的技术路线进行，并采用与空气源热

泵耦合调峰的方式运行，实施热源谷电蓄热“电能替代”取暖项目。通过增加蓄热设备，如固体蓄热式电锅炉、电极式电锅炉、大型蓄热水箱等，实现在电力需求低谷时储存热能，在高峰时释放热能进行发电，通过与电网、发电企业联控联动，实现热电解耦并促进光伏发电等新能源消纳，实现第七师胡杨河市电力工业转型升级，提升清洁能源利用水平和电力系统运行效率。

“煤改电”优惠电价确保清洁可持续

“煤改电”项目是一项改善民生的民心工程，为积极推进项目工程走进更多居民家中，兵团第八师在石河子市采取相关优惠政策，对清洁取暖电采暖改造户取暖用电每千瓦时补贴0.3元，使“煤改电”用户的电费从每千瓦时0.391元降为每千瓦时0.091元（每户限额25000千瓦时），并收购居民没用完的散煤，切实减轻居民经济负担，避免资源浪费，让居民用电不再发愁、过冬不再担心安全问题。

3. 许昌市清洁取暖建设经验

中心地区多层次推进清洁供热发展

城区充分发挥燃煤热电联产供热能力，扩增燃煤热电联产集中供热覆盖面积，同步建设配套供热设施、市政管网，持续推进城乡供热事业高质量快速发展，累计完成集中供热管网覆盖823.82万平方米，以供热发展加快城乡融合。

县城统筹燃煤热电联产与生物质热电联产等可再生能源供热协调发展，不断扩大燃煤热电联产集中供热范围，加快管网平衡、供热自动化建设，发展集中供热1001.75万平方米。在前期生物质清洁供热示范项目基础上，充分发挥生物质能等可再生能源供热能力，有序发展可再生能源供热555.07万平方米，推动县城集中供热持续发展。

周边地区因地制宜选择适宜技术

中心镇紧密结合新型城镇化和新农村建设要求，统筹推进小区级空气源热泵应用，发展供热25.67万平方米；超前布局“双碳”供暖发展思路，试点“智能群控电供暖+低温空气源热风机”新型低碳技术路线，实施清洁取暖改造0.4252万户；农村地区充分尊重用户生活习惯，灵活推广节能、高效的低温空气源热风机，累计完成设备安装10.6万户。

4. 郑州市清洁取暖建设经验

总体建设情况

郑州市基于气候和资源特点，按照“企业为主、政府推动、居民可承受”的原则，持续努力构建以热电联产集中供热为主，地热、再生水、空气能、电、天然气等清洁能源利用为辅的清洁取暖体系，在实现全市清洁取暖率100%目标的同时，大幅扩大可再生能源供暖面积；同步大力推动建筑能效提升工作，全面开展既有建筑节能改造，不断提升新建建筑能效水平，全面推广绿色建筑，积极推进超低能耗建筑示范工作。通过试点城市建设，形成了“三提升，两清零，一引领”的试点城市建设“郑州模式”。通过完善配套措施，在组织机制、政策体系、资金引导、能源保障、督导检查和舆论宣传等方面寻求突破，取得明显成效，有效改善了大气环境质量。

清洁取暖长效运行

清洁取暖长效机制的构建是保障能源转型和环保战略实施的关键。为实现此目标，郑州市采取综合措施，形成高效、可持续的运行体系。组织方面，成立清洁供暖领导小组，加强部门联动与市县协调，形成推进新格局，并建立乡村服务网络，确保项目可持续发展。政策方面，出台财政、金融等支持政策，鼓励采用清洁取暖技术，并设立“禁煤区”，实施严格的排放监管。技术方面，加大科技型企业培育力度，推动节能技术突破，丰富清洁取暖方案。基础设施方面，推进电网、热网升级，并引入智能技术提升能源管理效率。宣传方面，通过媒体普及知识，提升环保意识，并建立反馈机制。这些措施汇聚政府、企业等力量，推动郑州市清洁取暖事业发展和能源绿色低碳转型。同时，各县区建立服务站点，形成全覆盖的服务体系，采用服务商模式，确保项目健康可持续发展。郑州市以科技为引领，以政策为支撑，推动清洁取暖事业持续健康发展，助力经济社会的绿色低碳转型。

（四）清洁取暖项目城市清洁取暖改造成效

1. 两批试点城市累计完成清洁取暖改造 1642 万户

截至 2024 年 9 月，第四批和第五批试点城市累计完成清洁取暖改造 16.5 亿平方米 1642 万户。第四批试点城市 2021—2023 年共完成清洁取暖改造 6.8 亿平方米 664 万户。其中，城区完成 1.4 亿平方米 138 万户；县城完成 1.8 亿平方米 158 万户；农村完成 3.6 亿平方米 368 万户。改造后，20 个城市城区平均清洁取暖率从启动前的 88.9% 提升到 100%，县城从启动前的 68.1% 提升到 99.9%，农村从启动前的 29.9% 提升到 86.6%。

截至 2024 年 9 月，第五批城市 2022—2023 年共完成清洁取暖改造 9.7 亿平方米 978 万户。其中，城区完成 5.5 亿平方米 533 万户；县城完成 2.0 亿平方米 197 万户；农村完成 2.2 亿平方米 248 万户。改造后，25 个城市城区平均清洁取暖率从启动前的 81.2% 提升到 95.1%，县城从启动前的 60.6% 提升到 86.4%，农村从启动前的 30.3% 提升到 65.8%。具体如图 3－4、图 3－5 所示。

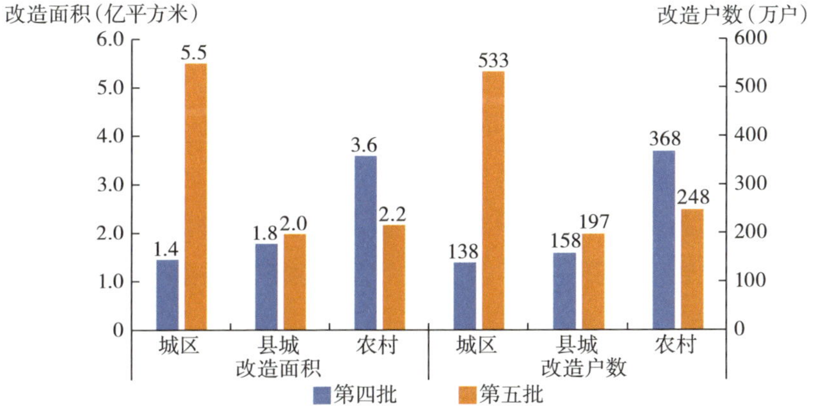

图 3－4 第四批和第五批试点城市清洁取暖改造面积和户数

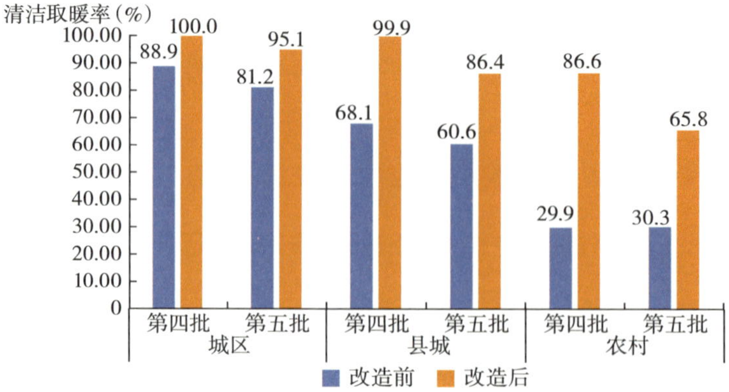

图 3-5　第四批和第五批试点城市改造前后清洁取暖率变化

2. 两批试点城市累计完成建筑节能改造 338 万户

截至 2024 年 9 月，第四批和第五批试点城市累计完成建筑节能改造 2.8 亿平方米 338 万户。第四批试点城市 2021—2023 年共完成建筑节能改造 1.2 亿平方米 127 万户。其中，城区完成 6431 万平方米 63 万户；县城完成 1696 万平方米 17 万户；农村完成 4248 万平方米 47 万户。城区建筑节能比率（改造任务完成比例）平均为 97.6%；县城建筑节能比率平均为 133.4%；农村建筑节能比率平均为 110.8%。除北京、佳木斯、乌鲁木齐外，其余城市完成总体任务。

截至 2024 年 9 月，第五批试点城市 2022—2023 年共完成建筑节能改造 1.6 亿平方米 211 万户。其中，城区完成 8062 万平方米 120 万户；县城完成 2412 万平方米 35 万户；农村完成 5584 万平方米 56 万户。城区建筑节能比率（改造任务完成比例）平均为 81.1%，其中沈阳、长春、齐齐哈尔、哈尔滨已提前完成改造任务；县城建筑节能比率平均为 87.7%，沈阳、长春、昌吉已提前完成改造任务；农村建筑节能比率平均为 63.3%。具体如图 3-6 所示。

3. 中央资金总体带动作用明显

截至 2024 年 9 月，下达 45 个清洁取暖试点城市中央资金共计 356.6 亿元，带动地方和社会资金实际投入近 2240 亿元，中央资金总体带动系数

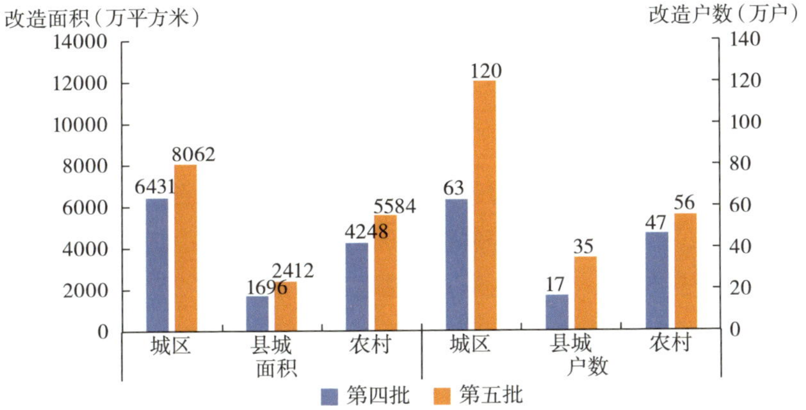

图 3－6　第四批和第五批试点城市建筑节能改造面积和户数

超过 6，大同、呼和浩特、乌兰察布、阜新、沈阳、盘锦、营口、长春、齐齐哈尔、哈尔滨、枣庄 11 个城市带动系数超过 10，发挥了较好的资金带动作用（见图 3－7）。

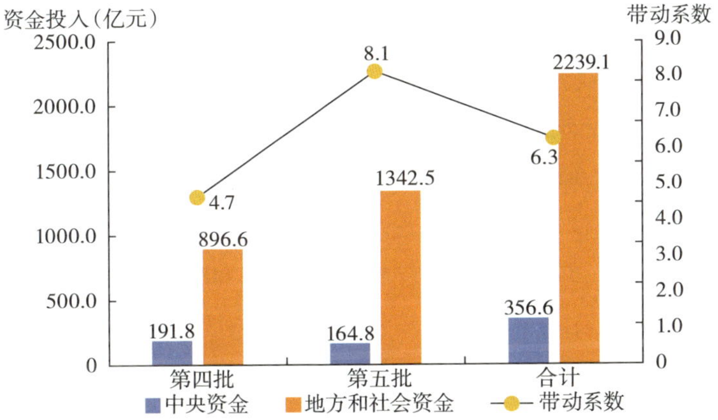

图 3－7　第四批和第五批试点城市中央资金、地方和社会资金投入

4. 空气质量改善效果显著

清洁取暖改造实施后，城市空气质量改善效果显著。2023 年，45 个试点城市中有 38 个达到国家或省级制定的 $PM_{2.5}$ 年度目标，占比 84.4%，较好地完成了空气质量目标。如阜新实施清洁取暖改造后，2021—2023 年相比“十三五”期间，$PM_{2.5}$ 平均浓度改善 19.9%，SO_2 平均浓度改善

38.3%，优良天数比例上升3.3个百分点，重污染天清零。

5. 社会效益显著提升

清洁取暖改造工作的开展，能够有效提升城市的整体竞争力，从而服务于宜居宜业城乡融合的现代生态文明城市建设。随着集中供热、“煤改电”、“煤改气”等多种技术路线的推进，进一步推动了热力、电力、燃气管网等基础设施建设，大幅提高了基础设施整体水平。

6. 泰安市清洁取暖项目城市绩效评价案例

基本情况

泰安市入选第四批清洁取暖试点城市，位于山东省中部，东邻莱芜市、淄博市、临沂市，南连济宁市，西隔黄河与聊城市及河南省濮阳市相望，北与济南市以泰山为界，面积7762平方千米，常住人口534.87万。泰安市作为北方典型的煤炭消费型城市，位于京津冀大气污染传输通道上，冬季燃煤取暖导致的大气污染问题十分严重。

泰安市清洁取暖建设的总目标：三年后，城区清洁能源取暖比例提升至100%；县城清洁能源取暖比例提升至100%；农村清洁能源取暖比例提升至86.7%；完成300.8万平方米城区和县城既有建筑节能改造，完成5000户农村既有居住建筑节能改造，全市新建建筑全面执行75%居住建筑节能设计标准和72.5%公共建筑节能设计标准；城区与县城积极推动被动式超低能耗建筑建设。目前，泰安市实际完成热源侧清洁取暖改造5297.8万平方米、49万户。其中，城区完成清洁取暖改造473.5万平方米、4.7万户；县城完成清洁取暖改造520.1万平方米、5.2万户；农村完成清洁取暖改造4304.2万平方米、39.1万户。完成用户侧建筑节能改造361.14万平方米3.56万户。其中，城区完成清洁取暖改造161.79万平方米1.62万户；县城完成清洁取暖改造144.10万平方米1.44万户；农村完成清洁取暖改造55.25万平方米0.50万户。

主要做法

推动“政府+群众”双向发力，构建一体联动新机制。一是政府主导，齐抓共管。成立由市长任组长、分管副市长为副组长的泰安市清洁取暖建设推进工作专班，泰安市发展和改革委员会、泰安市财政局、泰安市住房和城乡建设局、生态环境局等职能部门为成员，统筹推进全市清洁取暖工作。各区县政府层层签订“军令状”，明确属地主体责任。实施“日调度、周通报”制度，常态化开展督导暗访，3 年来共召开专题会议 21 次，印发通报 18 期，约谈、督办属地政府及企业 13 次。二是群众参与，共建共治。在方案制订阶段广泛吸纳群众参与，2021—2023 年的《泰安市冬季清洁取暖工作实施方案》，严格执行重大行政决策程序，通过政府网站公开征求意见、组织听证会、进行社会稳定性风险评估，充分保障群众参与权。在改造过程中，抓好农村地区“双安全员”制度，持续深入开展安全用气、用电宣传教育。

实施“热源 + 用户”两端改造，形成科学用能新格局。一是热源端实施多元用能改造。立足各县市区资源禀赋、基础设施、居民承受能力，制定多元化技术改造路线：在城区和县城，以加入市政集中供热为主，可再生能源区域集中供热为辅；在农村地区，对市政供热管网未覆盖的区域优先推广区域集中供热，对燃气管网可覆盖的区域优先选用气代煤改造，对不具备条件的区域，实施分散式电代煤改造，形成了集中取暖、燃气壁挂炉、空气源热风机、工业余热、生物质取暖等清洁化、替代化、多元化供热格局。二是用户端实施建筑能效提升。做好居民建筑能效提升，采取政府引导、企业为主、居民参与的模式，提出 5 种建筑能效提升套餐，用户可根据需求及经济承受能力自主选择门窗改造、保温板贴砌、外墙保温等改造方式，既简单易行、成本较低，又能有效改善农房热工性能，可实现住房基础改造或节能升级。泰安市农村清洁取暖改造技术路线分布如图 3 – 8 所示。

强化“资金 + 能源”双重保障，探索以需定供新模式。一是强化资金补贴。对清洁取暖项目实施资金支持。其中，农村地区可再生能源和非可再生能源区域集中供热项目，分散式气代煤、电代煤、区域集中供热项目分别按照最高 83 元/平方米、67 元/平方米、6000 元/户进行补贴。打破一次性全额运行补贴方式，综合考虑清洁取暖运行成本、农民收入、财政能

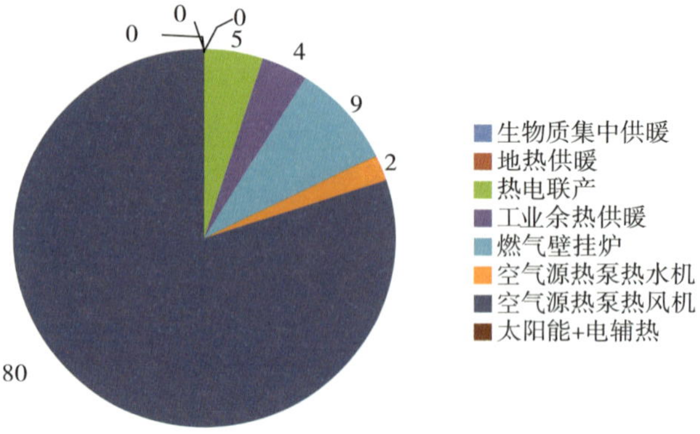

图 3-8　泰安市农村清洁取暖改造技术路线分布

力等因素，制定按需补贴政策。补贴资金根据用户采暖期用电、用气量精准分摊到户，“先用后补”“补贴到表”。分散式电代煤、气代煤用户，采暖季分别按照每千瓦时 0.2 元、每立方米 1 元的标准，每户每年最高补贴 600 元。二是保障能源供给。指导供气企业制定“压非保民”应急预案，严格落实冬季清洁取暖天然气供应“保民生、保公用、保重点”要求。同时，积极配合国家石油天然气管网集团有限公司推进能源保障“全国一张网”建设，顺利完成国家重点工程“中俄东线天然气管道泰安段”建设施工以及投产试运行各项工作，打通了泰安市重点气源保障的“最后一公里”。

把好“质量+服务”两个关口，开创高质高效新局面。一是严格进行质量管理。从源头把好产品质量关，各级清洁取暖工作专班严格组织设备选型和质量抽检，所有招标入围的供暖设备，由国家级检测中心出具抽检报告，确保设备质量。在安装过程中全面做好设备安装抽检工作，明确抽检范围、抽检方式、抽检数量，严格抽检标准，确保安装质量。二是提升服务水平。为确保施工安装规范标准，聘请国家级专业团队提供全流程、全方位、全时段技术服务，编制《泰安市清洁取暖技术目录》等 10 项技术指导性标准文件，确保安装、使用、维护等正常运行。组织中标企业构建市、县、乡镇、中心村“四级运维”服务体系，2024 年，已建立市级运维中心 1 个，县级运维中心 40 个，乡镇运维点 155 个，村运维点 353 个，实现农村地区清洁取暖运维服务全覆盖，解决群众后顾之忧。

实施成效

农村清洁取暖率提升显著。 项目启动前，城区、县城和农村地区的清洁取暖率分别为91%、86%、51%。通过项目实施，城区、县城和农村地区的清洁取暖率均达到100%，农村地区清洁取暖率得到大幅提升。

空气质量得到改善。 据初步统计，项目实施后，3年节约标准煤40.31万吨，减排二氧化碳88.95万吨、二氧化硫0.22万吨、烟尘0.14万吨、氮氧化物0.21万吨。2020年，即项目启动前，泰安市$PM_{2.5}$、PM_{10}、二氧化硫、二氧化氮平均浓度分别为46μg/m^3、82μg/m^3、14μg/m^3、29μg/m^3。2023年，全市$PM_{2.5}$、PM_{10}、二氧化硫和二氧化氮平均浓度分别下降到40μg/m^3、69μg/m^3、10μg/m^3和25μg/m^3。

社会效益显著。 新增39万余户农村群众受益于清洁取暖改造，特别是空气源热风机的应用，使居住分散、集中供暖成本高的农村群众享受到了便捷高效的温暖服务。推进电力和燃气等基础设施向农村地区延伸，一定程度上补齐了制约农村发展的基础设施短板。同时，项目实施拉动了本地相关产业发展，促进了本地制造业及节能环保产业的发展，通过各级维护中心（点）提供大量就业机会。

7. 呼和浩特市清洁取暖项目城市绩效评价案例

基本情况

呼和浩特市作为内蒙古自治区的首府，肩负华北与西部联系，承东启西桥头堡的区位作用，是我国北方重要的沿边城市，是我国北方对外经济联系和国防安全的重要基地。全市下辖4个区（回民区、玉泉区、新城区、赛罕区）、4个县（托克托县、清水河县、武川县、和林格尔县）、1个旗（土默特左旗），全市常住人口360.4万，城镇化率80.72%。

呼和浩特市地形分布复杂，北部和东南部为山地地形，中西部为土默川平原地形，南部为内蒙古高原与黄土高原的过渡地形。市域总面积17224平方千米。属于严寒C区，冬季漫长严寒，多寒潮天气，最低气温

低于 -30℃，供暖时间6个月。截至2024年底，全市总取暖面积2.31亿平方米，其中集中供热面积2.05亿平方米。

在供热发展过程中，受秋冬季大气污染严重、清洁热源保障不足、管网老化严重、智能化管理落后的影响，加之人民群众对供热的需求从“有没有”转向“好不好”，供热问题曾一度成为群众反映强烈的热点、难点问题，亟须对供热系统进行清洁化更新改造，全面提升供热保障能力，彻底解决群众“心肺之患”。2022年，呼和浩特市成功争取到国家北方地区冬季清洁取暖项目，实施过程中成立了市长任组长、分管副市长具体抓的清洁取暖工作专班，统筹推进清洁取暖工作，定期召开市委常委会和政府常务会议研究调度，纪委监委将供热工作列为“群众身边不正之风和腐败问题集中整治民生事项”，实现高位推动。截至2024年底，累计完成投资135亿元，完成热源和热网工程、燃煤锅炉改造或拆并工程、燃煤散烧综合整治工程、建筑能效提升工程、管网配套工程等五大类49个重点项目，城区、县城清洁取暖率达到100%，农村清洁取暖率达到86%的目标，全面解决季节性污染问题。

主要做法

聚焦清洁热源不足，全面补齐设施短板。细致梳理“源—网—用户”供热运行全链条短板弱项，多管齐下，提升供热设施保障能力。**一是“引热”，建设长输供热管网。**总投资65亿元，建成全国供热项目输配距离最长与输配能力最强的大唐托克托发电厂长输供热管网，敷设68.3千米长输管网及36.5千米市区配套管网，新增热电联产供热能力5300万平方米，下一步随着大温差机组改造完成，2027年可达9100万平方米。完成金山热电厂二期配套供热管网工程，新增热电联产供热能力4000万平方米。构建形成主城区“一网多源”供热格局。**二是“互通”，管网“四通八达”和热源“就近互济”。**3年新建互联互通一次管网53千米，改造209千米一次管网，构建“O”形环网体系，形成“一城一网、一网多源”供热体系，实现12座主力热源（金山热电厂、大唐托克托发电厂、金桥热电厂、京能热电厂、呼市热电厂五大热电联产热源，以及巴彦、光明等7个应急调峰热源）统筹管理、统一调配。**三是“拆并”，大型燃煤锅炉替代。**主城区3年通过热电联产，替代35蒸吨以上的大型燃煤锅炉62台。县城3年通过热电联产和超低排放改造，替代35蒸吨以上的大型燃煤锅炉13台。

聚焦长效运行，全面解决散煤治理问题。属地政府和电力、燃气、热力公司按照“一户一方案”确村确户详细摸排，以供定改做好实施方案。**一是“治污”，实施燃煤散烧治理工程。**围绕“农民采暖支出基本不变”原则，充分利用绿电充足优势，建立“煤改空气源热泵”的主推路径。通过“煤改电”“煤改气”“煤改集中供热”等方式，实施散煤治理14.84万户，同时坚持“先立后破”，未经过一个采暖季取暖效果验证，原有取暖设施不能拆除。**二是“节能”，实施节能改造工程。**通过外墙保温和更换门窗等方式，实施农房建筑节能改造671万平方米，提高建筑能效30%以上，彻底解决户内“跑风漏气”问题。**三是“保障”，搭建政府、企业、居民多方参与的筹资模式。**在建设方面，政府负责低压配套电/气网、采暖设备和户内管线改造，企业负责中高压的电/气网建设，居民承担户内暖气片改造。在运行方面，针对“煤改电”用户执行蒙西电网峰谷电价政策，晚6点至早8点，14小时每千瓦时0.165元，“煤改电”用户6个月采暖期运行成本约1800元；针对“煤改气”用户执行采暖季每户最高不超过1200元的气价补贴，以向改造用户燃气表卡内充值相应天然气的方式发放补贴资金，补贴后“煤改气”运行成本约2800元。

聚焦机制建设，全面构建保障体系。把建立健全管理机制，作为保障建设运行、增强群众获得感的治本之策，不断提升治理水平。**一是完善兜底政策。**签订集中供热保供煤炭长协合同，缓解供热企业压力，为未实施清洁取暖改造的农牧民提供每户2吨暖心煤，有效保障群众温暖过冬。**二是健全实施标准。**先后出台《呼和浩特市全面推进冬季清洁取暖项目三年行动方案》、《呼和浩特市冬季清洁取暖建设运营资金管理办法》、实施技术导则、建档立卡工作要求、验收管理办法等文件，在工程设计、施工、验收等方面予以规范。每项工程明确牵头部门、责任主体、完成时限，各旗县区将任务层层分解，落实到乡、具体到村、责任到人。**三是探索出“六步工作法”。**实施过程结合实际，按照“开展宣传、入户登记、工程改造、三级验收、建档立卡、清理煤炉”的要求，完善建档立卡制度，村档和乡档以户为单位，县档和市档以村庄为单位，做实居民供暖确村确户工作。**四是搭建后期运维管护体系。**建立采暖季日调度机制，以小区为单元建立供热双管家机制，持续开展访民问暖活动，畅通与用户的联系渠道，提前预判投诉矛盾，实现“未诉先知”“未诉先办”，提升群众满意度。建立健全农村清洁取暖后期运行维护工作机制，以旗县为单元建立售后服务站点，以“集约化管理、统筹性调度、联动式保障、入户性服务、驻站式运行”的模式进行供热运营管理；设立供热服务及投诉专线，认真落实10分钟完成派单响应、4小时上门服务和24小时解决问题的目标要求，确保正常取暖维修诉求的响应率100%、解决率100%、满意率90%以上。以“煤改集中供热”为例，农村供热室内温度达到18℃~22℃；持续开展访民问暖、排除供热隐患、入户测温等活动，供热综合保障服务居民满意度达98.8%；供热期采暖费收费标准与市区一致，按照每个采暖季22.08元/平方米收取，收费率达94%以上。**五是完善供热监管水平。**建立市—县两级居民室温在线监测系统，按照不低于3%的比例安装室温采集器，实时掌握室温状况，将室温在线监测作为重要监管手段，供热监管方式由群众投诉后被动处置向事前预警主动发现问题转变，进一步提升供热监管水平。

实施成效

供热保障能力和清洁取暖比例得到了显著提高。构建“一城一网、一网多源”供热体系，提升热电联产供热比例。通过热源引热入户，新增供热能力9300万平方米，部分替代的燃煤锅炉作为应急调峰热源，应急调峰面积达到6500万平方米，占供热总面积的36%，城区热电联产供热比例由48%提升至88%，提升40个百分点。通过3年的持续努力，城市清洁取暖率由2022年的66%提升至96%，提升30个百分点，特别是城区、县城清洁取暖率达到100%。

群众满意度得到了显著提升。通过“未诉先知”“未诉先办”“诉后迅速反馈解决”等举措，显著提升群众满意度。根据网信办反馈，涉及“清洁取暖”“供暖供热”的正面及中性信息占比达96.9%。同时，对9

个旗县区社会公众采取随机抽样问卷调查的方式，开展清洁取暖满意度调查，收集调查问卷1372份，满意度达到95.7%。

生态效益得到显著提高。清洁取暖工程实施后，年减少标准煤用量约60万吨，$PM_{2.5}$年均浓度连续3年低于$30\mu g/m^3$，3年滑动平均改善幅度达到12%。2024年，亚洲清洁空气中心对168个重点城市的空气质量管理能力进行了综合评估和排名，呼和浩特市综合得分位列第一。

8. 将清洁取暖设备纳入大规模设备更新和消费品以旧换新行动方案

2024年8月，国家发展改革委办公厅、国家能源局综合司印发《能源重点领域大规模设备更新实施方案》，鼓励北方地区各省（区、市）结合清洁取暖设备运行情况，将清洁取暖设备纳入大规模设备更新和消费品以旧换新行动方案，加大地方财政、金融等政策支持力度。对质保到期的清洁取暖设备开展更新改造，支持安全高效、先进可靠的清洁取暖技术发展，因地制宜对清洁取暖技术路线进行优化升级，保障设备更新后长期可持续运转，确保群众“用得起、用得好”。

（五）总结与展望

随着东北与西北地区清洁取暖工作的深入推进，我国北方地区冬季清洁取暖工作第二阶段的（第四、第五批）城市从建设期逐渐转入持续运行期，清洁取暖成效保持与行业市场发展依然需要持续的动力，其可持续性面临着多方面的挑战。

财政补贴的退出问题尤为突出。在清洁取暖改造的初期阶段，中央政府的补贴和地方政府的配套支持无疑起到了关键的推动作用。这些资金帮助试点示范项目迅速打破了农村传统的用能和低效取暖方式，为清洁取暖市场的快速发展奠定了基础。然而，补贴政策并非长久之计，是有时效性的。随着补贴的退坡，清洁取暖项目的经济性痛点越发凸显，补贴依赖性成为制约其可持续发展的重要因素。农村居民用户的可支付能力差异大且普遍不高，这使得清洁取暖成效在短期内出现反复和波动成为一种必然现象。一旦财政补贴停止，许多用户可能无法承担清洁取暖设备的运行和维护费用，导致设备闲置或重新使用散煤取暖等传统取暖方式。这种情况不仅会影响清洁取暖工作的成效，还可能对环境造成二次污染。

现有清洁取暖设备的寿命问题也不容忽视，电暖气、空气源热泵、燃气壁挂炉等清洁取暖产品寿命短则五六年、长则十一二年，随着时间的推移，这些设备将陆续达到设计寿命，若没有及时更新，将导致设备性能下降甚至报废。这种情形在实施清洁取暖工作较早的城市已经开始显现，设备的更新换代需要大量的资金投入，而缺乏稳定的资金来源将使这一问题变得更加棘手。因此，在巩固存量和有序新增的过程中，我们必须更加重视清洁取暖工作的可持续性。这包括建立长效的清洁低碳取暖方案，兼顾减污降碳协同的技术方向，推动农村用能的电气化趋势，以及构建以可再生能源为主的现代农村能源体系。同时，还需要各级政府进一步完善政策制度，通过政策引领的方式促进清洁取暖工作与成效长效、可持续。

二、智慧供热与零碳供热

（一）智慧供热

1. 总体概况

智慧供热以节能降碳、提升供热安全保障能力为主要目标，以供热信息化、自动化和数字化为基础，通过新一代信息技术与供热系统“源—网—站—户”全过程的深度融合实现按需供热和精准供热。构建新型智慧供热体系是供热行业高质量发展的主要途径，其可以解决居民用户冷热不均、过冷过热等问题，实现精准供热和按需用热；对于供热企业，平均节能率超过20%，可显著降低供热成本，提高供热能力，增加供热面积，提升供热安全保障能力和精细化管理水平；对于地方政府，可显著减轻财政补贴压力，提高能耗和碳排放管理水平；对于全社会，可显著节约能源和减少碳排放，对于保障能源安全，实现碳达峰、碳中和目标意义重大。

（1）实现热网输送的供需匹配，降低供热能耗助力碳减排

目前，供热系统存在化石能源占比高、热网平衡调节难、冷热不均和过量供热等问题，供热能耗普遍较高。通过末端温度调控、全网分配平衡、热源负荷预测等智慧供热技术，实现政府实时监管、企业精准调控、

用户按需取热的目标，在提升用户用热品质的同时可有效节能降耗，预计每年可节能10%～20%，减少碳排放约1亿吨。预计2060年前，北方城镇地区冬季供暖平均能耗强度有望从目前的14千克标准煤/平方米下降到5千克标准煤/平方米以下，二氧化碳减排潜力可达9亿吨以上，创造社会价值3000亿元以上，节能降碳潜力巨大，供热领域实现二氧化碳近零排放，对于全社会实现碳达峰、碳中和具有重要意义。

（2）提高供热的计量调控水平，满足人民对适宜室温的需要

供热计量是供热系统效果评价的重要依据，也是实现按需供热、节能降耗的必备基础手段，实现热计量需要从末端数据出发，应用大数据、信息化、5G等新一代供热计量调控技术，将使供热从传统的粗放式管理向精细化、信息化、智能化、精准化供热方向转变，从而为低碳转型创造有利条件。通过精准计量和智能调控提升供热品质，满足人民群众对美好生活的需要。

（3）适应热源结构变化，为能源转型提供关键支撑

随着新型电力系统建设，电力系统中零碳电力占比将持续提升，煤电机组加快向基础性、调节性电源转型，而我国火电机组中40%以上是供热机组，需要加快“热电协同”，应用智慧供热技术重构热源和供热方式，能否实现低碳或零碳供热直接决定了能否实现能源低碳转型及碳达峰、碳中和目标。

人工智能、物联网、大数据等新一代信息技术与供热系统的不断融合将显著提升供热系统的灵活性和精细化管理水平，重构热源和供热方式，深入推进“热电协同”，显著降低化石能源需求，提升可再生能源的消纳水平，实现减污降碳双重目标，有利于提高能源产供储销体系建设，提高能源的精细化、信息化、智能化利用水平，从而为能源低碳转型创造有利条件，加快构建清洁低碳、安全高效的现代能源体系。

2. 发展现状

（1）国内智慧供热现状

供热系统作为中国城市中的重要能源子系统，自然成为智慧城市建设

的重要组成内容。而在“互联网+”智慧能源的概念范畴上，即便许多理念和技术最初源自智能电网，相关政策文件中也均明确指出智慧能源包括电、热、气、油、水、交通、废弃物等各个能源品种。

供热计量改革是供热市场化改革的核心。我国传统的供热收费采用大锅饭性质的“按面积收费”，这一收费方式一是不够公平，无论用热时间长短、用热量多少，收费标准统一；二是不利于节能，无法引导用户主动减少因室温过高开窗散热形成的热量和能源浪费。

虽然近年来供热计量改革工作取得了阶段性进展，但部分问题也开始显现，一是真正实现按供热计量收费的建筑面积比例低，部分地区供热计量装置只装不用，造成资源闲置和浪费；二是不同地区收费率差异较大，缺乏科学合理的收费标准体系，企业、用户等方面存在抵触情绪。

（2）国外智慧供热现状

①智能调控

对现有楼宇能源供应系统安装对应的能源管理系统，涉及控制相关改造包括自适应控制系统、室内温度控制器、测量装置（热水损失量、供热量、耗电量和耗水量）、热成像控制设备、通风智能控制、太阳能光伏及控制系统、电池储电系统、电力并网接口。

通过图形界面，向住户提供实时能源消耗和废物产生的有关信息，包括电、热水和采暖相关指标。目的在于让用户看到自己的能源消耗，通过财务和环境等方面综合比较，旨在改变租户在能源消耗方面的行为，促进行为节能。例如，Fortum 公司开发的 Active House 智能家居系统，是具有最先进的图形用户界面的智能系统。这种能源工具提高了租户对电力、热水和公寓供暖等领域能源消费的认识。通过使用价格和环境的综合功能，租户可以环境和智能方式组织家庭的能源消耗，尤其针对太阳能的利用非常有效，对如何以更优化的方式使用水力生产电力也很有意义。

②热计量

德国、丹麦、法国、瑞典、芬兰等国家在集中供热方面，特别是在热用户室温控制的技术水平和设备上代表了当今世界的先进水平。原处于计划经济体制下、集中供热发达的俄罗斯、东欧以及蒙古国等国家和地区，为适应经济转型的要求，近些年来也陆续加大了对现有集中供热系统的改造力度，逐步建立起计量供热的收费体系。日本、韩国等国也针对各自的特点采取了不同的措施。

供热计量起源于欧洲，但欧洲各国发展状况也各不相同。目前开展分户热计量工作最好的国家是德国和丹麦，北欧的瑞典和芬兰主要实施楼栋热计量加用户面积分摊的方式，欧洲主要采用热量表法和热分配计法。

③重视热源清洁低碳

丹麦是世界上能源效率最高的国家之一，其关键就是63%的丹麦家庭通过区域供热采暖并获得热水。此外，超68%的区域供热热量是由热电联产机组生产的，约60%的电力来自效率高达92%的热电联产机组。这使得区域供热成为丹麦热量和电力供应必不可少的一部分。当使用热电联产供热和发电时，整体能源效率要远高于单一供热和发电的方式。热电联产的效率可高达85% ~90%，与单一供热和发电方式相比可节省约30%的燃料。区域供热和热电联产的广泛应用，是过去几十年中丹麦提高能源利用效率、断开经济增长和能源消耗的联系、减少碳排放的主要原因之一。

具体的关键技术包括储热、可再生能源利用，在丹麦区域供热的热电联产厂均配有储热设施。在丹麦，储热分为日常储热（短期储热）和季节性储热。丹麦区域供热网的一个非常重要的功能是短期储热，短期储热的主要目的是将电力生产从热电联产中分离出来，如此热电联产厂可以在不影响供热的基础上根据电力市场价格波动合理配置热电生产。这样一来，热电联产厂可以在电价合适时发电，在电价较低时储存余热供以后使用。储热系统有助于优化热电联产厂的经济性。在丹麦超过42%的电力来自风力发电，由于风力发电的波动性，丹麦经常有售价非常低廉的剩余电力，而目前没有有效的方式可以直接存储这些多余电力，通过日常和季节性储热的结合，多余的电力可以用于区域供热。

丹麦沃延斯具有全球最大的坑道储热系统，通过太阳能供热站和坑道储热库可以满足当地热用户年热量需求的45%。在4月中旬和9月底的夏季期间，太阳能供热站可供应100%的热需求，主要用于生活热水。此外，该太阳能供热站在夏季拥有巨大的过剩产能，并将余热储存到坑道储热库。

④低温供热

通过降低供热温度，将低品位可再生能源和低温余热接入供热系统，同时减少输送和储热损耗。由于传统供热方式下主干网供热温度普遍在80℃以上，而多数可再生热源的供水温度一般在50℃～60℃，低于传统供热的回水温度，传统供热架构下可再生热源难以融入供热管网，因此降低供热温度实现低温供热是发展可再生热源的必要技术措施。

（3）发展对比与趋势

①发展热计量技术

欧洲的两种热计量技术路线分别是分户热计量、楼栋热计量加用户面积分摊，在国内都有适用场景。前者适合新建建筑分户供热，后者适合既有建筑场景，特别是上供下回的供热系统。另外，有一点需要注意，分户计量是激励使用房屋的用户特别是租户节能，而面积分摊则是激励业主节能。

瑞典经验说明应用智能热表的分户计量代价高昂，开发商和业主的投资意愿都比较低。对于欧盟指令要求的分户热计量，芬兰经济发展相对北欧其他国家起步较晚，对经济成果考虑较多，芬兰分析结果显示，在既有建筑中分户热计量改造难度较大，在新建建筑中经济性不高。芬兰目前并没有真正实施分户热计量。

综合而言，欧盟热计量起步于20世纪80年代，各成员国国情不同因而发展侧重点不同，德国和丹麦主要实施分户热计量，北欧的瑞典和芬兰主要实施楼栋热计量加用户面积分摊。近10年来我国积累了一定的热计量改造经验，物联网、大数据等新兴技术使热计量性能效率大幅提升，本土制造的成本优势明显，为我国开展适用不同场景的热计量创造了良好条件。

②发展热源低碳技术

丹麦的高效热电联产和日常储热、季节性储热对降低我国供热系统碳排放有重要参考意义。瑞典利用国内丰富的水力资源和生物质资源大幅提高低碳热源比重的经验对于我国而言缺少直接借鉴价值，但我国采暖地区冬季普遍太阳能、风能资源相对较为丰富，将太阳能、风能等资源融合到供热体系，实现能源梯级利用将有助于供热系统碳排放从源头降低。

③发展热源与热网一体化的智能供热技术

丹麦和瑞典是拉动式供热，即以“负荷需求为导向”，根据实际负荷生产热量。国内是推动式供热，即以“能源生产为导向”，热源侧保持供应总量，用户侧分摊，导致能耗水平比国外同纬度国家高出一倍以上。国内存在这一现象主要是因为缺少完善的控制措施，而其是基于水力平衡和热力平衡来实现的。针对区域供热系统的节能，主要包括静态节能和动态节能，静态节能主要受供热系统建设时设计及施工的影响，动态节能则受自动控制水平的影响。通过借鉴国外先进经验，发展智能供热技术，提高供热系统的自动控制水平，并结合当前的人工智能、大数据处理等先进技术，实现供热系统的智能化，深度挖掘供热系统的动态节能效果。

④针对热电联产，大力发展热电解耦技术

随着新能源的快速发展，以及系统节能水平的不断提升，区域供热系统中负荷波动的影响被重视，电、热负荷不匹配现象突出，将储热技术引入区域供热系统已是大势所趋。在瑞典，热电厂不具备电力调峰的义务，热水蓄热罐是热电厂的标配，其主要用于解决热网的削峰填谷及负荷波动问题，电力调峰主要通过水力发电来实现。而德国不认同将热水蓄热罐作为热电厂的标配，德国燃煤丰富，主要发展高温储热，用于蒸汽发电。在丹麦，日常储热主要是将电力生产从热电联产中分离出来，在电价合适时发电；季节性储热是将夏季的可再生能源存储起来，到了秋季和冬季再进行利用。由此发现，不同的国家，蓄热调峰的模式不同，需具体情况具体分析。

⑤发展多种能源互补的经济模式

丹麦和瑞典的区域供热系统基本都是在热电联产机组的基础上，集成了多种能源的热源，包括风能、太阳能、地热能、工业废热等，由此也提高了区域供热系统的安全可靠性。国内集中供热系统通常为热电机组的单一热源形式，为提高供热系统的安全性，热电机组设计时都必须考虑安全裕量，这一设计观念容易造成供热系统初投资成本过高、热电机组实际运行偏离最优工况等弊端。另外，为适应国内能源转型发展，应完成燃煤的削减替代，特别是集中供热领域的燃煤削减替代。由此，在集中供热系统中发展多种能源互补的经济模式，燃煤机组承载基本负荷，剩余部分由其他多种能源（风能、太阳能等）来补充，如此可以应对国内能源转型发展问题，解决传统设计引起的弊端。但是，每一种技术都有其适用的边界条件，针对具体的集中供热系统需具体分析选择合适的多能互补方式。在有条件的区域内，还可以发展多热源联网的运行模式，提高系统的调节灵活性和供热安全可靠性。

⑥推进第四代区域供热的应用示范

当前国内区域供热还是第三代区域供热，而第四代区域供热普遍比第三代区域供热节能35%～40%，它以最高效率和最小热损失为消费者提供舒适、清洁的能源，基于长达一个世纪的、重视整合所有可用能源的经验，继续从各种来源中集成更多的可再生能源和余热资源。第四代区域供热的重点是能源效率、灵活性以及所有可用的可再生能源与余热资源的集成。它不再是一种管网，而是针对供热的一整套解决方案。第四代区域供热是针对一个区域，建立的包含近期、远期热负荷和周边一切可利用能源形式的一个系统。针对该系统，通过建立不同的模型进行预测，做好近、远期规划，制订适用于该区域的最优考核指标的供热解决方案。第四代区域供热受到了国际的广泛认可，被认为是区域能源的未来，而在国内还是一片空白。因此，应借鉴国外先进经验，借助国外相关方的各种优势，加快推进第四代区域供热在国内的应用示范。

当前，我国供热行业智慧供热的应用已经初具规模。各地供热企业纷纷引入先进的信息技术，利用大数据、物联网等技术手段实现对供热系统的智能监控、数据分析和运行优化。智慧供热的主要特点包括：

智能监控系统的应用。通过在供热管网、换热站等关键节点布置传感器和监测设备，实现对供热系统各项指标的实时监控。同时，运用物联网技术将监测数据传输到中央控制中心，供热企业可以通过远程监控平台实时掌握供热系统的运行状态。

数据分析与运行优化。借助大数据技术，供热企业可以对供热系统的历史数据进行深入分析，掌握供热负荷变化规律和用户用能行为趋势。通过对供热系统的数据进行挖掘和分析，供热企业可以优化供热计划，提高供热系统的运行效率和经济性。

用户便捷的控制方式。智慧供热还包括对用户的智能化服务。通过手机应用程序（App）、智能热表等设备，用户可以实时了解自己的供热情况，并进行温度调节、用热计量等操作。用户可以根据自己的需求实时调整室内温度，提高供热舒适度。

智慧供热不仅提升了供热行业的管理效率，也为用户提供了更加便捷的供热服务。未来，智慧供热将在以下几个方面取得更大的发展：

智慧供热与清洁能源的结合。在应对能源危机和环境污染的背景下，我国供热行业正逐渐向清洁能源转型。智慧供热将与清洁能源技术相结合，优化供热系统运行的方式，提高能源利用效率，减少环境污染。

智慧供热与能源互联网的融合。随着能源互联网概念的提出，智慧供热将与能源互联网相结合，实现供需的智能匹配。通过能源互联网平台，供热企业可以实时了解能源需求，灵活调整供热计划，提高供热系统运行的灵活性。

智慧供热与人工智能的应用。人工智能在各个领域都取得了很大的突破，而供热行业也将运用人工智能技术。通过建立供热系统的智能模型，结合用户需求和环境因素，人工智能可以预测供热负荷，调整供热计划，提高供热系统的运行效率。

智慧供热与城市智能化的融合。智慧供热的发展与城市智能化的发展密切相关。随着城市的不断发展，供热系统将与其他城市基础设施相互联动，实现城市的智慧化管理。智慧供热将与智慧交通、智慧安防等领域相结合，共同构建智慧城市。

总结起来，智慧供热作为供热行业的创新发展模式，正在得到越来越多供热企业的关注，越来越多的供热企业开始实践这一模式。智慧供热将进一步提高供热行业的管理效率，提高用户体验，为能源的可持续发展做出贡献。随着技术的不断进步和应用的推广，智慧供热的发展前景将更加美好。

3. 热源调控技术

利用机组台数群控技术。热源系统的最主要目标是满足末端冷热量的需求，热源系统是主要的耗能设备，热源系统控制应尽可能提高效率，降低能耗。利用机组台数群控技术根据冷热需求合理优化机组启动台数，同时确定水泵启停台数和转速，在满足冷热需求的同时，尽量减少机组启动台数，保障机组工作在较高的负载率下。

供暖系统可利用气候补偿、分时分区控制技术。供热系统安装供热量自动控制装置。供热量自动控制装置能够根据负荷变化自动调节供水温度和流量，实现优化运行和按需供热。

（1）气候补偿控制技术

气候补偿控制系统主要由气候补偿器、执行机构、监测部件、数据传输设备等部分组成，根据室外空气温度的变化和用户设定的不同绘制供暖调节曲线，计算出适当的供回水温度，并以此调节热媒流量，使供热系统在供水温度满足用户侧热负荷的前提下降低不必要的热力供应，达到节约能源的目的。

气候补偿控制技术作为先进的调控技术，特别适合提高供热系统的调控能力和调控精度。我国供热系统依靠人工调节供热参数的方式依然占据很大一部分。虽然人工调节在灵活性上存在优势，但其属于粗放的调节方式，依赖于人工经验和工人师傅的主观感受，在调控精度和准确度方面很难满足用户的供热需求。而气候补偿器可以根据当前气温的变化情况对供热系统参数进行实时调节，更适合满足高要求用户的供热需求，同时节约供暖能耗。

气候补偿控制技术在分时控制方面有着得天独厚的优势。供热系统随着供热对象的不同供热量往往会有很大的波动。比如各类公共场所，医院、学校等主要供热时间段在早上至下午，夜间只需考虑防冻要求，所以供热量可以维持在一个较低值。通过为气候补偿控制技术设定分时调控功能可以有效地节约能源，不仅能够满足用户的供热需求，还可以提高经济效益。气候补偿控制技术根据原有建筑的功能、负荷变化特点、运行方式等参数选择性使用产品及附件等，使系统供暖平稳持续，既满足了室内温度稳定的要求也节省了能源消耗，一般的节能量在5%～15%，节能效果明显。

气候补偿控制技术改造的成本较低，基本无须附加运行费用。在建筑的供暖方面，围护结构、供暖设备等基础设施固定改造成本较高，虽然有明显的节能效果，但投资比例大、投资回收期过长等缺点限制了广泛推广。而气候补偿控制技术改造成本非常低，以建筑节能改造为例，改造成本可控制在2～5元/平方米，占项目总投资的比例不足5%，基本不需维护和运行费用且节能效果明显，投资回收期较短，一般2～3个供暖季即可收回成本，经济效益高。

（2）分时分区控制技术

供热系统分时分区控制技术较多应用于供暖时间有差异、供暖温度要求不同、夜间或节假日期间的公共建筑或独栋建筑中，通过分时分区控制供热达到节能降耗的目的。分时分区控制系统的相关设备主要有电动调节阀、供水温度变送器、回水温度变送器、室内温度采集器、分时分温控制器、手动蝶阀、辅材等。气候补偿控制系统通常与分时分区控制系统相互配合应用，是实现数字化供暖不可或缺的两个系统，通过硬件和软件相结合的方式实现智能化按需供暖。

传统的供热系统采用的供热调节方式难以实现精确控制，造成大量的能源浪费，且不能满足用户的不同供热需求。而通过计算监控实现供热系统分时分区控制，能够及时检测测量的参数，了解系统运行工况，均匀调节流量，减少冷热水分配不均的情况，并合理地匹配工况，保障按需供热，满足不同用户的用热需求，实现供热效果的改善，减少能源浪费。在当今能源紧缺的情况下，利用此技术能有效减少不必要的损失，因而其得到了广泛推广。国内各节能供热公司通过技术的不断更新和整个供暖系统的更新，纷纷采用更加节能、更加环保的分时分区控制技术，在经济上得到了更大的收益，进而推动了技术的迅速发展。

采用分时分区控制技术时节能量计算包括两部分：一是对整个采暖期现行传统供热系统热负荷和采用分时分区控制技术供热系统的热负荷进行

理论分析计算，通过设置不同区域室内温度、不同供热时间来确定节能量；二是采用分时分区控制技术供热，在电动调节阀关闭期间水泵不必处于工频状态下运行，在采取变频措施之后能节约大量的电能。目前，在严寒地区供暖系统采用分时分区控制技术，相比24小时全天供暖和室内全部要求18℃以上时理论节能率能达到20%，实际应用时节能率在5%~10%，节能效果显著。

由于采用多种传感器、手动蝶阀、辅材等，利用分时分区控制技术比利用气候补偿控制技术的成本稍高，但比围护结构、供暖设备等的成本低得多。一般利用分时分区控制技术的成本为5~8元/平方米，成本较低且基本无运行费用。同时，利用分时分区控制技术节约水泵电耗和供暖系统耗气量，可降低用电费用和供暖费用，具有良好的经济效益。

4. 热网平衡技术

当前我国集中供热系统的控制理念与国外差异较大，主要供热控制方式为“总量控制、均匀供热”，但集中供热系统管网庞大，这种调节方式实现全网平衡难度较大，容易引起部分换热站供热过量或欠供现象。与此同时，二次管网冷热不均和过量供热产生的损失较大，约占总损失的30%，主要包括换热站间不均匀热损失、用户间不均匀热损失、楼宇间不均匀热损失、过量供热热损失等。针对上述问题，总结如下智能热网调节技术：

（1）水力平衡技术

管网平衡调节可以解决常见的供暖末端局部冷热不均的问题。供热管网是一个复杂的水力系统，系统中各环路间水力状况的变化相互影响和制约，只要有一个用户或一个散热设备的热媒流量发生变化，就会引起其他的用户或散热设备的热媒流量发生改变，即在各用户或各散热设备之间的流量会被重新分配，这种失调是随机变化的，称为动态失调。在管道系统中增设动态水力平衡设备（动态流量平衡阀或动态压差平衡阀），当其他用户阀门开度发生变化时，通过动态水力平衡设备的屏蔽作用，自身的流量并不随之变化，末端设备流量不受干扰，从而使系统实现动态水力平衡。

水力失调的普遍现象为管网近端流量大，而末端流量不足。为保证末端用户供热效果，往往需要提高供热量，导致近端用户严重过热，造成热量浪费，一般情况下，由水力失调引起冷热不均造成的能量损失在5%～10%。研究表明，水力平衡调节能实现最大节能率6%～8%，具有良好的节能效果。

供热管网动态水力平衡是实现分时分区智能化供热的重要保障，供热管网增加了供热节能控制产品后将管网压力、温度等采集设备安装在管网的典型位置，采集设备通过网络传输将数据上传到计算机管理中心，计算机管理中心可以快速有效检测供暖区域管网压力、温度、流量、热量的实时参数，工作人员就可以轻松方便地通过计算机了解各个供暖系统的实际情况，随时调整供热温度曲线，大大降低了人工成本和管网不平衡出力造成的能耗。

供热管网水力平衡改造投资成本低、投资回收期短。主要的投资项目包含设备购置费用和建筑安装工程费用，其中设备购置费占主要部分，静态平衡阀价格相对低廉为0.2～0.6元/平方米，动态平衡阀相对价格较高。以某供热系统为例，整体水力平衡调节初投资为1.7～2.6元/平方米，相对其他供暖改造技术措施较低，一般投资回收期在1年以内且节能效益较高，减少供暖用气费用和人工调节费用后经济效益将随着供暖系统运行时间逐步显现。

（2）水泵变频控制技术

水泵变频控制是一种近年来被日益广泛使用的高效节能的调节方法。为了提高供热效率，采用变频调速控制装置对循环水泵进行节能改造，通过改变水泵转速来调节流量，降低水泵能耗，以满足用户的生活需要。当室外温度变化时，用户所需热量也随之变化，温度传感仪将信号传递到控制柜，一次网设置的增压泵通过变频调速控制装置实现对供热量的调节，同时二次网循环水泵通过变频调速控制装置对二次网的流量进行合理调整，达到系统节能、稳定运行的目的。

水泵变频应是供暖系统整体优化的一部分，水泵的用电能耗同时也是供暖系统的主要用电能耗。若采用变频调速泵，则可按实际需要调节压力，当流量减少30%时，实际可以节能50%以上。从全年分析，用变频调速泵与用两通阀控制相比可节能60%，节能效益高。

利用水泵变频控制技术，通过对电机的无级调速，可使管道内的流量、压力与实际要求一致，这样不仅可以节约能源还能使管道渗漏减少，设备噪声降低，损耗减轻，延长寿命，设备投资减少。水泵变频控制改造成本较低，一般初投资为4～7元/平方米，可节约电耗40%～60%，节约相应的用电费用。研究表明，气候越寒冷的地区，相对电耗值越小，投资回收期将越短，电价越高的地方水泵采用变频调速就越经济。若运行中的循环水泵，一半仍按额定功率运行，另一半按变频调速变流量运行，则初投资可减少一半，相应的投资回收年限可缩短至1～3年，经济效益就更高。

（3）智能热网控制技术

目前在城市集中供热中，新旧热网并存，热力站没有自动化设备，调节时间长，劳动强度大。此外，随着供热面积的扩大和热用户数量的增加，用户服务、热费收缴、设备管理等各项业务的难度与日俱增。因此需要对热网系统进行智能化改造，包括热力站和热网监控中心的升级建设。

对于热力站的升级，在硬件方面通过调节阀改造，加装变频器和控制反馈系统，最终实现自动调节和无人值守。通过对热网的温度、压力、流量、开关量等进行信号采集、测量、控制、远传，实时监控一次网/二次网温度、压力、流量和循环泵、补水泵运行状态，以及水箱液位等参数状态，进而对供热过程进行有效的监测和控制。

热网监控中心升级主要是通过仿真系统对热网进行水力、热力计算，实现热网的控制运行分析，使热网运行达到最优。同时利用故障诊断、能耗分析了解管网保温和阻力损失等情况，使设备的使用效率提高、热网的管损达到最小值，最终使热网在最经济条件下运行。通过对历史数据和实时数据的比较，分析管网是否存在泄漏、设备是否需要维修，以达到最安全运行状态。

（4）热负荷实时调节

目前热网首站调节方式存在的主要问题在于：一是大热网系统的热惯性较大，首站对热量的调节反应抵达末端建筑需要较长时间，调节周期较长。然而环境温度、太阳辐射等因素在一天中都在变化，因此供热需求也在实时变化。二是首站虽然可根据热负荷预测结果进行调节，但是环境温度预测难度较大，仅凭经验调节很难做到热量供需平衡。

针对上述存在的问题，可采用分阶段定压差、定供水温度的调节模式。查找系统最不利环路，分析最不利环路压差。在满足热负荷的情况下，根据曲线实时调整热网循环水泵，使其处于最经济的运行状态。通过热负荷曲线分析，确定合理的供水温度和流量，根据实际运行情况调节热网水流量，自适应调节供水温度。待系统稳定后，将供水温度设为定比例、积分、微分（PID）控制系统的目标值，通过控制多种执行机构，维持目标值。目前，蓄热系统和抽汽调节可实现热负荷的实时调节。国外较为普遍的是采用蓄热系统进行热负荷实时调节。

5. 供热计量技术

供热计量调控是构建新型智慧供热系统的必要环节。“源—网—站—户”各环节物料、热量、电耗、压力、温度等参数的计量，是供热系统调控、能耗双控及碳排放双控的基础，供热计量对构建新型智慧供热系统具有基础性、战略性和支撑性的作用。据统计，热力系统中户端热损失占整个供热流程的70%以上，主要是由于户端缺乏有效的技术装备进行精确的热量计量导致供热系统无法实现精细化调控和闭环控制。因此，未来解决户端的精细化调控问题，打通系统“最后一公里”至关重要。供热计量并不等同于狭义的计量收费，供热节能主要体现在系统节能上，尤其是二次网至末端的节能，供热计量核心在于采集并提供必要的调控数据，是智慧化的数据基础，而按供热计量收费仅是收费模式问题，旨在促进行为节能，在节能方面贡献有限。长期看，随着建筑节能水平不断提高，供热能耗水平和供热成本不断降低，居民会优先选择计量收费模式，两部制热价有利于疏导供热成本，建立更科学的供热价格形成机制。

供热计量装置对于供热企业开展智慧供热、提升运行管理水平具有重要意义。很多供热公司都依托供热计量装置更精确地掌握了供热系统的运行状态，甚至可以了解每个家庭的室内温度。目前，多数城市的供热管理部门或者供热公司只是得到了海量监控数据，并没有充分挖掘这些数据对于进一步提升管理水平的意义，这在未来几年存在较大提升空间。

6. 智慧平台技术

智慧供热管理平台利用信息化控制技术的综合供热管理信息化系统、地理信息系统、数据分析与监控系统、智能调节系统等多系统功能，以确保用户室内温度达标为前提，通过热源—换热站—用户三级联调联控方式，实现智慧供热系统对用户室温的自主调节，最大限度地降低供热系统运行能耗。

智慧供热管理平台对数据的有效性进行确认，通过数据的预处理工作使残缺数据完整化、错误信息正确化，择优选择有效数据信息，进行数据集成，实现以下功能：一是制订系统运行智能决策方案。挖掘出某特定区域内供热负荷的特点和趋势，根据气象参数确定下个周期内的供热需求，制订该周期内设备的运行调节方案、优化系统的热力工况、优化控制能源转换设备和动力设备，同时自动评价系统的运行方案及运行效果。二是制订系统安全决策方案。辨识出运行系统的实际特性参数，分析系统的动态特性，评估供热系统的可靠性，快速诊断并准确预测事故原因，制订出更加合理的事故处理方案和维护管理方法，提高系统的安全性。三是提升供热企业智能管理水平。在热费管理、客服管理、用户管理、设施管理、检修管理等各个环节实现信息系统的整合，消除信息孤岛，实现信息共享、协同发展。

通过上述三大功能，智慧供热管理平台为满足热用户需求、实现供热系统资源优化配置、降低供热系统运行能耗、降低供热成本提供了有力保障。

智慧供热信息技术融入大数据、人工智能、云计算、物联网等新一代信息技术。例如，利用大数据可以分析规模庞大的用户室温数据，分析不同区域、不同时段的供热效果特征，对异常点位进行标注；利用人工智能技术分析历史负荷曲线、天气数据对负荷进行预测，指导系统精细化运行；利用云计算，解决物联网平衡阀进行二网调平、负荷预测的算力问题，解决智慧供热软件的高效部署问题；利用物联网技术，使调节阀、温度计、热量表等传统供热设施实现经济的互联和调控，奠定智慧供热的硬件基础。

前者的典型产品是智慧供热信息监管平台，主要是对供热生产经营过程中的耗量、收费、客服、室温、设备台账等信息进行数字化采集和展示。从监督者、管理者角度出发实现对供热成本、效果及资产的一系列管控，将传统供热的纸质办公和表单办公提升到数字化水平，实现对生产和运营的实时监控，通过数字化手段提高经营和监管效率。

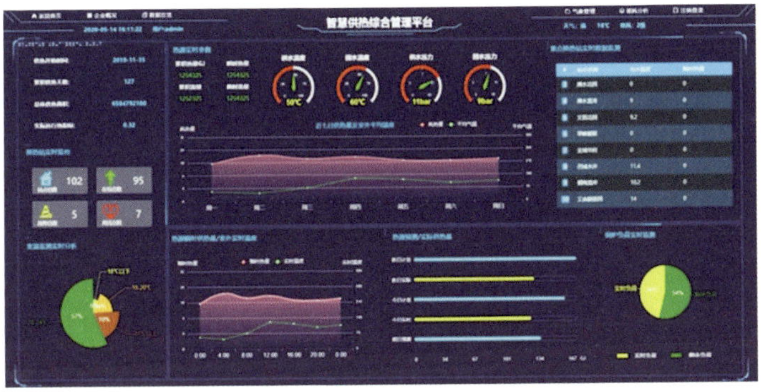

后者的典型产品是智慧供热物联网调控系统，通过在楼栋单元口或户前安装物联网阀及热计量表、在户内安装室温监测及调控面板，配合物联网通信技术和人工智能、大数据等数据处理技术，结合天气预测数据和供热历史数据，实现精准的热网输送匹配，解决传统供热调控手段不足导致的冷热不均、过量供热等问题，在治理热耗偏高的同时实现按需供热。

7. 发展效益分析

（1）经济效益分析

智慧供热经济效益主要体现在节约能源成本以及人员成本上，节能产生的经济效益根据具体项目的不同会有较大的差别。目前，集中供热大多采用热电联产的方式，一次网与二次网间接换热，大多数是根据二次网的供热量需求来调节一次网的参数。我国供热系统运行平均输配效率不到80%，因此集中供热节能改造中最根本的是二次网的节能。而智慧供热需要解决的是用户的按需供热问题，供热系统的智能化改造主要解决二次网水力失调的问题。

根据估算，智慧供热改造投资1080亿元，每年可节约2730万吨标准煤、减少二氧化碳排放0.8亿吨，年节省能源费用164亿元（供热标准煤单价按600元/吨计算），静态投资回收期为6.6年。另外，减少二氧化碳排放0.8亿吨，间接创造社会价值228亿元。

通过对单元智能化改造和户用智能化改造两种技术路线的对比，可知低层建筑（供热不分区）单元智能化改造方式静态投资回收期在4~6年，户用智能化改造方式静态投资回收期在6~7年；高层建筑（分高、低区）单元智能化改造方式静态投资回收期在3~4年，户用智能化改造方式静态投资回收期在4~5年。

智能化改造根据供热系统形式不同选择不同的方式，综合考虑技术可行性、调节效果、投资收益及智能化发展方向。

（2）社会效益分析

城市集中供热是我国北方地区冬季供热的主要方式。随着社会的进步、环境治理标准的不断提高，居民对室内舒适性的要求不断提高，如果单一依靠传统热网管理模式难以应对急剧增长的供热服务需要。如何对集中供热系统进行合理的调节、控制，实现精准供热，提高热网的经济性和社会效益，解决供需矛盾，使热网运行状态最优、居民室内环境最舒适、运行成本最低就成为供热企业面临的问题，集中供热智能化也就成为供热企业发展必须解决的问题。

当前供热系统大多采用人工调节为主的运行方式，该运行管理模式不能适应大型热网节能运行的需求，并且不能保证供热的安全性，出现事故隐患时操作人员难以及时发现，易造成供热设备、供热系统事故。各热力站都独立运行，难以达到供热系统整体的最佳状态，易造成水力失调和热力失衡，影响供热效果，也造成能源的极大浪费。特别是大型集中供热热网的管线，由于各热力站距离远，线路覆盖地域范围大、地形复杂，水力输送过程中对平衡调节、动态节能运行等有很高的要求，人工调节、传统的质调节模式很难达到节能运行的要求，导致城市供热系统效能低、能耗巨大、安全性差，是建筑领域节能减排的重点。智慧供热系统具有广泛互联、全面感知、智能决策等特征，将全面解决传统供热系统热力失调、冷热不均、供热效果差、能耗高、运行调控技术落后等问题，全面提升供热系统的供热质量和能源利用效率。

当前我国社会主要矛盾已经转化为人民日益增长的美好生活需要和不平衡不充分的发展之间的矛盾。供热生产服务要秉承“以人为本”的理念，更加注重提升人民群众的获得感和幸福感，提供优质化、便民化的供热服务。同时，应借助“互联网 +”、大数据等信息化手段提升供热行业治理能力。低碳、清洁、高效的城镇集中供热系统既是统筹生产、生活、生态三大布局的重要环节，也是构建生态文明社会和实现中国特色新型城镇化的重要内容。

在企业效益方面，智慧供热利用信息通信技术提升对供热系统的可观性和可控性，挖掘供热资产数据中的潜在价值，实现动态供需平衡，保障系统持续稳定运行，持续性地适应多端需求，大幅提升供热管控和服务水平，促进生产节能与系统能效提升，提高客户满意度。

在社会效益方面，智慧供热将推动清洁供热发展，支持清洁能源高效开发转化利用及节能减排建设，引导绿色用能行为。基于信息开放、数据共享的供热服务平台建设，提高供热生产和消费活动中供需双方的信息公开性、透明性，实现按需供热的效率提升和成本降低。长远来看，还可激发由供热新商业模式与新业务创造的市场价值，完善供热价格及市场交易机制，释放市场对配置资源的优化调节效益。

（3）环境效益分析

智慧供热与传统供热的区别是“智慧”，就是将服务延伸至供热建设的各个环节及全生命周期，整个供热系统将向高效率、高质量、精细化、低污染、低消耗、低成本、人性化方向发展，达到系统安全可靠、能源利用高效、低碳清洁经济的效果。北方城镇供热面积167亿平方米，通过智慧供热改造，若按照平均10%的潜力计算，每年可减少二氧化碳排放0.9亿吨、减少粉尘排放1860万吨、减少二氧化硫排放205万吨、减少氮氧化物排放102万吨。

（二）零碳供热

1. 总体概况

我国的供热能源结构中化石能源占比在80%以上，低碳热源占热源的比重明显偏低，使得供热板块成为城市节能减碳的重大阻碍。热源的低碳化包括四个要点：一是有序取消单纯用于供热的煤炭、天然气等含碳高的热源，减少直接碳排放；二是充分挖掘推进热电联产、工业余热利用，在不增加碳排放的前提条件下显著提高系统供热能力；三是努力提高太阳能、地热能、生物质能等可再生能源在热源结构中的比例；四是因地制宜推动供热系统电气化程度，结合未来电力系统低碳化降低间接碳排放。

低碳供热的热源包括可再生能源和高效利用的传统能源，其中地热能、生物质能、太阳能、余热代表的可再生热源是智慧供热的重点发展方向，此外还包括电供热、清洁燃煤供热、燃气供热、核能供热等其他清洁供热方式，超低能耗/低碳建筑、近零能耗/近零碳建筑、零能耗/零碳建筑对助力建筑快速节能降碳、降低供热能耗具有重要作用。

2. 零碳供热技术

（1）空气源热泵技术

空气源热泵是一种利用空气中的热能进行供热的设备。空气源热泵由压缩机、蒸发器、冷凝器和膨胀阀等组成。它利用制冷剂在不同温度下的相变特性，通过压缩、冷凝、膨胀等过程将空气中的热能转化为高品位热能，实现对室内空气的加热。与传统的供热系统相比，空气能供热系统具有许多优势。首先，它具有高效节能的特点。空气能供热系统采用热泵技术，能够将室外空气中的热能转化为高温热能且耗能较少，其热效率通常可达到300%以上，即每消耗1单位的电能可以产生3单位的热能。相比之下，传统的电暖气或燃气供热系统的热效率通常只有90%左右。因此，空气能供热系统能够显著降低能源消耗，实现节能环保。其次，空气能供热系统是一种环保低碳的供热系统，其主要利用空气中的热能，不需要燃烧燃料，因此不会产生废气和污染物。与传统的燃煤、燃气供热系统相比，空气能供热系统能够显著降低空气污染和温室气体的排放，对改善环境质量具有重要意义。

空气源热泵的关键部件——压缩机有一定的工作范围，不同类型的压缩机适应不同的气候条件和供水温度，在严寒地区很容易出现不能正常使用的现象。超低温空气源热泵在极低的环境温度下仍然能够高效运行。它们通过特殊的设计和技术，如喷射增焓支路，来提高在低温条件下的性能。

（2）跨季节储热技术

跨季节储热技术可以将非供暖季收集的太阳能、余热等热能储存在储热介质中供供暖季利用。它能够有效解决太阳能、余热资源等在时间、空间上供需不匹配的问题，是提高可再生能源利用率、实现建筑节能的关键技术。在我国条件适宜的供暖地区，大规模推广应用太阳能跨季节水体储热技术，以及尝试利用大容量的储热水体充分回收各类余热资源、建设热量共享系统是未来清洁供热最有前景的技术路径之一。

根据储热介质的不同，跨季节储热技术可分为显热储热、潜热储热与热化学储热三种类型。潜热储热利用介质在相变过程中吸收或放出的潜热来实现热能存储，而热化学储热则依靠可逆化学反应或吸/脱附过程中的反应焓实现储放热，二者均具有较高的储能密度，但由于其储热系统较为复杂，技术尚不成熟，目前仍未进行大规模的工程实践。而显热储热原理简单，技术较为成熟，仍是目前跨季节储热工程实践中应用最广泛的储热方式之一。跨季节显热储热技术大体上包括四种类型：罐式储热、池式储热、地埋管储热与含水层储热。

罐式储热与池式储热统称为水体储热，主要利用储罐、地下水池或水坑（如既有矿坑或者新建矿坑等）来储存热量。与其他储热技术相比，水体储热具有储热温度高、储热效率高、受水文地质条件影响小、安装灵活等优点，但投资成本相对较高、设计较为复杂。影响其储热性能的关键技术要素是储热体的几何形状、尺寸、材料等。

地埋管储热利用埋地管道将热量储存在周围土壤中。由于土壤的储热密度较低，就需要通过增加储热体积来满足储热量的要求。含水层储热通过注入与抽取地下水将热量储存在包含地下水的地下沙土、石灰岩层等结构中。这两种储热方式建造成本较低，并且能够灵活应用于供热与供冷，但是均对地质条件要求较高，也存在储能密度低、热损失大等问题。而且这两种储热方式一般与地源热泵结合起来应用。有时为了拉大储热温差，跨季节水体储热也可以利用大型水源热泵提升供水温度，以满足末端的用热需求。

（3）核能供热技术

核能供热作为一种清洁、零碳、绿色的供热形式，对于解决城镇集中供热问题，减少环境污染，尤其是减少碳排放具有重要作用。

核能供热主要有单一核能供热和热电联产两种方式。单一核能供热是指主要以供热为目的建造低温供热核反应堆，在供热期内主要以供热方式运行，在非供热期内停运检修，考虑经济性也可用于同位素生产等其他应用。

核电机组热电联产供热是抽取核电机组二回路高温蒸汽作为最初热源，经过多级换热后，作为城市供热热源。有的以发电为主、供热为辅，有的以供热为主、发电为辅。

20 世纪 60—70 年代，国际上就开始研发商用核电机组核能供热技术，几乎与核电技术同时起步，至今已具有一定规模。核电机组热电联产技术路线成熟，在寒冷、供暖期长的欧美部分地区已成功实施多年，成熟性、安全性、经济性已经得到验证。目前我国已投运的核能供热商用项目均采用抽汽供热技术，从核电厂汽轮机抽取部分发过电的蒸汽作为热源，将热量送给热力公司再经市政供热网络传递给终端用户。以我国首个核能供热商用示范工程——“暖核一号”海阳核能供热工程为例（见图3-9），这个过程是由5个回路完成的。

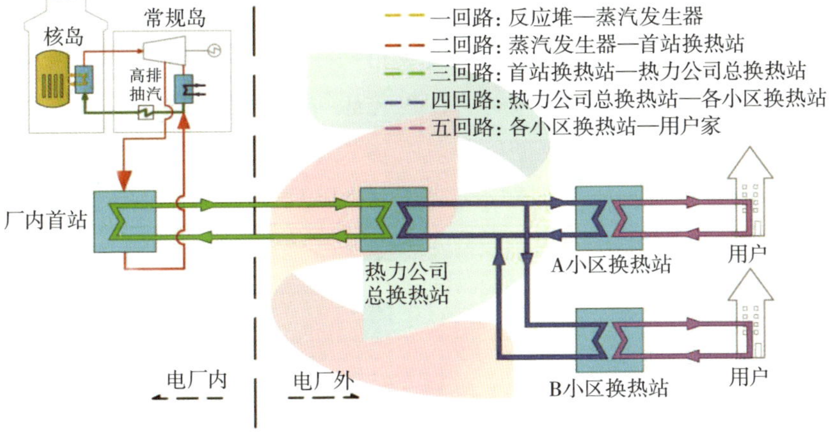

图3-9 海阳核能供暖工程示意

首先，一回路核反应产生的热量通过蒸汽发生器将二回路的水加热成高温高压蒸汽；二回路部分蒸汽被抽取用来加热核电厂内换热站的水，加热后的水通过三回路传送到热力公司总换热站，在总换热站三回路继续加热四回路内的水；接着四回路的水就沿市政供热网络传输到小区的换热站中，将热量传递给五回路，进而被送入千家万户，从而达到为居民供暖的目的。5个回路之间只有热量的传递，没有水的交换。就像自热小火锅一样，热源和食物没有接触，食物可放心食用。核能供热用户接触的是与传统供热方式中一样的热水，并且通过三回路与二回路间的压差设计、在线监测等可实现多重屏障防御。

（4）生物质能供热技术

生物质能供热是利用生物质成型燃料、生物质液体燃料等燃烧时产生的热能进行供热。如利用沼气、薪柴、生物乙醇、生物柴油、农林废弃物再利用加工而成的成型燃料等供热都属于生物质能供热。生物质能供热技术主要包括生物质直接燃烧供热技术、生物质气化供热技术、生物质热解供热技术、生物质厌氧发酵供热技术、生物质裂解供热技术、生物质热电联产供热技术。

生物质直接燃烧供热技术利用生物质在空气中燃烧产生热量，通过换热装置将热量传递给水或空气，用于供暖或生活热水供应。生物质直接燃烧供热设备主要有生物质锅炉、生物质炉灶、生物质火坑等，生物质直接燃烧供热技术具有投资成本低、运行维护简单、燃料来源广泛等优点，但燃烧过程中产生的烟气、颗粒物、二氧化碳等污染物较多，需要采取相应的污染控制措施。生物质成型燃料具有体积小、密度大、方便储运，无碎屑飞扬，使用方便、卫生等特点，燃烧持续稳定、周期长，燃烧效率高，燃烧后的灰渣及烟气中污染物含量小，是一种清洁能源，其燃烧技术也是很好的利用方式。

生物质气化供热技术是将生物质燃料在缺氧或低氧条件下加热转化为可燃气体，再通过燃烧气体产生热量，用于供热或生活热水供应。生物质气化供热设备主要有固定床气化锅炉、流化床气化锅炉、气化炉等。生物质气化供热技术与生物质直接燃烧供热技术相比，由于气化过程中可以去除燃料中的灰分和杂质，减少了燃烧过程中的污染物排放，提高了燃烧效率。

生物质热解供热技术是将生物质燃料在高温、缺氧条件下加热，使其分解为可燃气体、油和炭。生物质热解供热技术主要包括快热解技术、慢热解技术和热解气化技术。生物质解热供热技术可以有效去除生物质燃料中的水分、灰分和杂质，提高燃料的热值和燃烧效率，同时减少污染物排放。

生物质厌氧发酵供热技术是利用厌氧微生物将生物质燃料分解为可燃气体，再通过燃烧气体产生热量，用于供暖或生活热水供应。生物质厌氧发酵供热设备主要有厌氧发酵罐、生物反应器等。生物质厌氧发酵供热技术可以有效利用有机废弃物产生可再生能源，同时减少温室气体排放。

生物质裂解供热技术是将生物质燃料在高温、高压条件下裂解为油和气，再通过燃烧油和气产生热量，用于供暖或生活热水供应。生物质裂解供热技术主要有热裂解、催化裂解和水热裂解等。生物质裂解供热技术可以有效提高生物质燃料的热值和燃烧效率，同时减少污染物排放。

生物质热电联产供热技术是将生物质燃料在锅炉中燃烧产生蒸汽，推动汽轮机发电，同时利用锅炉产生的余热供暖或提供生活热水。生物质热电联产供热设备主要有生物质锅炉、汽轮机、发电机等。生物质热电联产供热技术可以同时发电和供热，提高了能源利用效率，同时减少污染物排放。

（5）多能互补供热技术

多能互补供热是一种将多种能源整合的供热方式，包括太阳能、地热能、生物质能、燃气等多种能源，通过合理的组合和利用，实现能源互补。多能互补供热系统具有高效节能、环保、稳定可靠、经济实用等优点，在未来供热领域将得到广泛应用，特别是在新能源的发展背景下，多能互补供热系统将成为未来供热的创新选择。

多能互补供热技术在实际应用中，可以根据不同地区的气候条件和能源资源情况，采用多种能源组合方式。以下是一些常见的多能互补供热技术应用实例。

太阳能＋地源热泵：白天日照充足时启用太阳能供暖，阴雨天、早晨与傍晚则启用地源热泵，实现全气候供暖。这种方式充分利用太阳能和地热能的互补优势，提高了供暖系统的稳定性和可靠性。

太阳能＋空气源热泵（＋储能）：空气源热泵提供的低品位热源基本可以满足日间供暖需求，而槽式太阳能集热器则可以提升热源品位，将高品位热能储存起来供夜间和极寒天气使用。这种方式不仅提高了供暖效率，还降低了运行成本。

太阳能＋生物质能：在太阳辐射充足时，利用太阳能供热；当太阳辐照不足时，则利用生物质锅炉局部加热水箱上部水域，确保较高的供热舒适度。这种方式结合可再生能源和生物质能的优点，实现了能源的梯级利用。

地热梯级利用＋吸收式热泵：对地热实现不同温度下的梯级利用，满足个性化的供热需求。通过吸收式热泵机组提取热量，使地热水回灌温度达到适宜水平。这种方式充分利用了地热能的潜力，提高了供暖系统的能效。

（6）零能耗、零碳建筑技术

零能耗与零碳建筑充分利用建筑本体节能措施和可再生能源，使可再生能源年减排量大于或等于建筑全年全部二氧化碳排放量。除采用被动式建筑设计中的高效保温、高效节能等被动式节能技术外，更多的是通过主动技术措施提高能源设备与系统的效率，引入更多的智能控制技术，充分利用可再生能源，如光伏。同时注重实现材料和产品的循环利用，有效地减少建筑全生命周期的碳排放。零碳建筑是指在全生命周期内，综合碳排放为零的建筑。近零碳建筑即最大限度地接近零碳建筑水平的建筑。而零能耗建筑是指建筑运行不消耗常规能源，完全依靠太阳能或者其他可再生能源。零能耗、零碳建筑技术的应用可以从建筑末端降低对能源的需求，对实现零碳供热具有重要意义。

零碳建筑通过主动式建筑设计理念与被动式建筑设计理念的结合，最大限度地降低建筑对能源的依赖，使建筑排放的碳量处于较低水平。

①主动式建筑设计

太阳能系统：太阳能系统在建筑中的利用主要有附加光伏系统（BAPV）和光伏建筑一体化两种形式。光伏建筑一体化是将光伏建材与建筑融为一体，直接替代原有建筑结构。光伏建筑一体化采用的光伏技术产品目前主要可分为晶硅光伏组件和薄膜光伏组件，晶硅光伏组件是目前市场的主流产品，单位装机功率高，转化效率可达16% ~22%，同样装机面积下发电量优于薄膜光伏组件。

地道风技术：利用土壤夏冷冬热的特点为建筑提供冷（热）能，通过设计阶段对管道冷却能力的计算，确定管道的尺寸、长度、埋深及间距等。利用地道风技术可以有效地缩短空调开启时间，极大地降低建筑的使用能耗。

地源热泵技术：地源热泵指所有使用大地作为冷热源的热泵，是利用地球表面浅层地热资源作为冷热源进行能量转换的空调系统，是一种既能供热又能制冷的高效节能环保型空调系统。通过输入少量的电能即可实现较多的能量从低温热源向高温热源的转移，利用地源热泵技术制冷与传统中央空调相比能耗可降低20%以上，是一种清洁高效的能源利用形式。

②被动式建筑设计

充分利用自然资源达到节约能源的作用。在严寒地区、寒冷地区冬季以保温和获得太阳能为主，夏季兼顾隔热和遮阳作用。

降需求：为了降低建筑用能需求，可以采取被动式技术手段，如被动式建筑设计、自然通风、自然采光、建筑遮阳隔热、围护结构热工性能提升等，同时结合国家正在大力推广的符合《近零能耗建筑技术标准》（GB/T 51350—2019）的最新应用技术。

提效率：通过提升主动式能源系统和设备单体的能效，如提高冷热源系统性能系数、新风热回收效率、地道风利用效率、照明系统及电器等设备的单体能效，并结合智能优化控制算法，可以进一步降低建筑能源消耗。

拓应用：通过最大化利用太阳能、风能、地热能等可再生能源替代常规能源，也可以减少建筑的电力使用。

增碳汇：在设计阶段应考虑到项目周边地势特点，增加可绿化面积，增大后山绿化土壤保持率，从而增加碳汇。

促行为：在促进人员的行为方面，可以引导人们绿色出行、低碳生活，建立个人生活排碳计算机制，提高个人减排责任意识。

可监控：在能源监测与碳排放核算方面，应设置能源监测与碳排放核算管理平台，以方便管理和监控。

三、典型项目案例

（一）济宁众联智慧热力富源电厂余热供热项目

1. 示范项目介绍

济宁众联二十度智慧热力有限公司承担的微山县引入新热源供热管网和综合能源站建设项目，旨在利用枣庄矿业（集团）有限责任公司旗下的工业余热，为微山县城区提供集中供热服务。项目总投资约 2.05 亿元，于 2021 年 7 月开工建设，2021 年 12 月新热源成功并入城区供热系统。

项目整体设计供热能力达 900 万平方米，其中微山县城区为 700 万平方米，沿线覆盖 200 万平方米。供热管道起点位于滕州市张汪镇田陈工业园区富源电厂，终点至微山县城区原有管道，全长约 18.6 千米（单线长度）。建设内容包括一座2000平方米的综合能源中继泵站，以及配套的供热管网工程。项目实施后，预计每年可节约煤炭10万余吨，对改善南四湖区域生态环境和提升城区居民生活质量具有重要意义。

2. 项目的示范效果、意义、可推广性分析

能源利用创新：项目创新性地利用工业余热进行集中供热，实现了能源的梯级利用，提高了能源利用效率，减少了煤炭消耗，符合国家节能减排政策要求，为其他地区提供了可借鉴的清洁能源供热模式。

技术应用示范：采用先进的长输低能耗热网技术，确保工业蒸汽在长距离输送过程中的稳定性和高效性，为大规模余热利用项目的热网建设提供了技术示范。

环保效益显著：项目实施后，有效减少了污染物排放，对改善区域大气、水域环境质量发挥了积极作用，是落实山东省“四减四增”三年行动方案的具体实践，有助于推动地方环保工作的深入开展。

民生改善与城市发展协同：满足了城区居民日益增长的供热需求，提高了居民生活舒适度，同时为城市基础设施建设和经济高质量发展提供了有力支持，实现了民生改善与城市可持续发展的有机统一。

3. 综合效益

环境效益：项目实施后，每年可减少大量煤炭消耗，从而显著降低二氧化碳、二氧化硫、氮氧化物等污染物排放量，有效改善了区域大气环境质量。同时，减少了煤炭运输过程中的扬尘污染和对交通的压力，对保护南四湖水域生态环境也发挥了积极作用。

社会效益：为微山县城区居民提供了更加稳定、高效的供热服务，室内温度保持在舒适范围内，提高了居民的生活质量和幸福感。项目建设和运营过程中，为当地居民提供了就业机会，直接和间接带动了当地就业，促进了社会稳定。此外，项目的实施提升了微山县的城市形象，提高了城市的吸引力和竞争力，为城市的可持续发展奠定了基础。

经济效益：与传统供热方式相比，利用工业余热供热降低了燃料成本和运行成本，提高了企业的经济效益。项目建设带动了供热设备制造、安

装、维护等相关产业的发展，促进了地方经济增长。

4. 专家评审意见

该项目为城市供热系统基础设施建设，属于国家发展改革委《产业结构调整指导目录（2019 年本）》中第一类鼓励类“城镇基础设施”中的“城镇集中供热建设和改造工程”，因此，为国家鼓励建设项目，符合国家相关的产业政策。

项目的实施能够满足社会目前的需求，改善当地投资环境。

项目实施后带来的社会效益、经济效益、环境效益是非常巨大的，为当地的社会经济发展提供了有力的保障。

5. 创新技术介绍

（1）技术背景、行业痛点难点

随着中国对环境保护和能源可持续性的重视，清洁供热成为城市发展的关键任务。微山县作为山东省的重要区域，面临着供热需求增长与环保要求提升的双重挑战。原有供热系统主要依赖区域锅炉，存在投资大、运行成本高、环保压力大等问题，且难以满足未来城市发展需求。此外，传统供热方式能源利用率低，污染物排放高，难以满足日益严格的环保要求。

（2）解决的核心问题

项目利用工业余热进行集中供热，解决了传统供热方式投资大、运行成本高、环保压力大的问题，实现了能源的高效利用和循环利用。同时，项目采用先进的长输低能耗热网技术，解决了热量在长距离传输过程中的损耗问题，确保了供热系统的稳定性和高效性。

（3）主要技术原理

项目采用先进的长输低能耗热网技术，确保工业蒸汽在长距离输送过程中的稳定性和高效性。供热管道采用高性能保温材料和先进的防腐技术，确保了热网的安全稳定运行。同时，项目还配备了智能化的热网监控系统，实时监测热网运行参数，实现了远程调控和精准供热。智慧供热系统通过安装在供热设备和用户端的智能传感器，实时采集供热数据，运用大数据分析和人工智能算法，实现了对供热系统的智能调控和运行优化。

（4）总体应用效果

项目自2021年正式运行以来，已安全稳定运行多个采暖季，整体运行状况良好。在实际运行中，各设备运行稳定，热网系统失水率控制在较低水平，供热质量和效率得到了有效保障。通过智慧供热系统的应用，根据室外温度和用户需求实现精准供热，提高了用户的舒适度。项目运行期间，还积极开展用户回访和满意度调查，根据用户反馈及时调整供热策略，不断提升服务质量。

（5）商业化进展程度

项目已成功商业化运行，为微山县城区居民提供了稳定、高效的供热服务，取得了显著的经济、环境和社会效益。项目的成功实施为清洁供热技术的推广应用提供了宝贵经验，推动了清洁供热产业的发展。

（二）燃煤电厂余热利用与超净排放协同技术应用项目

1. 示范项目介绍

青岛顺安热电有限公司位于山东省青岛市，地处山东半岛南部，北温带季风区域，属温带季风气候。青岛市由于海洋环境的直接调节，春季气温回升缓慢，冬季风大温低、持续时间较长。“十四五”以来，青岛市不断拓展能源供给渠道，持续优化能源结构。但从资源禀赋来看，煤炭、石油、天然气等一次能源对外依存度达95%以上，是典型的能源受限城市，容易受政策环境、运力、价格波动和极端天气等因素影响，能源短缺风险依然存在。

青岛顺安热电有限公司于2022—2023年在厂内建成超低温烟气余热回收项目，在前期6号锅炉（168兆瓦）利用吸收式热泵回收烟气余热的基础上，进一步通过电动压缩式热泵深度回收25℃以下的烟气余热，对烟气喷淋换热塔进行“高、低温”两段式改造，利用具有特殊结构的雨帽层，有效阻断两段之间的喷淋水交换，烟气温度可由25℃降至15℃，经过两次冷喷淋洗涤后，烟气可达到超低排放标准。

项目分两期建设，一期针对6号锅炉进行深化改造，建设一套2兆瓦压缩式烟气余热回收系统，于 2023 年 1 月投入使用（见图 3 - 10）；二期增设一套 1 兆瓦压缩式烟气余热回收系统，于 2023 年 11 月投入使用。

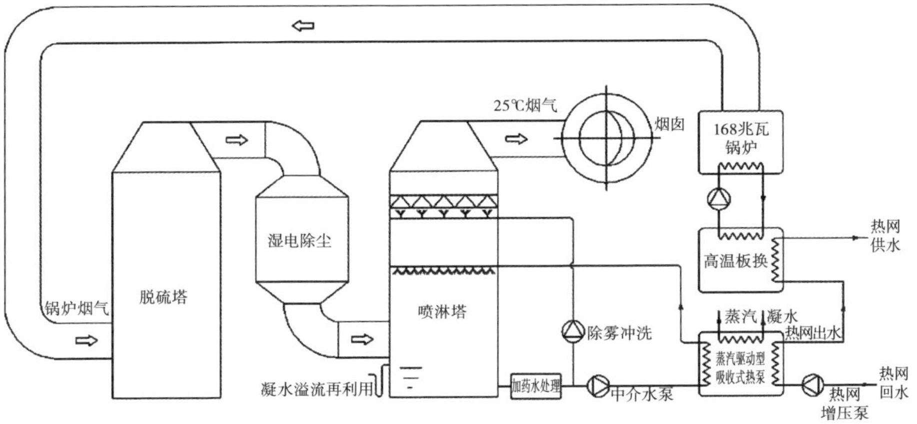

图 3 - 10 烟气余热回收一期项目工艺流程

以降温至 15℃为例，热电厂每回收 1 吉焦烟气热量可同时回收 0. 3 吨的烟气冷凝水，每个采暖季可产生冷凝水近 20 万吨。烟气冷凝水的大量回收可有效改善烟囱“冒白烟”“石膏雨”现象。回收的烟气冷凝水可作为脱硫塔补水，减少脱硫过程中的水量损失。但回收的水量太大，打破了脱硫系统乃至整个电厂系统原有的水平衡，导致电厂废水排放量增加。青岛顺安热电有限公司进一步改进传统热法废水处理工艺，将吸收式热泵和热法废水处理集成为一体，以蒸汽驱动吸收式热泵回收热法废水处理工艺的末级闪蒸余热用于供热，并将净化水作为热网补水。

废水零排放系统主要由废水预处理水箱、闪蒸结晶设备、离心分离机以及附属管路设备构成。脱硫废水以及烟气凝水汇合后，先进入废水预处理水箱，在废水预处理水箱中通过添加碱液、絮凝剂以及分层多重沉淀等措施，将待处理废水中的钙、镁离子转变为固态不溶盐类，这部分不溶于水的盐分析出后作为固体废物排出系统。经过预处理的废水接着进入闪蒸结晶设备，在该设备中被加热然后闪蒸结晶，废水闪蒸产生水蒸气以及含有固态盐的悬浊液，该悬浊液通过污水泵进入离心分离机，离心分离机旋转分离出悬浊液中的固体，作为固体废物排出，而分离后产生的清液则返回闪蒸结晶设备，进一步地闪蒸结晶。

闪蒸产生的水蒸气则在闪蒸结晶设备中与热网水换热，在换热的过程中，水蒸气冷凝，产生的冷凝水作为废水处理的产物可以用于电厂系统内各个子系统的补水，也可以用于锅炉或热网补水，实现水资源的再次利用。热网回水进入闪蒸结晶设备中，换热升温后流出闪蒸结晶设备，进入热网换热器进一步地加热升温。

青岛顺安热电有限公司通过余热利用与废水净化协同技术解决了传统废水处理的技术难题，做到近零能耗条件下的废水零排放，既满足了环保要求，又实现了废水和结晶盐的回收利用。在满足环保要求的同时产生一定的经济收入，提高了电厂水资源利用效率和经济效益，改变了传统环保技术投入大却无经济收益的境况，且比其他处理方式降低能耗 90%。

2. 项目的示范效果、意义、可推广性分析

（1）电动压缩式热泵与吸收式热泵联合深度回收烟气余热

吸收式热泵采用汽轮机抽汽驱动，回收高温喷淋段余热；压缩式热泵采用电能驱动，回收低温喷淋段余热，可深度回收烟气中的水分和冷凝潜热。两者输出的热能均用于热网水加热，可降低居民采暖能耗和成本（见图 3 – 11）。

（2）采用烟气相变低温凝并技术实现多污染物联合脱除

在热泳、扩散泳等作用下，实现了细颗粒物、可凝结颗粒物、三氧化硫（硫酸雾）、逃逸浆液滴的协同脱除，低温喷淋提高了二氧化硫的溶解度；调整两段之间喷淋水的 pH、喷淋密度、喷孔直径等参数，达到最佳的联合降污减排效果。实测排烟中的各项污染物浓度均达到超低排放标准，可完全代替湿式静电除尘器，污染物超低排放治理成本得到了有效控制（见图 3 – 12）。

（3）吸收式热泵和热法废水处理工艺相结合

利用热电厂原有换热过程（汽轮机抽汽直接加热热网水）中的温差作为吸收式热泵的驱动力，实现了低能耗、低成本废水净化，具有废水浓缩、固化结晶、水质适应性强、预处理费用低等优点。

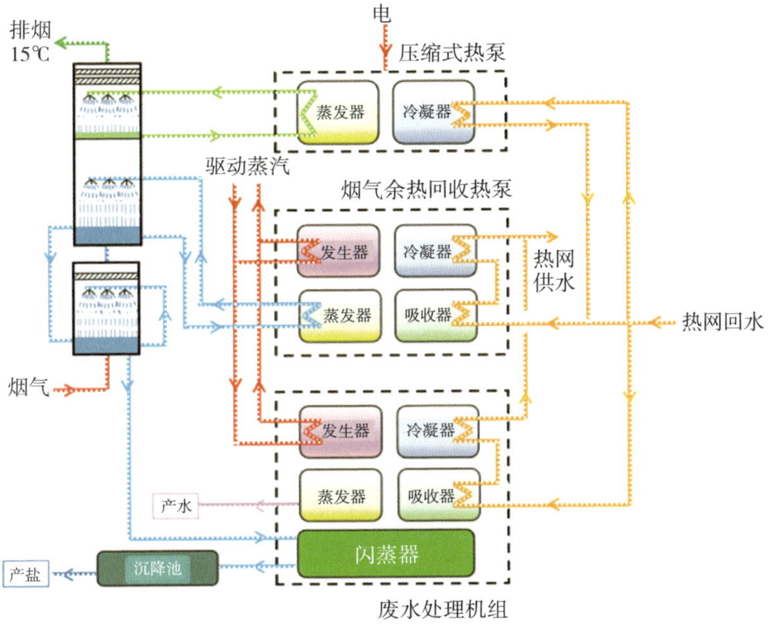

图 3-11　吸收式热泵、电压缩式热泵联合超低温烟气余热回收与净化技术工艺流程

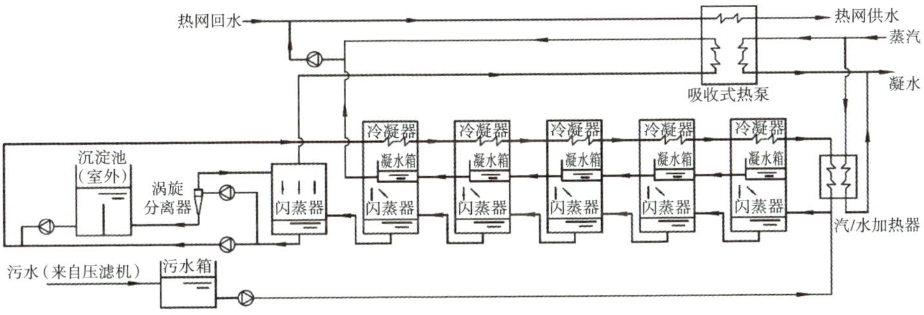

图 3-12　废水净化技术工艺流程

（4）根据不同燃煤热电用户的具体情况，可在烟气余热利用与烟气超净排放协同技术应用基础上进一步进行系统拓展

通过将烟气余热回收技术与跨季节储热系统结合，能够解决非采暖季烟气余热的回收问题和超低排放问题，这种创新的结合方式可以提高能源利用效率、降低环境污染程度。将低能耗废水净化技术与跨季节储热系统

结合，可以实现非采暖季废水零排放，进一步保护生态环境。将烟气余热回收技术与日内蓄热体结合，可以在电力过剩时段利用多余的电能来驱动烟气余热回收和烟气净化，从而参与电力调峰，平衡电网负荷。这些技术的拓展不仅可以提高技术应用的适应性和灵活性，也提升了经济性，为可持续发展提供了有力的技术支持。

3. 综合效益

（1）节能效益

燃煤电厂余热利用与超净排放协同技术应用项目总投资 7000 万元，余热回收负荷约 38 兆瓦，每供热季回收热量 40.17 万吉焦、锅炉热效率提高近 10 个百分点、回收凝水量 11.88 万吨、折合节省标准煤量约 1.32 万吨，产生经济效益约 3368.36 万元，2.1 年可收回投资。

在废水零排放方面，该项目技术与目前国内外常用技术相比，无论是初投资还是运行成本均大幅降低，项目对 10 吨/小时的废水进行处理，产生并利用 8 吨/小时的水，每吨水的处理电耗为 5.9 千瓦时，且所消耗的蒸汽热量全部传递给热网水，运行能耗低。如果考虑净水收益，项目每净化 1 吨废水可增加收入 7.2 元，如表 3－3 所示。

表 3－3　每处理 1 吨废水的成本比较

	蒸发结晶	烟道蒸发	膜法＋机械热泵浓缩技术（MVR）	本项目
投资（万元/吨）	168	146	180	78
运行成本（元/吨）	60	17	51	4.6*，－7.2**

注：除本项目外，其他方式的成本来源于文献。* 表示不计净水收益。** 表示计净水收益。

（2）减排效益

该项目对烟气显热和潜热进行深度回收，同时进行烟气二次洗白和降温，进一步降低了污染物的排放。烟气经过降温后，其内部的污染物浓度显著降低。

项目投运后，分别在两种工况（只开下段喷淋和两段喷淋都开）下，详细测量了烟气中可凝结颗粒物、可过滤颗粒物和硫酸雾三种主要污染物浓度（见图3－13）。如表3－4所示，对比喷淋塔进出口烟气污染物浓度可以看出，除了氮氧化物变化不大以外，其他污染物浓度都有大幅降低，颗粒物浓度低于检出限（1毫克/立方米）。

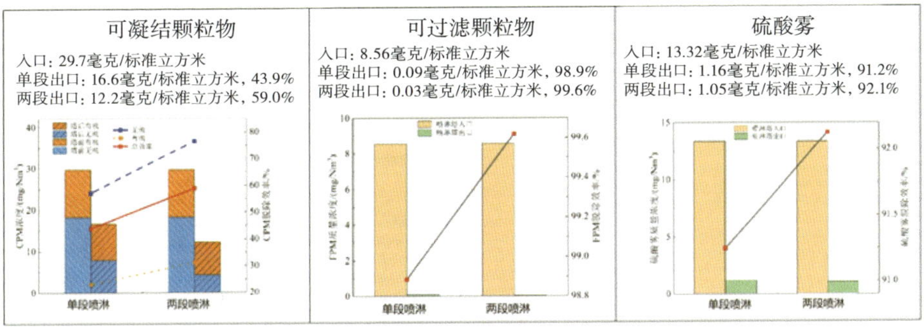

图3－13 两种工况下污染物排放情况

表3－4 污染物排放对比

检测点位		低温喷淋塔前（毫克/立方米）	低温喷淋塔后（毫克/立方米）
二氧化硫	实测浓度	177	9
	折算浓度	263	13
氮氧化物	实测浓度	39	41
	折算浓度	58	60
一氧化碳	实测浓度	36	ND
颗粒物	实测浓度	5	ND
硫酸雾	实测浓度	66	3

项目每供热季预计减排二氧化碳约35180.5吨、减排二氧化硫约79.5吨、减排氮氧化物约40.2吨、减排烟尘约940吨，预计处理脱硫废水33840吨、产生净水27072吨，实现了废水的零排放。

4. 专家评审意见或第三方鉴定测试报告等支持文件

科学技术成果评价证书如图3－14所示。

（三）按需用热示范项目

1. 示范项目介绍

以按需用热示范项目为例，该项目坐落于黑龙江省牡丹江市林口县，

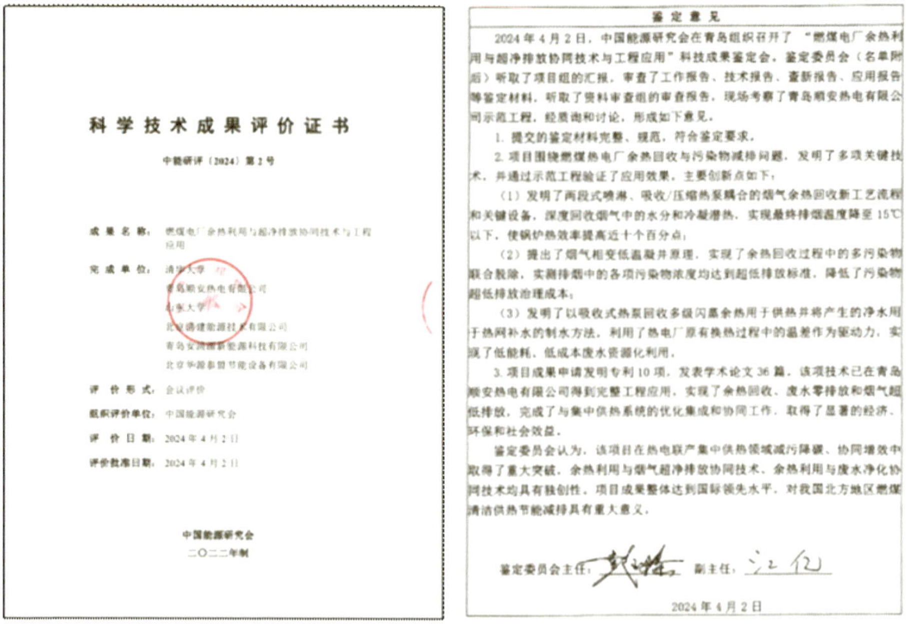

科学技术成果评价证书

中能研评（2024）第2号

成果名称：燃煤电厂余热利用与超净排放协同技术与工程应用

完成单位：清华大学
青岛顺安热电有限公司
山东大学
北京清建能源技术有限公司
青岛安润源新能源科技有限公司
北京华源泰盟节能设备有限公司

评价形式：会议评价

组织评价单位：中国能源研究会

评价日期：2024年4月2日

评价批准日期：2024年4月2日

中国能源研究会
二〇二二年制

鉴定意见

2024年4月2日，中国能源研究会在青岛组织召开了“燃煤电厂余热利用与超净排放协同技术与工程应用”科技成果鉴定会。鉴定委员会（名单附后）听取了项目组的汇报，审查了工作报告、技术报告、查新报告、应用报告等鉴定材料，听取了资料审查组的审查报告，现场考察了青岛顺安热电有限公司示范工程，经质询和讨论，形成如下意见。

1. 提交的鉴定材料完整、规范，符合鉴定要求。

2. 项目围绕燃煤热电厂余热回收与污染物减排问题，发明了多项关键技术，并通过示范工程验证了应用效果，主要创新点如下：

（1）发明了两段式喷淋、吸收/压缩热泵耦合的烟气余热回收新工艺流程和关键设备，深度回收烟气中的水分和冷凝潜热，实现最终排烟温度降至15℃以下，使锅炉热效率提高近十个百分点；

（2）提出了烟气相变低温凝并原理，实现了余热回收过程中的多污染物联合脱除，实测排烟中的各项污染物浓度均达到超低排放标准，降低了污染物超低排放治理成本；

（3）发明了以吸收式热泵回收多级闪蒸余热用于供热并将产生的净水用于热网补水的制水方法，利用了热电厂原有换热过程中的温差作为驱动力，实现了低能耗、低成本废水资源化利用。

3. 项目成果申请发明专利10项，发表学术论文36篇，该项技术已在青岛顺安热电有限公司得到完整工程应用，实现了余热回收、废水零排放和烟气超低排放，完成了与集中供热系统的优化集成和协同工作，取得了显著的经济、环保和社会效益。

鉴定委员会认为，该项目在热电联产集中供热领域减污降碳、协同增效中取得了重大突破，余热利用与烟气超净排放协同技术、余热利用与废水净化协同技术均具有独创性，项目成果整体达到国际领先水平，对我国北方地区燃煤清洁供热节能减排具有重大意义。

鉴定委员会主任： 副主任：

2024年4月2日

图3-14　科学技术成果评价证书

周边配套设施完善，交通便利，是当地具有代表性的综合性社区项目。项目总建筑面积高达397.07万平方米，其中住宅建筑面积213.01万平方米，涵盖高层住宅、多层洋房等多种房型，满足不同居民的居住需求；商业建筑面积161.50万平方米，分布着超市、餐厅、咖啡馆等各类商业业态，人流量较大，对供热稳定性与舒适度要求颇高。

整个项目共有8368户居民欣然成为此项前沿技术的首批体验者。项目于2024年5月动工，于2024年10月15日圆满竣工并正式投入运营。其间，项目团队严格把控施工质量，为每一户住宅与每一家商户配套安装全套的智能供热设备，从高精度的智能热量表、灵敏的室温传感器，到精准可靠的智能阀门一应俱全。同时，全力搭建了稳定可靠、高速传输的物联网监测与控制平台，并完成与手机App的深度适配，确保每一位用户都能毫无阻碍地顺利接入并熟练使用手机智能调温功能，开启智慧供热新生活。

2. 项目的示范效果、意义、可推广性分析

（1）示范效果

该示范项目在实际运行过程中成效卓著。绝大多数居民在整个供热季都能享受到稳定、舒适的室温，生活品质得到显著提升。商户经营区域同样受益良多，热舒适度得到极大保障，顾客在店内消费时不再受寒冷困扰，有效提升了营商环境，为商家吸引了更多客源。供热系统的水力平衡状态得到前所未有的显著改善，借助智能监测与调控技术，各楼栋、各楼层之间的温差被严格控制在极小范围，以往近端过热、远端过冷的供热顽疾被根治。用户对手机端调温功能的喜爱与依赖与日俱增，通过频繁使用这一便捷功能，进一步优化了自身的用热体验，个性化需求得到了充分的满足，用户满意度调查反馈好评率高达 99.6%。

（2）意义

该项目宛如一座明亮的灯塔，为供热行业的智能化转型照亮了前行之路，提供了切实可行的范例。它证明了按需用热技术不仅能够大幅提升用户的用热体验，还能为供热企业带来降本增效的显著效益，有力推动整个供热行业向着绿色、高效的方向大步迈进。尤为重要的是，它开创性地开启了用户深度参与供热调控的全新模式，为未来智能家居与供热系统的深度融合发展奠定了坚实基础，引领了行业发展的新潮流。同时，该项目的成功实践也为政府制定供热相关政策法规、科学规划城市能源利用提供了极具价值的实践依据，有助于引导供热行业规范、有序发展，促进能源的合理配置与高效利用，为城市的可持续发展贡献力量。

（3）可推广性

项目所采用的技术方案与设备选型具备卓越的通用性，无论是高层林立的现代化新建小区，还是建筑结构复杂、管网老化的老旧小区，抑或商业综合体、工业园区等不同功能的供热区域，都能以相对较低的成本进行完美复制推广。在新建小区的规划建设阶段，可将智慧供热系统作为前瞻性标配纳入整体设计，从源头实现智能化布局；对于既有建筑改造项目，只需进行有针对性的设备升级与管网优化就能快速实现供热

系统的智能化改造。而且，配套的运维管理模式成熟完善，从项目实施的详细步骤、人员培训的专业课程，到后续服务跟进的标准化流程，一应俱全，易于被其他地区借鉴吸收，能够确保项目在不同地区迅速落地实施，开花结果。

3. 综合效益

（1）经济效益

对于供热企业而言，能源成本的降低犹如一场及时雨，带来了直接而显著的经济效益。通过精准供热，每年节省的费用可用于企业的技术研发、设备更新等关键环节，进一步提升企业竞争力。同时，用户满意度大幅提升，为企业增加了可观的收入来源。

从用户角度来看，精准供热不仅避免了过度消耗热量，而且手机智能调温功能的便利性极大地减少了因供热不适而导致的额外精力耗费，居民无须再频繁致电供热公司反映问题或自行采取保暖措施，间接提升了生活与工作效率，让用户有更多的时间与精力投入学习、工作和休闲。

（2）环境效益

随着能源消耗的显著降低，相应减少了煤炭等化石能源的燃烧，减少碳排放 28728 吨，犹如为当地的天空撑起了一把“保护伞”，助力大气环境质量持续改善，为环保事业作出了不可磨灭的积极贡献，完美契合国家“双碳”战略目标，为子孙后代守护绿水青山，促进城市的可持续发展。

（3）社会效益

在提升居民生活品质方面，该项目成效显著，有效减少了因供热问题而引发的邻里纠纷、用户投诉，昔日因室温不均而产生的矛盾不复存在，社区氛围更加和谐稳定，居民的幸福感与获得感大幅提升。

4. 创新技术介绍

（1）技术背景、行业痛点难点

在传统供热体系中，热量分配不均衡、难以契合用户个性化需求的问题由来已久。一方面，供热单位大多采用“一刀切”的统一供热模式，整个供热季供热量基本固定不变。这直接导致部分用户室内温度过高，尤其在天气回暖时，居民不得不开窗散热，大量热能白白流失；而与此同时，另一部分用户却因热量供应不足，在寒冷天气里室内温度始终难以达标，居住舒适度大打折扣。相关调查显示，在传统供热模式下，约 30% 的用户存在过热或过冷的困扰。另一方面，供热企业由于缺乏有效的用户端监测手段，无法实时、精准掌握用户的用热详情。在制定供热策略时，往往只能凭借经验和粗略估算，难以依据实际需求动态调整，这不仅造成能源的极大浪费，还使得运营成本持续攀升。例如，在设备维护与故障排查环节，因缺乏精准数据指引维修人员常常需要耗费大量时间逐段排查管道、逐个检测设备，人力与物力成本居高不下。

（2）解决的核心问题

该创新技术直击供热痛点，核心在于实现精准的按需用热，彻底扭转热量供需失衡局面。以按需用热技术为例，该技术借助智能监测与控制系统，全方位、实时采集用户室内温度、用热时长、不同时段的热量需求等多维度数据，通过深度分析这些数据，动态且精准地调控供热流量与温度，保障每一位用户都能时刻处于适宜的室内热环境之中。

尤为突出的是，这项技术赋予了用户前所未有的自主调控权。用户只需在手机上轻点几下，通过专属的 App 就能依据自身当下的体感舒适度以及即时需求，随时随地对室内温度进行精细微调。无论是在慵懒的周末清晨想要多睡会儿，还是家中有老人、小孩需要特别照顾的时段，用户都能轻松打破传统供热模式下的被动处境，自由掌控室内温度。同时，系统还会将用户的实时用热信息精准反馈给供热企业，助力企业优化供热调度方案，大幅削减能源损耗，全面提升供热效率与服务品质。

（3）主要技术原理

该技术深度融合物联网前沿科技，在用户端巧妙布局一系列智能感知设备。智能热量表如同敏锐的“热能卫士”，能够精确计量每一刻的热量消耗；室温传感器则像贴心的“温度管家”，实时感知室内温度的细微变化。这些设备通过高效的无线传输模块，以毫秒级的速度将采集到的数据传输至云端服务器。

云端服务器宛如一个超级智慧大脑，内置了由供热领域专家与顶尖数据科学家联合研发的先进数据分析算法。它不仅依据人体工程学设定的舒适温度范围，还充分考虑用户过往数周甚至数月的用热习惯，通过复杂而高效的运算，在瞬间计算出当前最适配的供热参数，涵盖供热流量的精准调控值、最适宜的水温设定等。紧接着，服务器将生成的调控指令飞速下发至智能阀门等执行机构，这些执行机构如同精准的“热力开关”，严格按照指令精准控制进入用户室内的热量供给。

而手机智能调温功能作为点睛之笔，在此基础上开发了功能强大、界面友好的移动端 App。这款 App 与云端服务器通过加密通道实现无缝、实时对接，确保用户在手机上的每一次操作指令都能在眨眼间传输至云端，并迅速转化为对应的供热调控指令，最终精细无误地作用于供热设备，完美达成智能化、个性化的按需供热愿景。

（4）总体应用效果

历经多个不同气候条件、不同建筑类型的试点区域实战检验，“按需用热”技术成效斐然，大幅提升了用户的用热满意度。室内温度波动范围被严格控制在极小区间，用户彻底告别了过往过热或过冷的烦恼，能够根据不同生活场景灵活调整温度。比如，在寒冷冬日的晚间休息时段，用户可将温度微微上调，营造温暖舒适的睡眠环境；而白天家中无人或进行轻度活动时，又能适当降低温度，节省能源。对于有老人、小孩、病患等特殊人群的家庭，用户还能依据他们的特殊需求，精准调控出适宜的室温，给予家人无微不至的关怀。

与此同时，供热企业也收获了显著效益。大量减少了过量供热导致的能源浪费现象。运维成本同样降幅明显，凭借精准的故障预警与快速定位功能，维修人员能够迅速出击，精准修复问题。真正实现用户享受舒适热环境与企业节能增效的双赢理想局面，为供热行业的高质量发展注入强大动力。

（5）商业化进展程度

当下，按需用热技术已在黑龙江省牡丹江市林口县等多个经济活跃、对供热品质要求较高的城市落地生根，广泛应用于新建住宅小区以及老旧小区改造项目之中。在黑龙江省牡丹江市林口县的御林家园，全小区

3000 户居民率先体验到这一智慧供热的便捷与舒适，对供热效果赞不绝口。

目前，该技术已与当地林口盛烨热电有限责任公司等多家信誉卓著、规模庞大的供热企业达成长期、深度合作协议。产品生产线已实现规模化、自动化运转，能够稳定、高效地满足市场需求。配套的服务体系也日臻完善。不仅有专业资质过硬、经验丰富的技术人员定期巡检、维护设备，确保供热系统稳定运行；还有 24 小时在线的客服团队随时待命，为用户答疑解惑，无论是手机操作流程咨询还是供热问题反馈，都能第一时间得到专业、贴心的回应。

（四）山西双良绿色能源岛项目

1. 项目概况

科创城 1 号绿色能源岛项目是山西双良再生能源产业集团（以下简称山西双良集团）投资建设的联合能源供热项目。该项目基于西温庄地热田的地热能优势，采用了地热能、太阳能、风能、空气能等多种清洁能源联合供能模式。其中深层地热能占总能源的 70%，太阳能、风能、空气能等其他能源占 30%。应用超长重力热管相变取热技术、中深层地热水取热技术、太阳能光伏技术、太阳能光热技术、空气源热泵技术等 13 种新能源技术，在不同时间段、不同气温条件下，通过不同能源的匹配，达到经济、环保、安全运行的目标，是山西双良集团“立体取能、多能互补”用能理念的具体实践。

2. 主要技术及创新点

（1）应用超长重力热管相变取热技术

山西双良集团与中国科学院广州分院联合研发第五代新型地热能利用技术——超长重力热管相变取热技术，该技术是目前国内地热能利用方面最先进的技术，也是国家五部委政策鼓励的地热能开发技术。

这项技术是一种全新的“无泵式、密封式、无干扰井下换热”地热开采技术，在地下数千米深的干热岩层中钻孔，置入密闭的超长重力热管，吸收地热能，产生蒸汽，用来发电、供热（见图3－15）。整个取热过程不需要水泵驱动，不抽取地热水，管内介质不与地下水或岩层接触。可最大限度减少对地下土壤、岩层和水体的干扰，确保地下水量不减少、水位不下降、水质不降低，避免对地下水资源和环境造成损害，而且导热效果好、取热量大、可利用程度高、节能不耗电，好比在数千米深处建了一个“地下超级锅炉”。这项技术最大的优点是不受地域限制，不需要地热水，只要地热井达到一定深度便可通过特制设备提取地热能用于供热、发电。有效解决了部分地区地热水难以回灌和地热能取热效率低的技术瓶颈，也是加快化石能源替代、实现“双碳”目标的又一条重要路径。

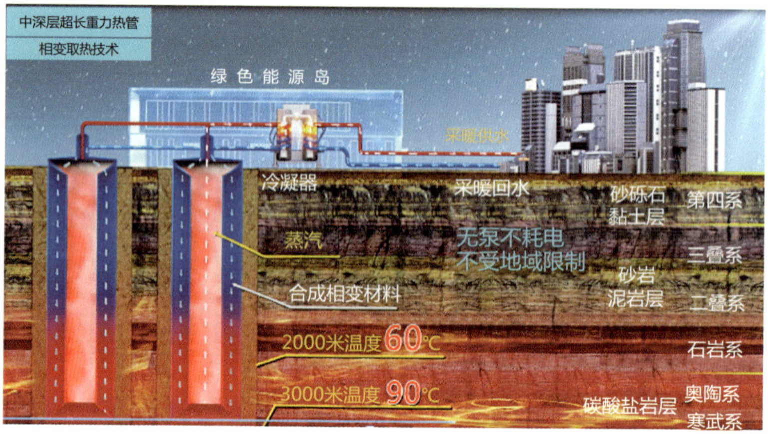

图3－15　中深层超长重力热管相变取热技术示意

（2）应用5G大数据智慧供热平台，实现智慧供热

山西双良集团结合目前的5G技术和人工智能应用，为实现用户舒适满意、系统安全可靠、能源利用高效、低碳清洁经济的总体目标，研发5G大数据智慧供热平台（见图3－16）。

该平台将信息系统与供热物理系统深度融合，对温度、压力、频率、能耗等数据进行自动化采集，并按照预设逻辑实现电动阀门、水泵、锅炉、热泵等设备的自动化控制；在各热力系统的自控网络基础上提升智能应用水平，实现全面监控、数据分析、负荷预测、智能调度、告警管理等功能，并通过全面监控系统实现源、网、站、户一体化管控；通过智能调度系统能够根据末端用热变化及时调整热力站和热源的控制，避免热源过量供热，降低热量不均衡度，实现供热生产的全过程优化控制；运行分析系统从热源、热力站和建筑物的监控系统中取得原始运行数据进行科学分析，生成各种分析报表和图表，形成供热系统能耗管理、质量监测和评价体系，同时总结供热规律，制订供热运行调度方案，适时调整供热系统运行。

图 3－16　基于 5G 大数据智慧供热平台建设的全国调控指挥中心

此外，根据不同用户的需求，平台的功能可通过大屏、个人计算机（PC）和手机 App 等多种形式和用户之间进行交互，发挥出智慧供热生产运营系统的最大价值。

（3）多种能源优化组合，高效匹配，联合应用

科创城 1 号绿色能源岛项目应用了 13 种新能源技术，可根据不同的时间、不同的温度情况进行合理的能源匹配。如在初寒和末寒期，项目会通过能耗对比、质量监测和评价体系等进行分析，采用“地热能＋空气能”的形式进行供热；在严寒期，项目会采用“地热能＋太阳能＋储能”的供热形式；如遇极端天气，项目会采用“地热能＋燃气调峰”的供热形式。对于夏季制冷来说，项目主要应用的是“地热能＋空气能”的形式；在生活热水等供应方面，项目采用的是“地热能＋空气能＋太阳能光热”的形式。同时科创城 1 号绿色能源岛全年用电需求是通过太阳能光伏发电满足的。通过多种能源的优化组合，能源岛实现了精准调控、节能降耗，并最

大限度保证了新能源应用的持续、稳定和经济。

3. 项目运行效果

（1）节能降耗情况

科创城1号绿色能源岛项目供热能力为48.1兆瓦，制冷能力为48.1兆瓦，供热面积106万平方米，制冷面积106万平方米。每年可节约1.38万吨标准煤，减少二氧化碳排放3.4万吨，减少二氧化硫排放935吨，减少烟尘排放410吨，减少氮氧化物排放450吨，相当于植树造林93公顷。

（2）社会效益

在“双碳”背景下，科创城1号绿色能源岛项目一方面有利于生态环境的改善，降低碳排放量，满足人们对美好生活的需要；另一方面是对多能互补、联合供能的具体应用。它通过单一能源开发与多种能源互补应用、单一场景与综合场景并举的模式，构建了可再生能源多能互补、因地制宜、多元迭代发展新局面，为目前新能源的安全、持续、稳定应用提供了一条新路径。

4. 可推广性分析

科创城1号绿色能源岛项目的建设，充分体现了“立体取能、多能互补”的用能理念。项目因地制宜，对地热能、风能、光能、空气能等能源的13种取能技术进行合理匹配、联合应用，有效提升能源的利用效率和经济性，而且项目技术成熟，供热面积大，运行稳定，供热质量有保障，安全环保，绿色低碳，为实现多种能源联合供热、清洁供热提供了示范和样板，具有很强的可复制和推广性。

5. 单位简介

山西双良集团是2010年全球清洁能源创新博览会招商引资落地企业。主要从事新能源、可再生能源开发利用，为城市提供清洁供热服务。目前已在太原、山西转型综合改革示范区、朔州、大同、吕梁、运城绛县、临汾曲沃7个市县实施清洁供热项目，获取特许经营面积约3.5亿平方米。山西双良集团通过自主研发和联合开发已经掌握23种新能源技术，获取专利238项。在热电联产余热回收、工业余热回收、地热能开发应用方面走在了行业前列，先后建成朔州市热电联产余热回收集中供热项目、太原一电厂冷凝热回收集中供热项目、山西转型综合改革示范区“地热+联合能源”供热项目等10多个清洁能源供热项目。

（五）冬奥会北京市冰上项目训练基地智慧能源管控系统

1. 项目概况

在北京市延庆区妫水河畔，一座由半圆形“冰球”和圆角方形“冰壶”组成的“天圆地方”的建筑拔地而起，这就是冬奥会的重要场馆——北京市冰上项目训练基地。作为亚洲最大的冰上项目训练基地，这里为冬奥健儿提供高标准训练场所，为我国运动员备战北京2022年冬奥会和冬残奥会提供了有力支撑。

为积极响应实践科技冬奥、绿色冬奥理念，训练基地的冷热源系统采用“地源热泵+水蓄能”清洁可再生技术，系统设置4台地源热泵机组满足基载、蓄能、空调冷热水、卫生热水四大需求，末端系统包括除湿空调、采暖、“组空+风盘”、风盘、组空和生活热水六大不同功能系统。地源热泵高效利用可再生的地热能，水蓄能技术充分实现削峰填谷，结合自适应无人值守智能管控平台的精准调控和智慧运维，实现系统的低碳高效运行。

2. 主要技术及创新点

（1）基于人工智能算法的控制系统设计方法

行为树采用模块化结构设计，具有较好的扩展性、可复用性、层次迭代性。在系统控制过程中，每一种控制逻辑或算法都可封装成一个组件模块，而各模块在执行过程中最终都会返回该模块执行成功或失败的结果信息，更适合高度耦合的控制系统。

（2）阶梯负荷多参数优化控制方法

对于冷热源系统而言，单纯地进行单一因素的优化控制并不能完全实现系统节能；而应该综合考虑多种因素的影响，通过多参数控制进行综合优化。

（3）一体化无人值守控制硬件

集成控制柜具有规格标准、布置灵活、安装便捷、组合自由、设计一体化等优点；多协议、自组网支持多参数控制设备的控制响应，全面支撑多参数优化控制策略。无人值守管控平台如图 3－17 所示。

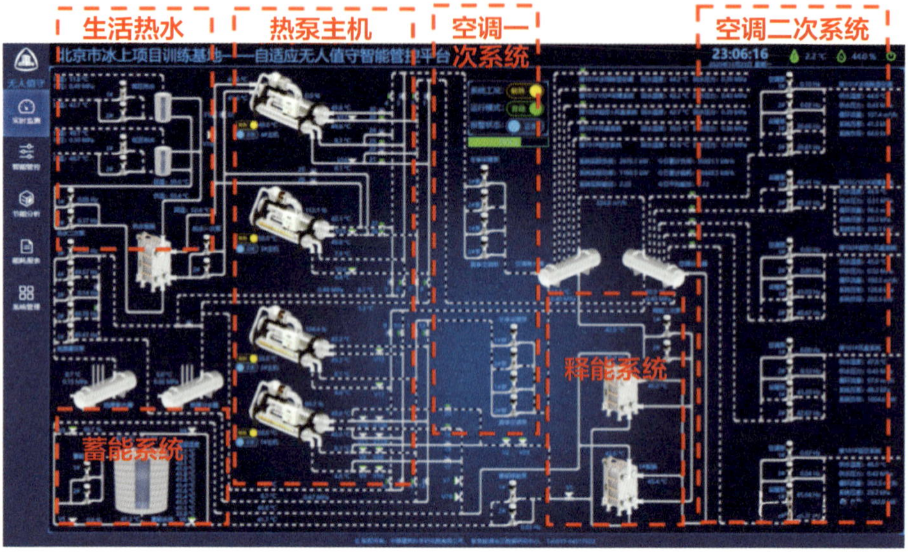

图 3－17　无人值守管控平台

（4）低代码无代码调测软件

以可视化方式设计数据结构和用户交互形式；开发应用模块和组件库，标准化管控策略模块，加速驱动数字化转型和应用创新。

3. 系统运行效果

该系统于 2020 年调试完成并正式投入运行。采用自适应无人值守模式实现对“地源热泵＋水蓄能”系统的一键启停、按需匹配、自适应运行调节、故障诊断、运行预测等全动态自动化智慧运行功能，保障系统的安全、稳定、高效运行。

4. 可推广性分析

（1）提高效率与降低成本

该系统通过集成高级算法、大数据分析、物联网及云计算等先进技术，能够实现对复杂环境的自主监控、智能决策与高效管理，极大提升运营效率，同时降低人力成本。这种高效的运营模式对于追求效益最大化的企业具有极大吸引力。

（2）应用场景广泛

智慧能源管控系统广泛应用于工业自动化、智慧城市、安防监控、医疗健康、农业种植等多个领域。在能源领域，它可以对变电站、配电房等重要设施进行无人值守监控，提高安全性和运营效率。这种广泛的应用场景意味着该系统具有广阔的市场空间。

技术创新与政策支持：随着5G、物联网、区块链等技术的不断成熟与融合，智慧能源管控系统将更加智能化、自主化、协同化。同时，政府对智慧能源、智慧城市等领域的政策支持也将推动该系统的广泛应用。

数据安全与隐私保护：系统采用数据加密、访问控制、审计追踪等技术手段，确保数据在采集、传输、存储、处理全过程中的安全性。这种对数据安全的重视将提升用户的信任度和系统的市场竞争力。

易于定制与扩展：该系统可根据企业的实际需求进行定制和扩展，满足企业的个性化需求。这种灵活性使得系统能够适用于各种规模和类型的企业，进一步扩大了其市场应用范围。

综上所述，智慧能源管控系统凭借其效率高、成本低、应用场景广泛、技术创新、数据安全与隐私保护以及易于定制与扩展等优势，具有极高的可推广性。

5. 单位简介

建科环能科技有限公司（以下简称环能科技）是中国建筑科学研究院有限公司下属的科技型企业。环能科技以中国建筑科学研究院有限公司建筑环境与能源研究院为技术依托，引领行业科技发展，服务国家建设。主要致力于解决暖通空调、建筑声光热工程中的关键技术问题，在供热空调、生物医药净化、建筑声环境、建筑光环境、建筑热环境、可再生能源建筑应用、建筑幕墙门窗等领域有着较高的知名度。环能科技开展供热空调、可再生能源、建筑围护结构、门窗幕墙、智能建筑、绿色建筑、低碳建筑等行业所需的多项共性及公益性技术研究，负责编制我国主要的建筑节能、暖通空调和建筑环境工程与产品标准，承担国家建筑节能工程、供热空调、太阳能利用及幕墙门窗的质量监督检验和测试任务，为国家及社会各界提供具有法律效力的工程、产品检测鉴定和质量仲裁服务。环能科技是国内从事建筑节能和建筑环境领域历史最悠久，专业门类最齐全，服务范围最广泛的专业机构之一，是政府技术依托，引领行业科技发展，具有持续创新能力和市场竞争力。

（六）鄂尔多斯国际会展中心多能互补装配式零碳供热示范项目

1. 项目概况

示范项目位于鄂尔多斯康巴什区国际会展中心，主要用于举办展览、会议和大型文艺演出等活动，建筑总面积 31540 平方米，建筑高度 24 米。该项目于 2024 年 7 月开始施工，通过建筑信息模型技术预制装配，总工时仅 90 日，施工周期缩短 60%，施工成本降低 40%，目前已稳定运行数月。结合多能互补协同工作以及智能化自适应无人值守管控系统，预计冬季供热能效比（Coefficient of Performance，COP）超 4.28，全年供能 COP 超 4.65，实现节能减排，高效供热。

2. 技术路线与创新点

多能互补装配式零碳供热技术方案，采用一种综合性技术策略，整合了光伏光热技术、地源热泵技术、空气源热泵技术及相变储热技术。此方案通过智能化自适应无人值守管控系统及数字孪生技术的应用，不仅优化了能源的管理和运行效率，而且实现了对可再生能源的最大化利用。此外，该方案还具备跨季节储热的能力，进一步提高了能源的使用效率与环境的可持续性。

光伏系统利用太阳能产生电能，为热泵系统的运行提供动力，并实现热能的储存与供给。光热系统则通过直接产生热量，进行跨季节的热能储存。地源热泵系统利用地下土壤中的热能进行供热，而空气源热泵系统则在非供暖季节作为跨季节储热的热源，并在供暖季节作为极端天气条件下的辅助热源。相变储热系统用于存储多余的热能，从而实现供热系统的削峰填谷。最终形成一个涵盖“光电光热跨季节储热—光电驱动热泵全消纳—光电储热调峰—市政热力保障”的多能互补技术方案，确保供热效率的提升和能源的合理利用（见图3－18）。

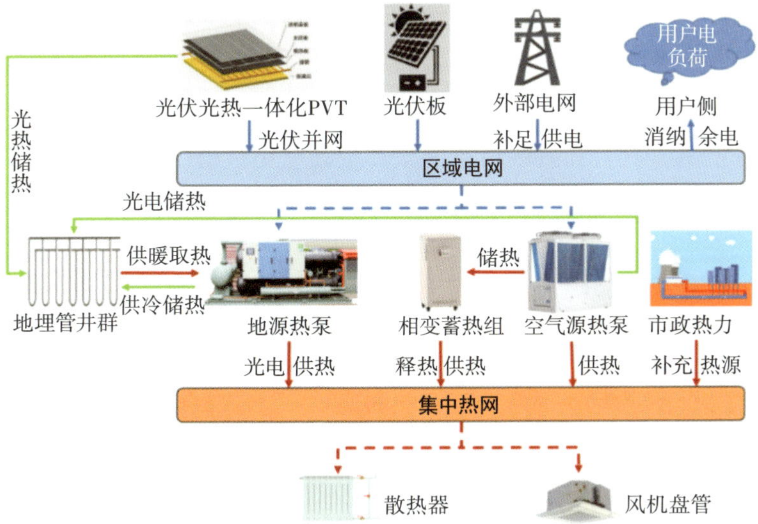

图3－18 技术原理方案

项目采用“光电光热跨季节储热—光电驱动热泵全消纳—光电储热调峰—市政热力保障”多能互补技术方案，通过 Revit 构建建筑信息模型进行指导，工厂预制、现场模块化装配。同时辅以智能化自适应无人值守管控系统及数字孪生技术，实现对整个技术应用体系的实时监测、精准调控与虚拟映射，全方位提升系统的智能化水平，提高供热效率。

3. 可推广性分析

多能互补装配式零碳供热机房，实现鄂尔多斯国际会展中心非供热季零碳供冷与供热季特定时段零碳供热，节能降耗效果显著。借助建筑信息模型技术，实现对项目工期的精准把控与对成本的有效降低，极大地提升了项目的经济性与时效性。同时，智能化自适应无人值守管控系统及数字孪生技术确保了供热过程的精准性、稳定性以及可视化运维工作的高效性，为零碳供热技术在大型公共建筑中的应用提供了极具价值的实践范例与数据支撑，对推动建筑领域的绿色低碳转型具有重要的示范引领意义与参考借鉴价值。

该项目具备成熟的技术、稳定的系统性能和显著的经济效益，适用于多种类型的建筑供热场景。其模块化设计不仅有利于规模化推广，且成本可控，符合能源与建筑行业的发展趋势。此外，智能化自适应无人值守管控系统及数字孪生技术可有效提升能源利用效率。市场对该项目的接纳度和需求量均较高，表明其在实际应用中的巨大潜力。因此，该项目的推广前景十分广阔，具有良好的市场前景和较高应用价值。

4. 综合效益

经济效益：该项目每年可节省供热费用 70 万元、供冷费用 30 万元，投资回收期约为 4 年。通过多能互补可再生能源的利用及智能化自适应无人值守管控系统，可显著降低运营成本，资金回笼的前景良好，展现出显著的经济效益。

环境效益：项目通过多能互补、跨季节储热等，实现零碳排放。积极践行环保理念，大幅减少传统能源的消耗，并降低污染物的排放。这不仅有助于保护生态环境，还能缓解气候变化，为区域生态建设做出重要贡献。

社会效益：项目引领行业创新潮流，促进绿色建筑与供热产业的协同发展，推动新业态的形成。此外，项目设置“双碳”理念融媒体区域，有助于提升公众的环保意识，凝聚社会对绿色发展的共识，助力资源节约和环境友好型社会的建设。

5. 单位简介

中国建筑科学研究院有限公司（以下简称中国建研院）隶属国务院国有资产监督管理委员会，是全国建筑行业最大的综合性研究和开发机构。中国建研院的前身是成立于 1953 年的建筑技术研究所，其时隶属建设部。1956 年 5 月 1 日，将“建筑技术研究所”改为由建设部技术司领导的“建筑科学研究院”。2000 年由科研事业单位转制为科技型企业。

中国建研院转制为科技型企业后，积极面向市场，以科技为支撑，加大创新力度，不断研发新技术、新产品，充分发挥综合技术优势，科技实力大幅提升，经济效益连年递增，综合实力显著增强，形成了集科研与标准、建筑工程咨询与服务、规划与建筑设计、建筑工程施工与监理、建筑工程检测与产品认证、建筑行业软件与信息化、建筑工程材料与专用设备制造于一体的多元化发展格局。经过 70 多年的发展历程，中国建研院作为全国建筑行业最大的综合性研究和开发机构，拥有包括院士、设计大师、数百名各领域知名专家和一大批中青年科技骨干在内的优秀人才队伍，为国家建设科技事业的发展发挥了技术支撑和骨干引领作用。

四、供热价格调整与深化供热计量改革

（一）我国城镇集中供热的政策风向

自改革开放起，特别是 20 世纪 90 年代，随着我国经济的快速发展及城镇化水平的不断提高，我国城镇集中供热行业迎来高速发展，集中供热面积成倍增长。到 2000 年，我国城市集中供热面积已达 11.08 亿平方米，较 20 年前增长近 30 倍。城镇集中供热行业逐步形成规模。

鉴于城镇集中供热行业的逐步规模化，按市场化改革的发展要求，对比欧洲发达国家城镇集中供热的发展方向和先进经验，建设部于 1996 年颁布《建筑节能“九五”计划和 2010 年规划》，首次提出供热计量和建筑节能改造是未来做好城镇集中供热工作的两个重点。2003 年，由建设部牵头，国家八部委联合下发《关于城镇供热体制改革试点工作的指导意见》，标志着我国供热体制改革工作正式启动，供热计量政策进一步明确。

2017 年，在生态环境严峻，尤其是大气污染严重的背景下，国家发展改革委以绿色发展观为指导，发布《北方地区冬季清洁取暖规划（2017—2021 年）》，我国城镇集中供热，特别是热源清洁化进程加快，初步形成以超低排放的燃煤热电联产为主、天然气为辅，其他热源为补

充的格局。

2021 年 3 月，中央财经委员会第九次会议明确提出实现碳达峰、碳中和的指导思想。会议进一步明确城镇集中供热行业清洁化、低碳化发展方向，明确推进热电联产集中供热和工业余热供热规模化发展，积极稳妥地推进核电余热供暖，因地制宜推进热泵、燃气、生物质能、地热能等清洁低碳供热等。

2022 年起，受国内外局势导致的煤炭、天然气等能源价格波动影响，我国城镇集中供热行业价格成本倒挂、企业经营困难等矛盾凸显。充分反映出我国现行城镇集中供热体制机制与市场经济发展阶段不匹配，行业发展进入新拐点。

2023 年，按照党中央、国务院进一步全面深化改革的要求，国家发展改革委、住房城乡建设部两部委联合印发文件，推动供热体制改革，进一步深化计量改革。

2023—2024 年，CHIC 会同国家发展改革委运行局、价格司及价格成本和认证中心分别调研了北京、天津、山东、河北、河南等 13 个省（区、市）、20 多个县市、50 多家供热企业和上千个用户。充分了解城镇集中供热行业现状，就供热价格、供热计量等方面问题进行了深入研究。

（二）我国城镇集中供热中出现的若干主要问题及解决方案

1. 主要问题

在调研过程中，发现部分城镇在集中供热方面存在诸多问题，具体表现在以下三个方面：一是热源紧张，供给能力严重不足。部分发展较快的大中型城市和新兴小城市，城市面积快速增加，供热面积翻倍扩大，原有热电厂供热能力严重不足。二是价格倒挂，部分企业亏损严重。受国内外局势影响，煤炭、天然气等能源价格大幅上涨，导致供热成本大幅上升，部分企业亏损严重。而供热价格无法随燃料价格及时调整，全国大部分地方供热价格 10 余年甚至 20 年未调整，价格成本出现严重倒挂。三是地方政府财政在供热补贴方面压力大。当前经济下行压力较大，大部分地方政府供热补贴水平下降较大，补贴不到位的情况较为普遍。部分地方民企在燃料价格上涨、地方补贴不到位的情况下直接弃供，给地方民生保障造成严重影响。

2. 解决方案

热源紧张问题：城市发展过快，热源无法满足供热面积的快速增长是造成该问题的直接原因。目前，多地通过新建供热长输管道，寻找新的热源来满足城市集中供热需求；部分地方新建燃气锅炉以满足热负荷需求；部分地方甚至重启燃煤锅炉以保障热源需求。

上述措施虽然在短时间内可以缓解热源不足的现状，但没有从根本上解决问题。一是上述方法均存在问题，无法大面积推行，难以从根本上解决热源不足问题。从供热长输管道来看，建设投入大、成本高，外部热源即便价格较低，经管道输送后也仍面临经济性考验。就目前调研的相关情况及技术来看，热源距离热负荷中心 80 千米以上不具经济性。从燃煤、燃气锅炉来看，燃煤锅炉的重启本身是对地方环境的严重破坏，与“双碳”目标和环保要求相违背，不予考虑。燃气锅炉短期看是解决问题的办法，但燃气的高价格和国际市场价格波动、供给量不稳定都决定了燃气锅炉的不可持续和无法大面积推广的趋势。二是地方层面缺乏对供热的统一规划，没有制定契合地方实际的供热中长期发展规划。以北京市为例，为保证清洁供热，北京大力发展天然气锅炉和壁挂炉。随着城镇化的快速推进，天然气用量大幅提高，给国家层面每年协调安排天然气进口、分配带来巨大压力。此外，受天然气价格影响，北京市人民政府需给予供热企业燃气补贴 60 亿元，给地方财政带来巨大压力。2024 年，北京市出台新能源供热相关政策要求，以地热、空气源热泵等替代燃气锅炉，主要考虑之一就是减小北京市天然气使用量的增速与随之而来的财政压力。

价格倒挂问题：就目前了解的情况看，尽管煤炭价格水平降低，价格逐步趋于稳定，供热企业经营压力减小，部分企业扭亏为盈，但供热价格难以调整，燃料与价格无法挂钩的根本问题始终没有解决。随着“30 · 60”目标的不断接近，控碳政策日趋严格，无法确定煤炭与天然气价格是否还会出现波动。解决价格倒挂问题必须通过供热计量改革完成供热体制改革调整，摆脱福利供热性质，才能真正实现成本与价格的对应。

供热补贴压力问题：供热的财政压力是热源紧张和价格无法疏导共同作用的结果，是涉及源、网、荷的综合性规划问题，受多方面因素影响。地方政府必须从根源出发，深入了解问题形成的原因，对症下药，标本兼治。

以西安市为例，在未对供热行业进行系统性梳理规划前，该市出现严重热源不足问题，一度计划花费 110 亿元建设供热长输管道，由 60 余千米外的铜川市引入热源。供热质量差、投诉多，热价位居全国第二，供热企业普遍亏损，政府补贴逐年增长，近年来每年补贴 9 亿多元。经过对行业深入摸底后发现，西安市供热主要问题不是热源不足而是供热体制机制问题。供热补贴以用气量为标准，供热企业天然气使用效率差异巨大，供暖季达到 5～13 立方米/平方米。目前，西安市已将政府补贴重点调向热效率，对节约天然气使用量的企业进行奖励。预计 2025 年供暖季结束后，在补贴规模不增加的情况下，暂时无须新建长输管道补充热源，直接节约财政投入 110 亿元。从西安市供热情况可以明显看出，财政补贴不能“头疼医头，脚痛医脚”，必须直指供热中最核心的问题。大部分地方政府还要加大对本地供热情况及供热关键问题的研究力度。

（三）我国城镇集中供热发展的新阶段、新路线、新方向

当前，我国城镇集中供热行业正迈向以可调节智慧供热系统为基础、供热计量收费为特征、全面降低热耗能耗为目标的高质量发展新台阶。

1. 进一步深化供热计量改革是全面深化改革、推进中国式现代化的要求

中国共产党第二十届中央委员会第三次全体会议明确进一步全面深化改革、推进中国式现代化的重大意义和总体要求，强调高水平社会主义市场经济体制是中国式现代化的重要保障，提出“推进能源、铁路、电信、水利、公用事业等行业自然垄断环节独立运营和竞争性环节市场化改革，健全监管体制机制”的具体措施。

2. 进一步深化供热计量改革是节能降碳和保障国家能源安全的重要一环

随着“双碳”战略目标和包含能源安全在内的国家整体安全观的提出，降低占我国总能耗45%的建筑能耗成为重点。2022年，国家发展改革委、国家能源局印发《关于完善能源绿色低碳转型体制机制和政策措施的意见》，明确在具备条件的地区推进供热计量改革和供热设施智能化建设，鼓励按热量收费。2023年，国家发展改革委、住房城乡建设部联合印发《关于进一步深化供热计量改革的通知》，推进供热计量改革。2024年，国家发展改革委、住房城乡建设部印发《加快推动建筑领域节能降碳工作方案》，国务院印发《2024—2025年节能降碳行动方案》，明确通过供热计量降低城镇集中供热能耗。

3. 进一步深化供热计量改革是世界范围内公认的行业未来发展方向

2023年，欧盟发布《关于能源效率的修订法规》［Directive（EU）2023/1791 on energy efficiency and amending Regulation（EU）2023/955］，以立法方式对水、电、天然气、交通、供暖等重点行业的能源效率进行硬性约束，明确由各成员国能源部门建立能源管理体系与能源审计应用标准，确保能效优先原则在政策制定、政府决策、投资等各个方面的施行。其中，对于城镇集中供热，法规除强调能效优先原则在热源、热网和储热等各环节的应用外，特别强调要优先安装分户计量表。在有计量困难的情况下安装热分配表，将用户用热量与企业成本、一次能源消耗量挂钩，保证用户知情权和参与积极性。

（四）城镇集中供热行业风口

按照国家供热体制改革和进一步深化供热计量改革的要求，城镇集中供热行业未来发展将围绕“源—网—荷—储”一体化的智慧供热系统、能源工程设计和管理、面向监管与用户的企业管理系统设计研发等新技术的应用，这对行业科技水平、管理水平及人员素质提出了新的要求。为此提出以下几点建议供参考。

1. 提高认知

充分认识供热计量改革的重要性，提高思想站位，将城镇集中供热行业发展融入国家经济社会发展的大局。从提高能源利用效率，减少能源消耗的角度积极参与供热计量改革，充分考虑推行供热计量的生态环保效益、社会民生效益和能源综合利用效益。

2. 提升能力

尽管热力行业的特殊性、历史性原因导致热力行业单个企业的规模、技术、管理等方面与同为重要基础公共服务行业的电力、天然气等行业相比差距甚大，但群众对基础公共服务质量的体验感与需求是一致的。近年来，城镇集中供热领域群众投诉越来越多的主要原因不是群众要求的单方面提高，而是部分企业服务水平停滞不前，与群众要求间的差距增大。因此，通过提高企业技术水平和管理水平，增强企业的软硬实力、实现供热行业高质量发展是热力行业作为重要基础公共服务行业的基本要求。

3. 关注行业热点

供热计量改革不是闭门造车，也不能因业务领域范围而故步自封。在调研过程中发现，很多地方政府、行业管理部门及企业对国家政策要求、行业整体情况和行业前沿科技等缺乏基本认知，更不用提跨行业交流。虽然供热领域企业的管理范围小、行业链条短，但还是应该通过行业协会等平台加强横向、纵向的沟通交流。现就供热行业未来的热点提出以下几个方向：

（1）热源侧

热电联产企业应重点关注余热回收技术和储热技术在热电解耦方面的应用。热电厂成为城镇集中供热的绝对主力，源自其发电与供热兼顾的功能定位及煤炭能源使用效率上的优势。“双碳”背景下，新建热电厂几乎不可能。随着新能源高比例接入、电力市场化改革的推进，热电联产企业面临电力、热力双重考核压力。电力供应与热力供应的周期差需要通过余热回收及储热技术解决，未来实现热电解耦是燃煤电厂保证经营收益与可持续发展的必修课。燃气供热企业应重点关注节能降碳改造和提高能源利用率的技术升级。一是天然气无碳但并非无污染，随着“双碳”目标临近，环保政策的要求日益严格，天然气供热将受到更多环保方面的约束。二是富煤贫油少气的资源禀赋决定了我国燃气供热永远处于补充热源的辅助地位。随着未来国际形势的变化，从我国能源安全战略角度考虑，结合前文提到的燃料成本与供热价格不挂钩的经济性问题，今后一段时间内燃气供热的规模将受到严重限制乃至缩减。为此，燃气供热企业要在提高能源利用率和环保等方面下功夫，只有保证一定的技术先进性才能不被时代所淘汰。

（2）热网侧

高度关注提高热网运行效率和企业管理效率的软硬件。对于热网侧首先应当考虑的是热网自身的定位问题。供热作为带有垄断性质的公用事业，应该由国有企业经营或政府严格监管。目前，由于地方发展的历史原因，各地对供热的重视与监管程度严重不足，造成热网与热源、热网与热网之间严重割裂。在深化公用事业与公共服务改革的大背景下，在供热行业高质量发展对成本和终端价格的约束越来越严的未来，控制价格的最简单方法就是减少中间环节。网源一体、同城一网的发展趋势不可避免。在此背景下，“打铁还需自身硬”，热网企业尤其是民营热网企业的最大优势就是高效管理带来的低成本与高质量用户服务体验、高能效带来的低能耗、低排放带来的综合生态效益。

其次，热网侧需要考虑一次网、二次网的协同配合问题。为了实现节能降耗的宏观目标，以及满足高能效低排放的供热行业高质量发展的客观要求，充分发挥一次网、二次网节能与用户行为节能的综合作用，热网企业作为承上启下的“中间人”，要通过数字化、智能化手段赋能实现供热“源、网、荷”各环节的充分连接，实现智慧供热。在调研过程中，发现部分地方通过大数据系统追踪历史用热量、结合天气预报判断调整用热量的气候补偿系统就是非常好的智能运用场景。此外，济南、承德、洛阳、滨州等地在供热系统方面也进行了尝试，各地系统在供热计量，节能降耗，提高管理和一、二次网衔接调控等不同方面发挥了作用，令人印象深刻。应在各地企业实践基础上，结合政府、协会、科研院所与高校的力量，争取尽快形成完善的供热服务智慧系统，实现智慧供热。

最后，提醒供热企业关注供热行业相关政策。目前，国家通过发行供热 REITs、将供热计量纳入设备升级改造项目、将供热（含供热计量改造、长距离管输）纳入地方专项债等措施，从企业资金、投融资方面给予支持帮扶，为供热行业升级改造及上述热点的实现提供帮助。此外，在供热行业标准、价格、环保与供热计量等方面也将有相关政策出台，值得关注。

（3）用户端

城镇集中供热作为城镇重要基础公共服务的一环，其根本是为了满足人民群众对美好生活的向往。随着我国社会主义市场经济的发展，在社会主义迈向新发展阶段的同时，供热行业也进入新发展阶段。当前供热已不再是供热企业供热、用户被动接受的福利性供热阶段，而是与燃料价格挂钩、用户自主选择的市场化条件下的新型供热模式，这是供热体制改革和供热计量改革的根本要求，也是未来供热行业高质量发展的必然方向。为此，供热行业要扭转观念，供热企业要引入市场化观念。一是要提高服务意识，改善服务质量，提高服务效率；二是要重视用户侧温度调节，提高用户自主选择权；三是做好信息公开，与用户交流沟通，提高用户知情权。

尽管供热行业存在诸多问题，但在燃料价格相对稳定的情况下，供热行业相对稳定的收入也是公用事业的特殊优势，可关注供热与金融等服务的结合，以及供热的商业化运营。供热有稳定客户与收入，有完整的一手数据，有广阔的商业前景。目前，华为技术有限公司和蚂蚁科技集团股份有限公司都在研究其业务与供热行业的结合。例如，供热企业将热费授信支付宝（中国）网络技术有限公司等企业收取，在方便群众缴费的同时供热企业可以及时收取热费。在夏季买煤，大幅节约燃料成本。支付宝（中国）网络技术有限公司等企业可通过金融操作获利、提高用户黏性等。例如，保险行业与供热行业相结合，通过商业保险对用户供热突发事件，如爆管、漏水等给予补偿，进一步完善供热服务质量。例如，供热企业利用软件系统与专业优势开展电商、供热设备安装等业务，既能发挥供热企业专业优势和集约化降低用户安装成本，保障供热设备质量；也可以扩展供热企业业务，增加收入，保证夏季空窗期人员工作量，节约供热企业成本。

4. 行业管理

在经济下行压力大、地方财政紧张的情况下，行业管理方面要加强决策科学性，提升治理能力水平，重点关注以下方面：一是供热规划的科学性、合理性。尽管长输管网、新能源供热、长时储热等先进技术对供热有很大帮助，但如果脱离地方实际将对本地供热发展带来负面影响。如供热长输管道未充分考虑热负荷需求实际，管道建成后输热量不及设计预期导致管输价格过高；未充分考虑地方电价、热负荷等因素盲目上马新能源供热、储热等项目，导致供热价格异动或质量不及预期等。二是供热管理中的体制机制问题。就调研的情况来看，目前各地供热管理中有几个共性的问题需要持续关注：供热企业参与小区供热管网建设与验收监管，保障小区供热管网质量；供热表具检测的相关规定修改完善；供热补贴的精准发放与对象的认定等。三是供热科学决策，加强宣传，妥善应对舆情。部分地方供热价格 10 年、20 年未调整，对于供热价格调整，地方政府考虑到可能面临舆情往往采取回避的方式，导致矛盾越积越深。希望地方政府能够抓住供热中的体制、机制问题，将提升治理能力水平融入价格调整管理，不回避问题，加大宣传让群众充分理解价格调整不是涨价而是解决行业体制、机制问题，使群众充分理解涨价是为了提高供热质量，同时公示涨价收入去向，充分尊重人民群众的知情权。

5. 供热计量

2003 年以来，我国加快供热行业体制改革使得供热行业发展步入快速发展轨道，提出逐步实现按面积收费向按供热计量收费转变。2005 年 12 月，国家八部委联合下发《关于进一步推进城镇供热体制改革的意见》，决定全面推进城镇供热体制改革，明确供热计量收费。受建筑节能改造不足、供热管网智慧化手段欠缺、计量设施落后以及部分地方重视不够、对供热企业激励不足、相关政策不配套等制约，我国供热计量改革推进缓慢。当前实施供热计量收费面积不足城镇集中供热面积的10%，需要通过深化改革进一步释放巨大潜力和红利。为全面贯彻党的二十大精神，落实党中央决策部署，2023 年 10 月，国家发展改革委、住房城乡建设部就进一步深化供热计量改革提出相关要求，明确大力推行供热计量收费。

供热计量改革时隔 20 年重启，要认识到两轮供热计量改革的不同之处。一是技术进步带来基础条件的不同。随着计量表具与管网自动化水平的提升，供热计量的硬件条件已逐步成熟。二是供热计量改革所处时代背景不同。两轮供热计量改革面对的国内外形势和状况不同，上一轮改革时燃料价格波动和环保降碳的压力远不如现在，地方财政压力和补贴力度大不相同。三是供热计量改革的根本目标不同。尽管都是以通过供热计量改革实现供热商品化、市场化，降低供热能耗为目标，但相较于首轮供热计量改革是为了商品化、市场化，本轮供热计量改革更偏重于国家能源安全这一大战略目标。理论上，如果能充分发挥一次网、二次网节能与用户行为节能的最大效果，那么供热计量收费与市场化可以为节能让步。但事实上，要最大限度发挥用户侧行为节能作用，完成供热体制改革，离不开供热计量，为此还是要积极推进供热计量改革工作。不过在推进改革过程中要因地制宜，把握进度节奏，不能搞“一刀切”“运动式”改革。建议坚持能效优先政策，优先对节能降耗效果显著、生态环境效益明显的项目予以支持。

（五）供热价格机制与特点

供热价格机制与特点如表 3 -5 所示。

表 3－5 供热价格机制与特点

供热类型	供热方式	能源类型	热源类型	热源燃料及出口热价的定价形式和价格形成机制	终端供热价格的定价形式和价格形成机制
集中供热	1. 源网一体（热源单位直接为终端提供供热服务） 2. 热源单位趸售热量，供热单位购买热量并向终端用户提供供热服务	煤炭	1. 热电联产 2. 燃煤供热锅炉	燃煤供应一部分执行煤炭保供长协价格，不足部分按照市场价购买； 热源出口热价大部分执行政府统一定价，其余执行热源单位与供热单位协商价格	终端供热价格大部分执行政府统一定价，一种是以建筑面积为计量单位统一定价；另一种是按照热计量执行两部制热价；少部分按照供热单位与终端用户协商价格执行； 居民终端热价存在以下三种补贴形式：①上游热源（燃料）对终端热价的交叉补贴，如门站环节的管制气量价，相当于双轨制的低价气。②特许经营区内的工业补民生，通常由本地工业的高热价补贴本地居民取暖热价。③财政直接补贴，如中央财政出资的城市燃气管道等老化更新改造，地方财政出资的集中供热补贴，通常由特许经营区同级政府发展改革、财政、住房城乡建设等相关部门拨款至燃气企业或供热企业
		电	1. 电锅炉 2. 空气源热泵 3. 地源热泵	电锅炉作为补充热源的和大型热泵作为用户侧补充热源的，执行冬供电量电价政府指导价格	
		天然气	天然气锅炉	天然气在管制气量以内的执行门站环节政府定价，超出管制气的部分执行市场价格	

续表

<table>
<tr><th>供热类型</th><th>供热方式</th><th>能源类型</th><th>热源类型</th><th>热源燃料及出口热价的定价形式和价格形成机制</th><th>终端供热价格的定价形式和价格形成机制</th></tr>
<tr><td rowspan="6">分散供热</td><td rowspan="6"></td><td>天然气</td><td>户用壁挂炉</td><td>政府定价，冬供量价政府指导价格，大部分地区实施供热季统一价</td><td></td></tr>
<tr><td>空气源热泵</td><td rowspan="3"></td><td rowspan="4">政府定价，冬供量价政府指导价格，大部分地区实施供热季统一价，部分配合分时定价和阶梯定价协同实施，用电量超额自负</td><td rowspan="3"></td></tr>
<tr><td>电锅炉</td></tr>
<tr><td>太阳能</td></tr>
<tr><td>地源热</td><td></td><td rowspan="2"></td></tr>
<tr><td>清洁型煤</td><td></td><td>政府指导价（最高限价），包括制取和配送；政府授权经营，具有特许经营性质</td></tr>
</table>

第四篇　融资篇

清洁供热行业融资路径

在当前地方政府与供热企业资金紧张的背景下，如何在减少资金错配、提高资金配置效率以及避免增加政府隐性债务和热企财务负担的前提下，以更加市场化、更加高效、更加可持续的方式盘活资产、筹措资金，就成为清洁供热产业发展亟须解决的一个重点问题。目前，清洁供热领域的主要融资方式包括银行贷款、融资租赁、绿色债券、资产证券化、政府专项债、产业投资基金、REITs、公开上市等，不同阶段的企业需要根据自身情况选取适合自身的融资方式，合理利用绿色融资为自身长远运营和清洁供热产业蓬勃发展奠定坚实的资本基础。以下选取对清洁供热产业有典型意义的几类创新融资方式进行介绍。

综合考虑当下的投资与金融政策、资本市场周期特征和融资工具特点，并结合清洁供热的发展情况和产业需求可知，以权益融资为特征的多层次 REITs 工具与清洁供热产业升级的资本性支出需求匹配度最高：一是资金性质以权益融资为主，有利于热企改善资本结构、提高财务能力、降低财务负担；二是通过对接资金体量和效率更高的证券资本市场，可有效满足重资产建设、改造所需的大规模资金需求；三是能够实现资产资本化、证券化，依托更为专业高效的证券市场推动资产的盘活与价值发现；四是通过与资本市场和专业投资人的结合实现“资产上市”，可以推动热企建立更加科学合理的治理结构，优化提升企业的经营水平和运营效益，加速产业的优胜劣汰和市场集中，提高企业与行业的资源配置效率，“好技术水平 + 好运营水平 + 好资本能力 = 效益好 + 流动性好 + 竞争力强 + 拓展能力强”最终实现可持续发展的良性闭环。自 2023 年以来，国家发展改革委等政府机关在供热计量改革、煤电绿色低碳化改造等一系列与清洁供热相关的政策文件中均提出鼓励相关企业发行 REITs 融资。2024 年末，行业期待已久的首单供热公募 REITs——国泰君安—济南能源供热封闭式基础设施证券投资基金正式发行，为清洁供热产业资本化融资拓宽了实践路径。哈尔滨投资集团有限责任公司、中国华能集团有限公司等多家企业也已申报发行供热公募 REITs；河北建投能源投资股份有限公司、张家口城市热力集团有限公司等供热企业在类 REITs、Pre－REITs 等创新融资项目上的推进，也为供热资产面向多层次 REITs 市场拓宽了通路。随着清洁供热改革的持续推进以及对各类 REITs 融资工具的实践应用，相信清洁供热产业多层次 REITs 市场将持续发展壮大，并为中国清洁供热产业的发展与繁荣贡献资本力量。

（一）REITs

1. 产品介绍

REITs 即房地产投资信托基金，其产品设计的目的主要是将不动产资产所在公司股权通过证券化方式转化为在交易所市场公开上市交易的标准化金融产品，从而实现重资产的公开上市交易。

REITs 最早出现在美国，2002 年出现在新加坡，紧接着在中国台湾和香港等地相继推出。它通过 REITs 持有不动产产权、通过专业管理机构进行物业日常经营管理，将不动产所产生的租金收入以派息的方式分配给 REITs 投资人，从而使投资人能够在享有不动产增值收益的同时，获取长期稳定的租金收益。REITs 产品在海外市场已实践多年，是重资产上市的重要途径，投资者通常可将其持有的份额在公开的二级市场进行交易转让。

我国近年来也已逐步发展建立多层次的 REITs 市场，目前标准化产品主要包括类 REITs、公募 REITs 和私募 REITs。

类 REITs 最早于 2014 年试点，是在我国尚未推出严格意义上的 REITs 相关法律法规背景下市场上自发出现的参考国外成熟 REITs 产品结构发行的资产证券化产品，该产品与常规的资产证券化产品一样为私募发行，产品更为强调融资主体的信用，发行的证券更强调固定收益属性，流动性较弱。

2020 年以来，在中国证券监督管理委员会、国家发展改革委等部门联合推动下，公募 REITs 正式试点落地。我国公募 REITs 主要针对基础设施项目，并于 2024 年 7 月结束试点阶段正式进入常态化发行阶段。该类产品为公募发行，强调底层资产质量，发行的证券具有较强权益属性，流动性强。

私募 REITs 又称持有型不动产 ABS，是 2023 年底以来沪深交易所为响应国务院“探索建立多层次基础设施 REITs 市场”的要求推出的补充产品。该类产品为私募发行，较公募 REITs 审核更为宽松、面向的投资者更为专业和集中，较类 REITs 更强调底层资产的质量、证券的权益属性，从而与其他两类产品区分、相互补充，共同构筑多层次的 REITs 市场。

2. 产品特点

清洁供热属于重资产行业，投资规模大、回收周期长、资金压力大，具有盘活存量资产的需求；同时，供热项目壁垒较高、区域垄断性强，因而现金流回收稳定、可预测，天然是 REITs 项目投资的优质标的。

清洁供热行业企业发行 REITs 产品的过程通常为：以公司（作为原始权益人）持有的特定供热项目所在项目公司股权等为基础资产，以项目公司未来经营形成的股权分红等为还款来源，通过结构化设计，在交易所发行 REITs 产品实现融资。

目前清洁供热行业已有公募 REITs、类 REITs 产品的获批及发行记录，暂无私募 REITs 尝试案例。而在整个清洁能源领域，公募 REITs 及类 REITs 均已有大量成功发行案例，但同样无私募 REITs 案例。

类 REITs 方面，融资人募集资金的使用通常无限制，产品通常设置高评级主体增信，产品发行期限通常为 18 ~ 21 年，并每 3 年或 5 年末设置开放期。优先级证券设置固定收益率，按期还本付息。

私募 REITs 方面，融资人募集资金的使用通常无限制，由于产品强调底层资产信用，不允许证券层面附加主体信用，可通过项目公司层面业绩补偿等形式提升证券评级。产品存续期限通常与资产运营期限一致，证券不设置固定收益率，投资人取得项目公司股权分红等。

公募 REITs 方面，融资人募集资金需用于项目建设或收购，不超过 15% 用于补充流动资金。产品要求设置公募基金层，由公募基金层持有项目公司股权等，并将可流通的公募基金份额销售给公众投资者。证券不设置固定收益率、强制项目公司高比例分红，投资者享有定期的基金分红收益。

3. 流程要点

（1）基本要求

融资主体要求：享有基础设施项目完全所有权或者经营权，不存在重大权属纠纷或者争议；最近3年（未满3年的自成立之日起，下同）不存在重大违法违规记录，不存在因严重违法失信行为被有权部门认定为失信被执行人、失信生产经营单位或者其他失信单位并被暂停或者限制融资的情形；原始权益人转让项目公司股权应当符合地方政府性债务管理的规定，不得新增地方政府隐性债务。

（2）标的项目要求

①合规性要求

权属清晰，资产范围明确，原则上应当依照规定完成相应权属登记。不存在法定或者约定的限制转让、抵押、质押的情形，主管机关或者相关权利方同意转让的除外；不存在抵押、质押等他项权利设定，产品成立后能够解除他项权利的除外。基础设施资产已通过竣工验收，工程建设质量和安全标准符合相关要求，原则上已按照投资建设时的规定履行规划、用地、环评等审批、核准、备案、登记以及其他依据法律法规应当办理的手续。基础设施资产的土地实际用途原则上应当与其规划用途、权证所载用途相符。基础设施资产涉及经营资质的，相关经营资质或者经营许可应当合法、有效。经营资质或者经营许可在基础设施基金和ABS存续期内存在展期安排的，管理人应当披露具体安排，并按照规定或者主管机关要求办理展期手续。

②现金流要求

基于真实、合法的经营活动产生，其价格或者收费标准符合相关规定（如有）。符合市场化原则，不依赖第三方补贴等非经常性收入，具有持续性和稳定性，最近3年未出现异常波动。来源合理分散，直接或者穿透后来源于多个现金流提供方。因商业模式或者经营业态等原因，现金流提供方较少的，重要现金流提供方应当资信情况良好，财务状况稳健，最近3年平均净利润或者经营性净现金流为正。

③运营要求

具备成熟稳定的运营模式，运营收入有较好增长潜力；运营时间原则上不低于3年，投资回报良好；最近3年运营收入较高或者保持增长，使用者需求充足稳定，区域竞争优势显著。

4. 关注要点

（1）会计影响

REITs 产品根据原始权益人在产品发行后，能否将标的资产/项目公司股权纳入合并范围，可区分为出表型、不出表型、并表型。其判断依据的核心是项目公司能否被原始权益人实际控制，即通过会计上对权力、可变回报、运用权力影响可变回报三个方面的判定确认。在实操中主要的调节方式为调整发行人认购次级的份额比例，或其他交易结构、协议安排。各类情形的会计处理及影响如表 4－1 所示。

表 4－1　各类情形的会计处理及影响

类型	会计处理	作用	操作方式	资产实际控制
出表型	发行人处置项目公司股权，取得转让现金及资产处置损益；发行人认购次级部分作为以公允价值计量且变动计入当期损益的金融资产计入表	融资目的最大化，处置损益计入当年利润，提高资产流动性，优化报表	持有较低比例的次级份额、增信机制附加资金偿还条款。此外，需沟通原始权益人会计师事务所，判定出表条件	发行时，运营管理方不变，仍为项目公司，项目公司未来实际管理的资产不变
不出表型	发行人根据融资规模确认新增有息负债；发行人认购次级部分作为以公允价值计量且变动计入当期损益的金融资产计入表	基于存量资产，实现新增融资	不满足出表要求的一般结构类 REITs 通常为不出表型	
并表型	发行人表内继续保留原有的资产及对应负债；其他投资人的认购资金，增加对应的现金及少数股东权益	扩大权益资本，降低资产负债率	情形一：原始权益人设立有限合伙企业，受让项目公司股权，并对有限合伙企业实现控制。 情形二：自持部分项目公司股权，目前监管要求自持比例不高于 30%；同时专项计划通过协议安排，授予原始权益人 21% 的投票权。或增加其他会计师认可的并表条款。 同时，需沟通原始权益人会计师事务所，判定其他并表条件	

（2）项目公司资产重组

如项目公司除标的资产外还存在与其无关的其他资产、负债等，则通常需提前进行资产重组，重组主要目的是达到“底层资产项目由项目公司单独持有 + 项目公司仅持有底层资产”的效果。

关于资产重组方式，需要在梳理项目公司资产情况并充分考虑资产权属、债权债务情况、税务成本等诸多因素后，选择并采取相应的重组方案。重组过程中可能出现的主要问题包括重组环节企业所得税、国有资产进场交易等。此外，REITs 发行时要求底层资产无抵押或安排解除抵押，如底层资产已存在抵押，则需与贷款银行沟通，在申报前出具同意提前还款及解除抵押的函。

一般而言，通过企业分立方式将目标资产正向剥离到单独的项目公司中，可实现税收成本最小化。即将项目公司存续分立，分立为项目公司（新）及项目公司两家公司，非相关资产通过分立转移至项目公司（新）名下，标的资产通过分立转移至项目公司名下，项目公司股东再将其持有的项目公司 100% 股权转让给资产支持专项计划以发行 REITs。

（3）项目公司资产转让

REITs 产品发行时通常通过转让项目公司股权而非直接转让资产，可以在很大程度上减小资产转让的税务负担。

如为出表型 REITs，则涉及国资转让流程问题，需走产权交易所挂牌交易流程，目前大多无法豁免。

如为不出表型 REITs，通常可非公开协议转让且可通过 ABS 层面设定权利完善事件，使项目公司股权转让暂不进行工商变更登记，从而减少转让税费。

如为并表型 REITs，根据《企业国有资产交易监督管理办法》第三十一条规定：同一国家出资企业及其各级控股企业或实际控制企业之间因实施内部重组整合进行产权转让的，经该国家出资企业审议决策，可以采取非公开协议转让方式。融资人可通过到期强制回购股权、享有资产优先收购权、担任资产服务机构、认购次级 ABS 等方式实际控制资产支持专项计划和入池资产，不会造成国有资产流失。因此，项目公司股权转让具备适用非公开协议转让方式的条件，可提前与国资部门沟通，并由律师事务所沟通，据此进行论证并发表意见，由项目公司股东决策后，适用非公开协议转让。

5. 操作流程

融资人需聘请计划管理人/主承销商、律师事务所、评级机构、评估机构/现金流预测机构、托管行、监管行等中介机构，如需外部增信，还需提前与外部增信方沟通，并在申报前取得增信文件。工作时间安排及关键进度情况如表 4-2 所示。

表 4-2　工作时间安排及关键进度情况

时间	工作内容及进度	参与方/负责方
$T+3$ 日	初步确定交易方案及交易细节； 选定评级机构、律师事务所、评估机构等中介机构	融资人、管理人、各中介机构
$T+15$ 日	管理人组织各中介机构召开项目启动会； 中介机构进场做尽职调查； 中介机构协调讨论会，确定项目发行方案； 计划管理人完成公司内部立项工作	融资人、管理人、各中介机构
$T+40$ 日	计划管理人与交易所、投资人进行方案预沟通； 必要时，根据预沟通结果修改项目方案	管理人、交易所
$T+80$ 日	各服务机构撰写完毕各自部分申报文件，包括尽职调查报告、专项计划说明书、资产评估报告、现金流预测报告、评级报告、法律意见书等； 融资人出具相关内部决议文件，增信方出具增信文件； 各交易文件起草及签署，包括标准条款、基础资产买卖协议、服务协议、托管协议、监管协议、抵押合同、质押合同等	融资人、管理人、各中介机构
$T+120$ 日	计划管理人完成公司质控及内核流程； 将全套文件申报给交易所	管理人
$T+180$ 日	对交易所反馈意见进行回复，必要时修改相关申报材料，直至拿到交易所同意挂牌的无异议函	融资人、管理人、各中介机构
—	根据市场情况择机发行，资金到位	融资人、管理人、交易所

注：根据产品具体情况，在前期准备、主管机构审核、投资者沟通方面可能花费更多时间。

6. 典型案例

（1）国泰君安济南能源供热封闭式基础设施证券投资基金

首单供热行业公募 REIT 产品，2024 年 9 月 12 日被上海证券交易所受理，已于 2024 年 12 月 20 日获批。

该公募 REITs 项目融资人为济南热力集团有限公司，增信方为济南能源集团有限公司，基础资产为济南热力集团有限公司下属项目公司济南和启热力有限公司 100% 股权等，对应标的资产为 232 段长输管网资产所有权及其对应的经营权利（截至 2024 年 9 月 30 日，共计用户 374463 户，供热面积 123700. 20 万平方米），具体资产范围为济南市二环东路以东、围子山路以西、胶济铁路以南、经十东路以北。长输管网资产总投资 14. 53 亿元，截至 2024 年 9 月末，资产组账面净值 10. 01 亿元，资产组初步评估值为 13. 99 亿元。产品交易结构如图 4 – 1 所示。

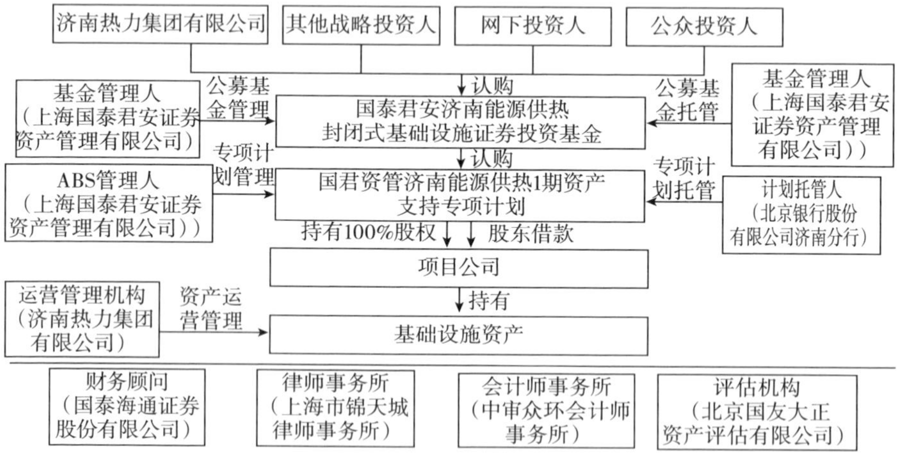

图 4 – 1　产品交易结构

（2）华能国际—应城热电能源基础设施投资资产支持专项计划

供热行业典型类 REITs 项目。2024 年 8 月，华能国际—应城热电能源基础设施投资资产支持专项计划设立。项目发行规模 16. 87 亿元，其中优先级证券 16. 86 亿元，次级证券 0. 01 亿元。优先级证券票面利率 2. 29%。发行期限 21 年（每 3 年设置开放期），按年付息。

融资人为华能国际电力股份有限公司下属企业，底层资产为项目公司华能应城热电有限责任公司99.99%股权，对应的目标项目为湖北华能应城热电联产“上大压小”新建项目、应城热电屋顶光伏项目，标的项目现金流来源于售电收入、供热收入等。产品交易结构如图4－2所示。

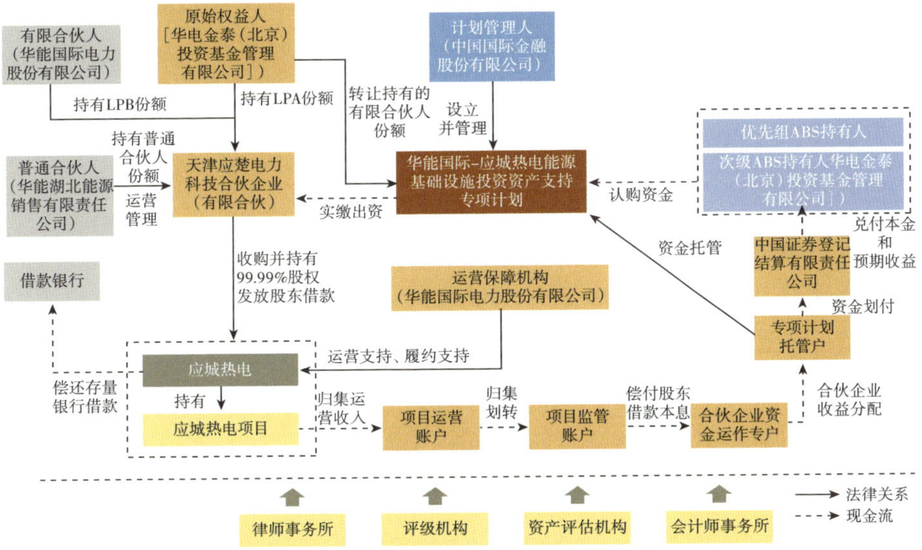

图4－2 产品交易结构

（二）ABS

1. 产品介绍

资产证券化业务是指以基础资产所产生的现金流为偿付支持，通过结构化等方式进行信用增级，在此基础上发行ABS的业务活动。其中，基础资产是指符合法律法规、权属明确，可以产生独立、可预测的现金流且可特定化的财产权利或者财产。

清洁供热行业通常采取经营许可管理模式，企业从事供热业务一般需要取得当地主管部门发放的供热经营许可证或经备案认可。沪深交易所2022年发布资产证券化相关业务指引，明确企业从事具备特许经营或排他性质的供热所产生的收入可作为基础资产来源。

因此，资产证券化业务是政策鼓励的清洁供热行业融资方式之一。同时，清洁供热运营项目也天然契合了资产证券化固定收益产品投资需求，是优质的资产标的之一。

2. 产品特点

清洁供热企业通常将其在未来某一特定期间内对某些特定用户的供热收费收益权作为基础资产，以其产生的现金流为偿付支持，通过高评级主体外部增信等资产抵质押方式发行 ABS 进行融资，从而实现未来供热收费的提前变现。ABS 的投资者通常包括银行以及证券公司、基金公司、保险公司等非银金融机构。

融资期限方面，产品存续期限通常不超过 10 年，设置多档不同期限的优先级证券对外出售，并由融资人自持约发行规模 5% 的次级证券用于风险自留。优先级证券根据投资者偏好对长期限品类设置 3/5 年的开放期，开放期内投资者可以将所持有的优先级 ABS 回售给融资人，融资人也可以进行票面利率调整、回售证券转售等操作以延长实际融资期限。

融资规模方面，通常用产品存续期内对特定用户的预测现金流入总额除以一定覆盖倍数确定，覆盖倍数根据评级机构要求通常为证券本息总额的 1.3/1.5 倍等。

证券评级方面，通常可在最终信用支持方主体评级的基础上进行部分增级。如 AA^{+} 主体提供增信，部分优先级证券可增级至 AAA，其余优先级证券维持 AA^{+} 评级。

融资利率方面，通常与最终信用支持方发行同期限的私募公司债券相当。

募集资金用途方面，产品募集资金不限制用途，无须在发行文件中提前约定。资金到位后可用于融资人项目投资、偿还有息债务、补充流动资金等各种合理用途，不可用于购置土地。

还本付息方面，融资人通常需至少按季度归集当期基础资产所产生的现金流，归集规模需与该期间预测金额相符，管理人可以将归集金额高于当期还本付息及其他相关费用的现金归还融资人。管理人将按季度对投资者进行还本付息。

需要注意的是，该类融资方式将使得清洁供热企业资产负债率有所提高，融资资金需计入企业有息负债。

3. 流程要点

（1）基本要求

①主体要求

信用状况良好，开展业务符合相关主管部门监管要求，取得相关特许经营等经营许可或其他经营资质；具备资产运营能力和对相关资产的控制能力，基础资产或底层资产相关业务正式运营满 2 年。

②基础资产要求

基础资产、底层资产（如有）的运营应当依法取得相关特许经营等经营许可或其他经营资质，且特许经营等经营许可或其他经营资质应当能覆盖专项计划期限。经营资质在专项计划存续期内存在展期安排的，管理人应当取得相关授权方或主管部门关于经营资质展期的书面意向函。基础资产或底层资产已经存在抵押、质押等担保负担或者其他权利限制的，应当通过专项计划相关安排在原始权益人向专项计划转移基础资产时予以解除。

（2）关注要点

不涉及地方政府债务：融资人、增信方及其股东、重要子公司均不涉及融资平台名单、隐性债务名单。特许经营资质的取得：关注供热业务是否取得主管部门的经营许可，经营许可的期限是否能够涵盖专项计划的存续期，如否，需协调主管部门出具经营资质展期的意向函。底层资产运营的合法性：关注项目公司设立的合法合规性，是否取得相关部门的审批、备案。基础资产及相关资产的权利负担：重点关注与标的供热项目相关的收费权、土地、房屋、设备是否存在抵质押等权利的限制，如有，关注融资规模、成本是否可以覆盖解除抵押、质押所需的资金，以判断发行的 ABS 经济效益。供热业务的垄断性及排他性：重点关注区域内供热业务的竞争情况、竞争企业及供热业务范围、区域的划分。持续经营能力：关注基础资产转让后公司运营成本、债务负担问题，是否有足够的资金支持其持续经营。通常需要其他机构出具运营成本支持承诺函或由项目公司将收益权提前转让给资金实力较强的母公司，以维持转出方的持续经营。基础资产的历史现金流情况：关注过往3年（至少2年）标的项目的实际运营记录，是否稳定、可持续。

（3）操作流程

融资人需聘请计划管理人/主承销商、律师事务所、评级机构、现金流预测机构、托管行、监管行等中介机构，如需外部增信，还需提前与外部增信方沟通，并在申报前取得增信文件。资产证券化业务自启动至取得主管机构批复文件，全部操作周期为4个月以内。工作时间安排及关键进度情况如表4－3所示。

表4－3　工作时间安排及关键进度情况

时间	工作内容及进度	参与方/负责方
$T+3$ 日	初步确定交易方案及交易细节； 选定评级机构、律师事务所、现金流预测机构等中介机构	融资人、管理人、各中介机构
$T+15$ 日	管理人组织各中介机构召开项目启动会； 中介机构进场做尽职调查； 中介机构协调讨论会，确定项目发行方案； 计划管理人完成公司内部立项	融资人、管理人、各中介机构
$T+20$ 日	计划管理人与交易所、投资人进行方案预沟通； 必要时，根据预沟通结果修改项目方案	管理人、交易所
$T+50$ 日	各服务机构撰写完毕各自部分申报文件，包括尽职调查报告、专项计划说明书、现金流预测报告、评级报告、法律意见书等； 融资人出具相关内部决议文件，增信方出具增信文件； 各交易文件起草及签署，包括标准条款、基础资产买卖协议、服务协议、托管协议、监管协议、抵押合同、质押合同等	融资人、管理人、各中介机构
$T+70$ 日	计划管理人完成公司质控及内核流程； 全套文件申报交易所	管理人
$T+100$ 日	对交易所反馈意见进行回复，必要时修改相关申报材料，直至拿到交易所同意挂牌的无异议函	融资人、管理人、各中介机构
—	根据市场情况择机发行，资金到位	融资人、管理人、交易所

4. 典型案例

（1）平安证券—菏投集团供热收费收益权资产支持专项计划

2024 年 11 月，平安证券—菏投集团供热收费收益权资产支持专项计划设立。该专项计划融资人/增信方为菏泽投资发展集团有限公司（主体评级 AA^+）。

专项计划发行规模 10.00 亿元，其中优先级证券 9.50 亿元，次级证券 0.50 亿元。优先级证券发行期限为 7（3 + 3 + 1）年，发行利率 3.50%，按季度还本付息。

专项计划基础资产为菏泽投资发展集团有限公司受让的其子公司菏泽永恒热力有限公司因向其合法供热区内的全部用户提供供热服务而合法享有的自 2024 年 1 月 1 日至 2030 年 12 月 31 日的供热收费收益权及其从权利。产品交易结构如图 4 - 3 所示。

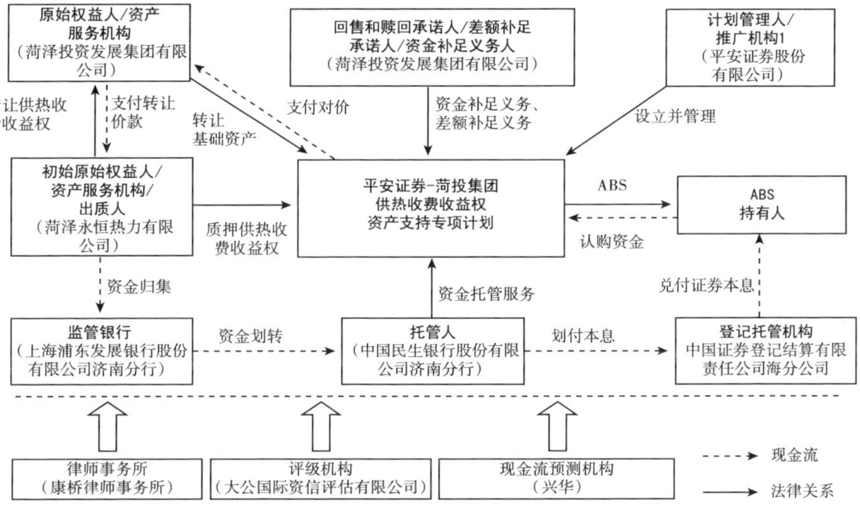

图 4 - 3 产品交易结构

（2）天风—中信建投—滨海供热收费收益权绿色资产支持专项计划

2023 年 8 月，天风—中信建投—滨海供热收费收益权绿色资产支持专项计划设立。该专项计划融资人为天津市滨海新区供热集团有限公司（无主体评级），增信方为天津市滨海新区国有资本投资运营有限公司（AAA

主体评级）等多家企业。

专项计划发行规模 30.39 亿元，其中优先级证券 28.70 亿元，次级证券 1.69 亿元。优先级证券发行期限为 1 ~7 年（第 3 年末、第 6 年末设置开放期），发行利率区间为 4.5% ~6.5%，按季度还本付息。

专项计划基础资产为 6 家供热主体收取特定期间的暖气使用费及相关违约金（如有）、滞纳金（如有）等的权利，包括在特定期间资产运营方因依法获准调增供热收费标准、新增供热区域而获得的供热收费收益权及其收入。产品交易结构如图 4 –4 所示。

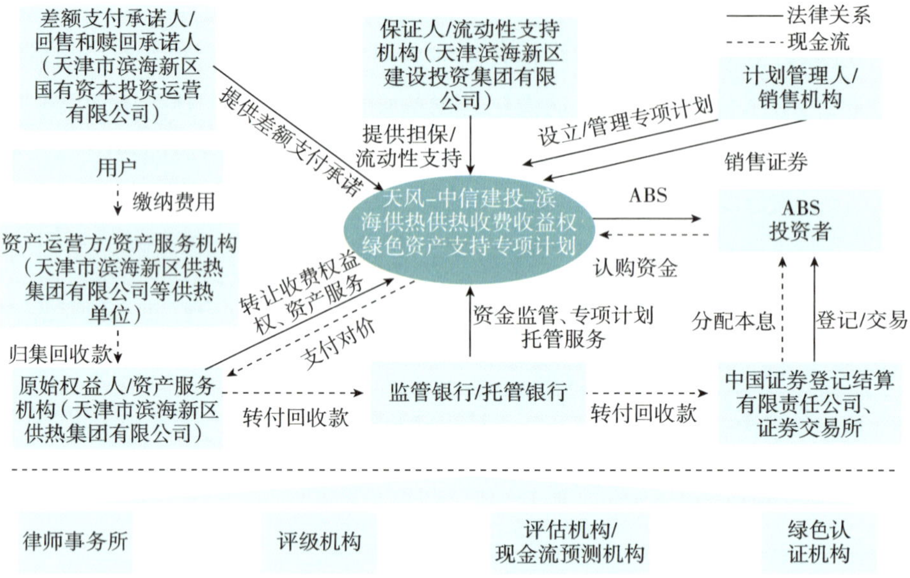

图 4 –4　产品交易结构

（三）绿色债券

1. 产品介绍

2007 年，世界银行首次提出“绿色债券”概念，将其定义为专门为支持气候或环境相关项目而发行的债务工具，其目的是为具有积极的环境效益或气候变化效益的项目提供资金。2015 年，中国人民银行发布《关于在商业银行间债券市场发行绿色金融债券有关事宜的公告》，首次明确了绿色债券的界定与分类。2019 年，为进一步厘清产业边界，建立绿色产业认定机制，国家发展改革委结合《绿色债券支持项目目录》对绿色产业分类进行细化和调整，将划定的绿色产业概括为节能环保产业、清洁生产产业、清洁能源产业、生态环境农业、基础设施绿色升级、绿色服务等几类。

绿色债券是重要的绿色金融工具，其募集的资金专门用于支持符合规定条件的绿色产业、绿色项目或绿色经济活动。目前我国发行的绿色债券可分为地方政府债、金融债、企业债、公司债、中期票据、短期融资券、ABS 和可转债八类。按照《绿色债券支持项目目录（2021 年版）》，我国绿色债券支持项目涉及节能环保产业、清洁生产产业、清洁能源产业、生态环境产业、基础设施绿色升级和绿色服务 6 个产业领域。

2. 产品特点

绿色债券是指募集资金专门用于支持符合规定条件的绿色产业、绿色项目或绿色经济活动的债券。作为政策支持的创新债券品种，绿色债券在发行条款、偿付安排上与普通债券无实质差异，其创新主要体现在募投项目上。绿色债券的主要优势包括可以使用募集资金置换债券发行前 3 个月内，公司用于绿色相关项目的自有资金支出；允许与普通公司债券同时申报；开通审核绿色通道，优化审核效率，实行“专人对接、专项审核”，适用“即报即审”政策；地方政府给予发行人财政补贴，有利于降低发行人融资成本，如江苏省出台《江苏省绿色债券贴息政策实施细则（试行）》；作为履行社会责任的体现，券商在监管评级及证券业协会执业能力评价中均有加分。

绿色债券和普通债券的主要区别在于募集资金的用途、评估与选择程序、资金管理以及对环境和社会的影响。募集资金的用途区别：绿色债券的募集资金专门用于资助符合规定条件的绿色项目或为这些项目进行再融资，而普通债券的募集资金则没有特定的用途限制。评估与选择程序区别：绿色债券在发行前需要对绿色项目进行严格的评估与选择，确保项目符合绿色标准。普通债券则没有这样的要求。资金管理区别：绿色债券在发行后，需要对募集资金的使用情况进行跟踪管理，并要求发行方出具相关的年度报告。普通债券则没有这样的要求。环境和社会影响区别：绿色债券的发行有助于推动绿色经济的发展，减少环境污染，促进可持续发展。普通债券则没有这样的环境和社会影响。

3. 流程要点

（1）基本要求

根据《中国绿色债券原则》，绿色债券是指募集资金专门用于支持符合规定条件的绿色产业、绿色项目或绿色经济活动，依照法定程序发行并按约定还本付息的有价证券。绿色债券的募集资金必须 100% 用于符合规定条件的绿色项目。

绿色债券的募集资金主要用于支持节能减排技术改造、绿色城镇化、能源清洁高效利用、新能源开发利用、循环经济发展、水资源节约和非常规水资源开发利用、污染防治、生态农林业、节能环保产业、低碳产业、生态文明先行示范试验、低碳试点示范等绿色循环低碳发展项目。

在具体申报要求方面，绿色债券与普通债券在发行条件方面具有相同的要求，在申报文件中对绿色产业项目筛选和评估、内部控制、绿色债券信息披露和报告机制 3 个方面提出额外的要求。

①绿色产业项目筛选和评估

目前，绿色债券的申报首先需要选择符合条件的绿色产业项目并出具第三方鉴证报告。

a. 绿色产业项目的筛选

绿色产业项目是指符合绿色低碳发展要求、有助于改善环境，且具有一定环境效益的项目，具体识别和认定参照国家《绿色债券支持项目目录》。境外发行人绿色产业项目认定范围也可依据《可持续金融共同分类目录报告——减缓气候变化》《可持续金融分类方案——气候授权法案》等国际绿色产业分类标准。

参考中国人民银行、国家发展改革委、中国证券监督管理委员会联合发布的《绿色债券支持项目目录（2021 年版）》的六大支持领域。六大领域分别为节能环保产业、清洁生产产业、清洁能源产业、生态环境产业、基础设施绿色升级和绿色服务。绿色产业项目目录如表4－4所示。

表4－4 绿色产业项目目录

一级目录	二级目录
1. 节能环保产业	1.1 能效提升
	1.2 可持续建筑
	1.3 污染防治
	1.4 水资源节约和非常规水资源利用
	1.5 资源综合利用
	1.6 绿色交通
2. 清洁生产产业	2.1 污染防治
	2.2 绿色农业
	2.3 资源综合利用
	2.4 水资源节约和非常规水资源利用
3. 清洁能源产业	3.1 能效提升
	3.2 清洁能源
4. 生态环境产业	4.1 绿色农业
	4.2 生态保护与建设
5. 基础设施绿色升级	5.1 能效提升
	5.2 可持续建筑
	5.3 污染防治
	5.4 水资源节约和非常规水资源利用
	5.5 绿色交通
	5.6 生态保护与建设
6. 绿色服务	6.1 咨询服务
	6.2 运营管理服务
	6.3 项目评估审计核查服务
	6.4 监测检测服务
	6.5 技术产品认证和推广

同时，对于募投项目也存在以下规定：绿色项目可以是拟建、在建或已建成的。若投向固定资产投资项目，则项目应具备良好的收益性，纯公益性项目不得作为募投项目。固定资产投资项目收入应主要来自市场化销

售或运营收入，不得来源于土地预期出让收入返还，且募投项目不得回售给政府部门。募投项目收入中的财政补贴占比不得超过项目总收入的50%，且相关财政补贴应当符合《中华人民共和国预算法》等有关规定。项目净收益原则上应当覆盖用于项目建设部分的债券利息，并且运营期内募投项目净收益原则上应当覆盖项目总投资或税后内部财务收益率且应大于零。募投项目要有相关审批手续。

b. 绿色产业项目的评估

在确定具体的绿色产业项目之后，发行人需要聘请第三方评估机构对项目进行评估并且出具正式评估报告。对于项目评估，交易所做出了明确规定，具体要求如下：

绿色项目符合国家《绿色债券支持项目目录》或者国际绿色产业分类标准相关要求的，发行人可以在申报发行阶段和存续期内自主选择是否聘请独立的专业评估或认证机构出具评估意见或者认证报告。绿色项目不易由投资者清晰识别的，发行人应当在申报阶段聘请独立的专业评估或认证机构出具评估意见或者认证报告。

专业评估或认证机构应当在评估意见或认证报告中就绿色债券募集资金用途、项目评估与遴选、募集资金管理和存续期信息披露等是否符合相关要求发表明确意见。专业评估或认证机构的资质、评估意见或者认证报告的内容应当符合《绿色债券评估认证行为指引（暂行）》的规定。

目前，交易所尚未对第三方评估机构范围做出明确规定，一般可选择常见绿评机构，如联合赤道环境评价有限公司、中诚信绿金科技（北京）有限公司、安永华明会计师事务所（特殊普通合伙）、远东资信评估有限公司、东方金诚信用管理（北京）有限公司、深圳鹏元绿融科技有限公司、绿融（北京）投资服务有限公司、普华永道中天会计师事务所（特殊普通合伙）、中节能衡准科技服务（北京）有限公司、中债资信评估有限责任公司、上海新世纪资信评估投资服务有限公司、中国国检测试控股集团股份有限公司、北京中财绿融咨询有限公司、中国质量认证中心、晨星信息咨询（上海）有限公司、安融征信有限公司、北京商道融绿咨询有限公司、大公低碳科技（北京）有限公司等。

②内部控制

在债券发行、存续阶段，绿色债券需要建立健全符合绿色债券原则的制度、流程和机制。

a. 标明绿色产业项目认定依据和标准

发行人应当在募集说明书中披露募集资金拟投资的绿色项目情况，包括但不限于绿色项目类别、项目认定依据或标准、环境效益目标等内容，并参照《绿色债券支持项目目录》或国际绿色产业分类标准，说明绿色项目是否具备符合要求的证明材料。

募投项目包含绿色建筑的，应明确绿色建筑类型，提供建筑施工图预评价结果（如有），说明项目是否达到有效期内绿色建筑星级标准要求。

发行人于申报阶段暂无具体募投项目的的，应当披露绿色项目评估与遴选流程，分析说明下列评估与遴选考虑因素：本次债券绿色项目遴选的分类标准及应当符合的技术标准或者规范，以及所遴选的绿色项目环境效益测算的标准、方法、依据和重要前提条件；绿色项目遴选的决策流程，包括流程制定依据、职责划分、具体实施过程等。

遴选的绿色项目应当合法合规、符合行业政策和相应技术标准或规范，相关手续、备案或法律文件齐全且真实、准确、完整，不存在虚假记载、误导性陈述和重大遗漏。

b. 约定并承诺募集资金用途

发行人应当在募集说明书中约定将募集资金全部用于符合规定条件的绿色产业、绿色经济活动等相关的绿色项目，包括绿色项目的建设、运营、收购以及补充项目配套营运资金或者偿还绿色项目的有息债务。同时，发行人还需提供募集资金投向募集说明书中约定的绿色产业项目的承诺函。

债券存续期内，发行人应当严格按照规定和约定，管理和使用募集资金。变更募集资金用途的，应当按规定或约定履行募集资金用途变更程序。债券存续期内，发行人应当在定期报告等文件中披露募集资金使用情况、绿色项目进展情况、预期或实际环境效益等内容，并对所披露内容进行详细的分析与展示。

c. 明确募集资金使用计划和管理制度

发行人应当开设专项账户，用于绿色债券募集资金的接收、储存、划转和本息偿付。

绿色债券信息披露和报告机制：交易所要求绿色债券发行人对募投项目进展进行定期信息披露。在绿色债券发行前，发行人需要针对募集资金拟投资的绿色产业项目出具评估意见或认证报告。在绿色债券存续期内，发行人应当在定期报告中披露募集资金使用情况、项目进展情况和环境效益等内容。

同时，应当按年度向市场披露由独立的专业评估或认证机构出具的评估意见或认证报告，对绿色产业项目进展及其环境效益等实施持续跟踪评估。受托管理人在年度受托管理事务报告中应当披露绿色债券募集资金使用情况、绿色产业项目进展情况和环境效益等内容。

（2）关注要点

发行绿色债券募集的资金用于偿还存量公司债券时，被偿还的公司债券募集资金使用领域需要为绿色领域。

发行绿色债券募集的资金用于偿还有息债务（除存量债券外）、补充流动资金等新增债务规模用途的，需要满足交易所发行一般公司债券的基本条件，即发债主体及其重要子公司不在地方政府融资平台名单（“3899”名单）；发债主体不存在地方政府隐性债务；发债主体不触发负面清单；发债主体需要符合《关于金融支持融资平台债务风险化解的指导意见》对产业类主体的认定要求。

在发行绿色债券时，发债主体需要聘请第三方评估或认证机构对项目进行评估并且出具正式评估意见或认证报告。评估或认证机构需要在评估意见或认证报告中就绿色公司债券募集资金用途、项目评估与遴选、募集资金管理和存续期信息披露等是否符合相关要求发表明确意见。

交易所要求绿色债券发行人对募投项目进展进行定期信息披露。在绿色公司债券存续期内，发行人应当在定期报告中披露募集资金使用情况、项目进展情况和环境效益等内容。

贴标其他创新品种的要求。贴标“碳中和公司债券”的要求：募集资金用于水能风能等清洁能源类、轨道交通等清洁交通类、绿色建筑等可持续建筑类、电气化改造等工业低碳改造类具有碳减排效益的绿色项目。贴标“蓝色债券”的要求：募集资金投向可持续型海洋经济领域，促进海洋资源的可持续利用，用于支持海洋保护和海洋资源可持续利用相关项目。贴标“碳收益绿色公司债券”的要求：债券条款与用水权、用能权、排污权、碳排放权等各类资源环境权益挂钩。

（3）操作流程

相较于普通债券的发行，绿色债券的发行流程可分为 4 个步骤，其中包括确定绿色项目、第三方认证和发行后信息披露等较为特殊的环节。

在绿色债券发行前，发行人应当首先确定合格的绿色项目，确保符合国家金融监督管理总局或“气候债券标准”的要求。在我国境内发行绿色债券应依据 2021 年发布的《绿色债券支持项目目录（2021 年版）》中列示的六大支持范围。

通过第三方独立审查进行绿色认证。按照国际惯例，外部审查包括鉴证、第三方意见（SPO）、绿色债券评级、认证气候债券等，其中第三方意见仍是最常用的外部审查方式。

发行绿色债券，取得发行资质，进行债券的信用评级。目前，绿色债券作为特殊品种公司债券，发行审核时不强制要求发行人进行评级。评级结果主要作为后期销售参考依据，很多资金方通过评级等级设定准入条件。值得关注的是，弱资质主体（资产低于 100 亿元）在评级方面仍然存在限制，一般而言，城投公司资产规模达到 100 亿元时，其自身评级一般为 AA。

发行后，追踪募集资金的投向情况，根据规定按季度做募集资金使用情况报告。由于绿色建筑等项目通常建设周期较长，随着信息披露要求的不断提高，对发行人资金管理能力的要求也提高。具体产品发行流程如图 4 – 5 所示。

4. 典型案例

（1）山东公用控股有限公司 2024 年面向专业投资者非公开发行低碳

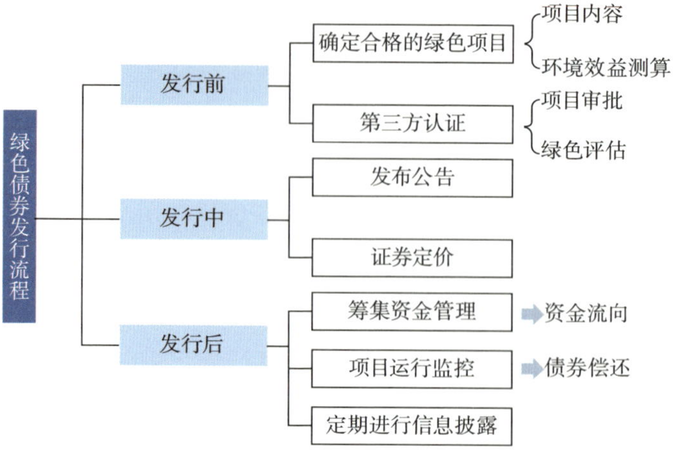

图4－5　产品发行流程

转型挂钩公司债券（第一期）

2024年12月2日，山东公用控股有限公司成功发行15.00亿元绿色债券，票面利率3.19%，期限3年。此次债券募集资金用于偿还到期有息负债等。

此次债券的发行人——山东公用控股有限公司为国有独资企业，经过多年发展，已成为一家集以城市供水、污水处理、供热及工程施工业务为主的多元经营及高新技术产业于一体的大型市政公用企业集团。发行人供热业务主要由子公司山东公用热电集团有限公司负责运营。山东公用热电集团有限公司共拥有745座换热站，服务人口46.72万户，服务面积5442.93万平方米，承担着济宁市任城区、兖州区、曲阜市、鱼台县、嘉祥县、汶上县城区居民的采暖和工业用汽业务。

该期低碳转型挂钩公司债券与公司治理的低碳转型发展目标挂钩，低碳转型目标为：2026年，发行人下属兖州聚源热电有限责任公司单位供热量综合能耗为36.80千克标准煤/吉焦。

联合赤道环境评价有限公司对该期低碳转型挂钩公司债券所选关键绩效指标近3年历史表现数据进行分析。2021年，兖州聚源热电有限责任公司为保障兖州工业园区蒸汽供应，计划退出居民供热，济宁市启动华源电厂至兖州区热源替代项目，引入济宁华源热电有限公司的热电联产热源对兖州区居民进行供热，以应对兖州聚源热电有限责任公司退出后的供热缺口问题。华源电厂至兖州区热源替代项目投产后，兖州聚源热电有限责任公司 2022 年不再满负荷运行，热负荷有所下降，低负荷运行会导致锅炉热效率下降，增加了单位蒸汽产生的燃料消耗量，进而导致单位供热量综合能耗上升。2023 年 3 月，兖州聚源热电有限责任公司关停 1 号机组及 1 台 75 吨/小时锅炉，园区内部分企业建设并投用应急天然气锅炉，导致兖州聚源热电有限责任公司剩余 2 台锅炉非满负荷运行，进而导致单位供热量综合能耗同比上升。未来，发行人将进行节能升级改造，停运低容量燃煤锅炉，进行热源替换，更换燃气锅炉，升级高温水管网，降低能源消耗，减少污染物排放。兖州聚源热电有限责任公司将启动燃气锅炉热源替代项目，逐步停运燃煤机组，替换燃气锅炉用于园区供热，并对园区的蒸汽管网进行更新改造，预计未来单位供热量综合能耗会下降。因此确定 2023 年为基准年，其基准线可计算、可测量，基准年之后每年能够稳定获得测算统计数据。此期低碳转型挂钩公司债券基准线选取为“2023 年，发行人下属兖州聚源热电有限责任公司单位供热量综合能耗为 43.29 千克标准煤/吉焦”。发行人低碳转型目标完成后，兖州聚源热电有限责任公司单位供热量综合能耗将达到 36.80 千克标准煤/吉焦，相较于 2023 年单位供热量综合能耗降低 6.49 千克标准煤/吉焦。经测算，兖州聚源热电有限责任公司每年供热量为 30 万吉焦，低碳转型目标完成后，预计每年可节约标准煤 1947 吨、减排二氧化碳 4303 吨。因此，该目标达成后可显著节约能源，减少二氧化碳的排放，具有良好的节能减排效益。

（2）中荆投资控股集团有限公司 2023 年面向专业投资者非公开发行绿色公司债券（第二期）

2023 年 9 月 7 日，中荆投资控股集团有限公司成功发行 2.00 亿元绿色债券，票面利率 6.50%，期限 5 年。此次债券募集资金用于偿还到期有息负债等。

荆门市中心城区集中供热管网工程的实施主体为发行人全资子公司荆门市中荆热能有限公司。荆门市中心城区集中供热管网工程项目考虑近期热力管网建设以输送蒸汽满足近期工业用户及公建住宅用户需要，管道总长约118千米，建设内容包括蒸汽管网、热水管网、换热首站、自控系统、电气工程等。

荆门市中心城区集中供热管网工程项目位于荆门市，该项目被认定为绿色项目的依据为：荆门市实行集中供热的热源为热电联产机组，具有节能、环保、经济的优点。该项目属集中供热项目，可拆除供热区域内效率低、污染严重的小锅炉，将低矮分散的面源排放变为高架点源集中扩散，并减少小锅炉房分散布置，燃煤及灰渣分散运输、分散存储带来的二次污染。

荆门市具有夏季闷热、冬季阴冷的特点，随着荆门市经济和不断发展和居民生活水平的不断提高，要求发展集中供热的呼声也越来越高，部分供热企业和单位采用的自备小锅炉热效率不高，受国家节能减排政策的限制，已不能满足负荷增长的要求，制约了企业发展和园区的招商引资。而该项目的实施，能提供高品质的热负荷，满足荆门市热负荷增长的需求。实施集中供热工程是适应气候特点、建设生态宜居城市的重要举措。

荆门市拥有较好的热网负荷及集中供热条件，同时部分新建小区也具备集中供热的条件。实行集中供热，不但能满足工业园区发展需求，还可提升居民宜居度、推进产城一体化发展。该项目建设的供热管网主要面向工业热用户和居民采暖热用户，根据《荆门市中心城区集中供热管网工程可行性研究报告》，该项目建成后年平均营业收入可达64619.02万元，年平均利润总额11002.89万元，年平均净利润8208.12万元，项目投资财务内部收益率（所得税前）为18.27%，项目投资回收期（所得税前）为7.12年，项目投资财务内部收益率（所得税后）为15.03%，项目投资回收期（所得税后）为8.06年。

（四）绿色信贷

1. 产品介绍

绿色信贷是全球绿色金融最早、最主要的实践形式之一。尽管国际上一直没有形成相对统一的绿色信贷的概念定义，但贷款市场协会、世界银行等机构均制定了自身绿色信贷的标准；“赤道原则”作为全球接受度最高的可持续项目融资准则，也成为了推动绿色信贷发展的力量之一。在此基础上，全球各国进行了多样化的绿色信贷实践，形成各具特色的绿色信贷市场。绿色信贷在我国整个绿色金融体系中也发挥了至关重要的作用。在2020年9月“双碳”目标提出之后，我国绿色信贷市场进一步快速发展，已经成为全球第二大信贷市场。

我国目前已经建立起较为完善的多层次绿色金融体系。2016年8月31日，中国人民银行会同财政部、国家发展改革委等七部委共同发布《关于构建绿色金融体系的指导意见》，成为我国绿色金融体系建设的顶层设计。文件将绿色金融明确定义为“为支持环境改善、应对气候变化和资源节约高效利用的经济活动，即对环保、节能、清洁能源、绿色交通、绿色建筑等领域的项目投融资、项目运营、风险管理等所提供的金融服务”，将绿色金融体系定义为“通过绿色信贷、绿色债券、绿色股票指数和相关产品、绿色发展基金、绿色保险、碳金融等金融工具和相关政策支持经济向绿色化转型的制度安排”。

2. 产品特点

银行对于此类特殊类贷款（如绿色贷款、碳中和贷款、生态环境建设保护贷款等）的申请，除了会根据企业的财务实力、业务规模、运营能力、资信情况等对企业进行风险内评，给予银行内部评级外，在资金用途方面还具有特别限制，贷款资金必须用于特定项目（如资源节约循环利用、清洁能源开发、环境综合治理等）。

近年来，我国绿色金融市场快速发展，根据中国人民银行发布的《2024年三季度金融机构贷款投向统计报告》，截至2024年第三季度末，人民币绿色贷款余额35.75万亿元，同比增长25.1%，增速比各项贷款高17.5个百分点，前三季度增加5.67万亿元。其中，投向具有直接和间接碳减排效益项目的贷款分别为11.86万亿元和12.04万亿元，合计占绿色贷款的66.8%。2023年商业银行等金融机构绿色信贷投向产业的比例及2018—2022年商业银行等金融机构绿色信贷投向细分产业的资金占比分别如图4－6、图4－7所示。

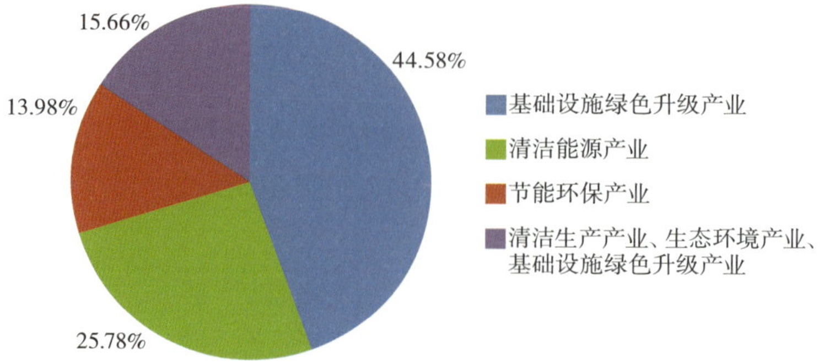

图 4-6　2023 年商业银行等金融机构绿色信贷投向产业的比例

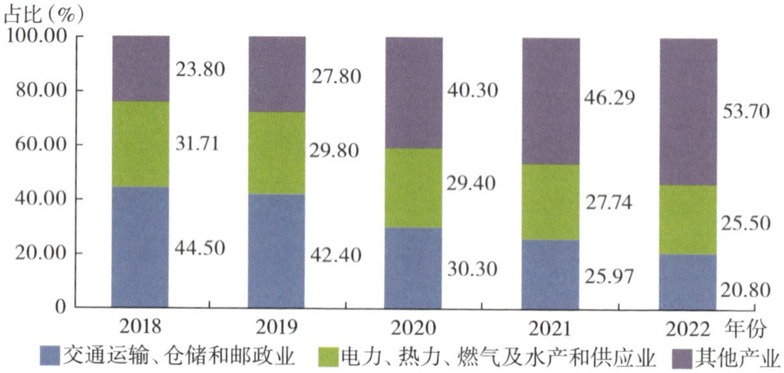

图 4-7　2018—2022 年商业银行等金融机构绿色信贷投向细分产业的资金占比

国内绿色信贷业务发展至今，尤其是 2020 年 9 月“双碳”目标提出之后，商业银行绿色信贷业务的发展呈现出以下几个特点。

一是绿色信贷发展目标从号召引导到制度规范。商业银行绿色信贷业务最初主要基于一些定性的要求和发展原则，大多数商业银行都在社会责任报告当中提出了发展绿色信贷、关注“赤道原则”、建设“绿色银行”等目标。近年来，随着“双碳”目标的提出与环境、社会和公司治理（Environmental，Social，Governance，ESG）逐渐受到重视，银行逐步制定了一系列推动绿色信贷及绿色相关业务发展的制度、规划和标准，对绿色信贷及相关业务形成了更加具体的指引。例如，中国工商银行制定了《中国工商银行投融资绿色指南（试行）》，中国建设银行发布了《绿色金融发展战略规划（2022—2025 年）》，平安银行制定了绿色金融“三年战略”

和“五年规划”，兴业银行印发了《兴业银行绿色金融属性认定标准（2022 年版）》等。同时，大部分商业银行都将开展绿色金融业务的情况纳入了绩效考核指标体系。

二是绿色信贷政策侧重点从限制性转到鼓励性。绿色信贷政策通过行业贷款的倾向性来引导信贷资金流向，主要包含限制和鼓励两层含义，即对“两高一剩”行业融资的限制和对绿色相关行业融资的鼓励。在 2007 年前后绿色信贷政策实施之初，政策强调通过限制对该领域企业的贷款支持迫使其退出市场或者实施技术改造。例如，中国工商银行曾连续 10 年（2007—2016 年）在其社会责任报告中披露对“两高一剩”行业贷款的压降情况。而随着国内经济产业结构调整的深化，尤其是 2015—2016 年供给侧结构性改革推进之后，绿色信贷政策对“两高一剩”行业的限制呈现逐渐淡化的趋势，绿色信贷政策的侧重点也转变为支持绿色相关行业融资的鼓励性政策。

三是绿色金融产品从单一化到多样化。绿色信贷是大部分商业银行早期绿色金融实践最主要的形式。而近年来随着绿色金融体系的逐步完善和发展，各商业银行绿色金融业务也从绿色信贷逐渐延伸到绿色债券、绿色基金、绿色理财、绿色消费等更加广阔的领域，绿色金融产品日益丰富。以中国银行为例，其编制的《“中银绿色 +”金融产品与服务手册》为企业客户提供绿色融资服务、助力个人客户的绿色低碳生活、回应投资者的绿色诉求，形成了综合化的绿色金融服务体系。

3. 流程要点

（1）绿色信贷认定标准

2012 年，中国银行业监督管理委员会发布《绿色信贷指引》，要求银行业金融机构根据国家环保法规和产业政策，建立环境和社会风险管理体系，明确绿色信贷的重点支持领域。该指引未提供绿色信贷的具体标准，仅对授信业务的尽职调查、审批、拨付和贷后管理提出方向性建议，各机构需根据自身情况制定具体措施。

目前，国内绿色信贷认定主要依据《中国人民银行关于修订绿色贷款专项统计制度的通知》。该文件指出绿色贷款的定义需根据贷款用途确定，具体指金融机构为支持环境改善、应对气候变化和资源节约高效利用等经济活动，发放给企（事）业法人、国家规定可以作为借款人的其他组织或个人，用于投向节能环保、清洁生产、清洁能源、生态环境、基础设施绿色升级和绿色服务等领域（绿色产业）的贷款。

（2）国家层面绿色信贷支持

2021 年 11 月，中国人民银行发布碳减排支持工具，重点支持清洁能源、节能环保、碳减排技术三大重点领域减少碳排放。具体而言，清洁能源领域主要包括风力发电、太阳能利用、生物质能源利用、抽水蓄能、氢能利用、地热能利用、海洋能利用、热泵、高效储能（包括电化学储能）、智能电网、大型风电光伏“源—网—荷—储”一体化项目、户用分布式光伏整县推进、跨地区清洁电力输送系统、应急备用和调峰电源等。节能环保领域主要包括工业领域能效提升、新型电力系统改造等。碳减排技术领域主要包括碳捕集、封存与利用等。后续支持范围可根据行业发展情况或政策需要进行调整。

根据以上政策，对于被金融机构认定为清洁能源、节能环保、减碳技术等领域的项目，企业均可以申请碳减排贷款。金融机构向企业放贷后，可以向中国人民银行申请上述碳减排支持工具。在中国人民银行低利率政策的支持下，金融机构有更大动力向相关企业提供贷款，从而将增量资金用于支持清洁能源等重点领域的投资建设，促进传统产业转型升级。

4. 典型案例

（1）中国农业发展银行大泽湖地热项目碳减排贷款

2021 年，中国农业发展银行设立了碳减排贷款，专项用于清洁能源、节能环保和碳减排技术等重点领域，助力实现碳达峰、碳中和目标。截至 2024 年第二季度，中国农业发展银行累计向 228 个项目发放碳减排贷款 3831808. 84 万元，贷款加权平均利率 3. 53%，带动的年度碳减排量为 13888637. 20吨二氧化碳。

湖南省望城区作为湖南省浅层地热能开发利用试点地区，统筹规划滨水新城浅层地热能开发利用，协调能源体系与其他基础设施建设及经济建设同步发展。大泽湖地热项目位于望城区大泽湖片区，总投资 8.36 亿元，建设内容涵盖浅层地热能开发利用、浅层地热能源站土建工程等。2023 年，中国农业发展银行长沙市望城支行向大泽湖地热项目发放了 2 亿元碳减排贷款，用于支持项目建设，以地热供能收入为主要还款来源。

大泽湖地热项目预计可实现年节约标准煤 0.67 万吨、年减排二氧化碳 1.48 万吨，具有良好的生态效益；预计每年供能 3.39 亿千瓦时、节电 0.28 亿千瓦时，节能减排效果明显，可有效促进循环经济及绿色经济发展；项目供热将极大提升片区居民生活品质，提高城市生活配套水平，对拉动望城区及长沙市经济具有积极作用。

（2）中国农业银行周村区智慧供热管网建设项目绿色贷款

2023 年，山东省淄博市周村区周边原有的供热电厂因环保要求逐渐减产至关停，为保障居民冬季用暖，周村区开展了智慧供热管网建设项目，从张店区引入华电淄博热电有限公司高温水热源，实现绿色清洁热源替代，是当地重大民生项目和绿色工程。该项目工程建设供热主管网 18 千米、新建 1 座清洁化中继泵站，对 34 座换热站实施节能改造，项目总投资 5.2 亿元，其中由中国农业银行淄博分行提供绿色贷款 4.1 亿元。

（五）地方政府专项债券

1. 产品介绍

地方政府专项债券（以下简称专项债券或政府专项债），是指省、区、市政府为有一定收益的公益性项目，发行的约定一定期限内以公益性项目对应的政府性基金或专项收入还本付息的政府债券。相较于其他融资方式，政府专项债能用于项目融资，一般由项目主管部门以项目建议书的形式向审批部门提交备案，在审批通过后由省财政厅提出年度专项债券发行方案，并安排债券发行。

2014 年新预算法发布实施以来，发行地方政府债券成为地方政府融资的主渠道。地方政府债券分为一般债券和专项债券，一般债券用于没有收益的公益性项目，以地方政府一般公共预算偿还；专项债券用于有一定收益的公益性项目，以对应的政府性基金收入和专项收入偿还。2015 年以来，我国每年新增专项债券额度快速上升，超越一般债券成为地方政府融资的主力品种。2021—2024 年，我国每年新增专项债券限额分别为 3.65 万亿元、3.65 万亿元、3.80 万亿元和 3.90 万亿元。此外，2022 年盘活 5000 亿元专项债券结存限额；2024 年额外安排 2023 年结转的 1000 亿元专项债券限额。

2024 年是实现“十四五”规划目标任务的关键一年，政府工作报告中提出积极的财政政策要适度加力、提质增效，安排地方政府专项债券 3.9 万亿元，同时拟连续几年发行超长期特别国债专项用于国家重大战略实施和重点领域安全能力建设；十四届全国人大常委会第十二次会议审议通过近年来力度最大的化债举措，增加地方政府专项债务限额 6 万亿元置换存量隐性债务，让专项债券在债务风险化解中发挥更大作用。

2. 产品特点

根据现行的政策文件和市场环境，政府专项债呈现以下特点。

审批严格、项目准入要求高：申报专项债券的项目需要先由各级主管部门进行初审，再由财政厅组织专家组进行专家评审，最后由地方政府结合项目轻重缓急等因素选取项目转入执行库，层层严格审批，且需要项目许可批复完备，项目必须属于特定支持领域。

发行周期不固定：由于专项债券需要计入政府性基金核算，因此专项债券的发行工作一般由省级财政部门负责，由各财政部门按年制定财政预算和决算进行统一规划。因此，政府专项债的发行时间具有较大的不确定性，不适用于需要紧急资金或者短期资金的企业。

融资成本最低：专项债券属于地方政府发行的金融工具，信用背靠地方政府财政，违约风险远远低于普通企业。一般来讲，专项债券发行利率比国债高 30 ~ 50 个基点，是所有融资方式中最低的。

用途明确：专项债券的资金用途和具体项目必须一致，只能应用到项目相关的存量债务进行归还以及项目建设的资本支出，不可用于其他用途。

不增债务：专项债券不列入政府财政赤字，不允许新增隐性债务，以能够产生一定收益的公益性项目为基础，以未来收益能够偿还债券本息为前提，本身具备收支平衡的特点，是地方政府有效稳定发展经济的重要工具。

风险可控：专项债券用于有一定收益的公益性项目建设投资，专款专用，每笔资金都对应具体的建设内容，具备可评估、可追踪、可效验和可善后的优势。专项债券基本是以政府部门或全资国企作为业主单位，对应资产无抵押、无隐性债务，未来具备以权益流动化解债务履约风险的空间。

2024 年全国新增专项债券限额 3.9 万亿元，同时额外安排 2023 年结转的 1000 亿元限额用于专项债券发行。截至 2024 年 12 月 20 日，全年共发行新增专项债券 39972.12 亿元，后续已有 30.78 亿元河南债挂网待发行。2024 年上半年全国发行新增专项债券 14874 亿元，发行进度为 38.14%；2023 年同期全国共发行新增专项债券 21720 亿元，全年新增限额发行进度 57.16%。2024 年整体发行节奏较 2023 年有所放缓。2024 年单月发行量差距明显，最高为 9 月 10279 亿元；而 2023 年单月发行量相对平均。2024 年新增专项债券发行进度情况如图 4－8 所示。

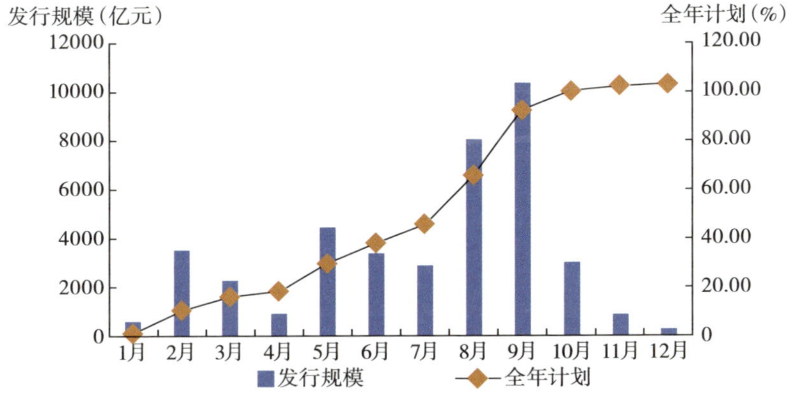

图 4－8　2024 年新增专项债券发行进度情况

2024 年，专项债券发行以中长期限为主，10 年期债券是主力，20 年、30 年期债券发行量也较大。2024 年，10 年期新增专项债券发行 11810 亿元，20 年期债券发行 8623 亿元，30 年期债券发行 9799 亿元。2021—2024 年，每年新增专项债券主力期限分别为 15 年、20 年、30 年、10 年。2024 年，全国新增专项债券各期限发行规模及利率如图 4 –9 所示。

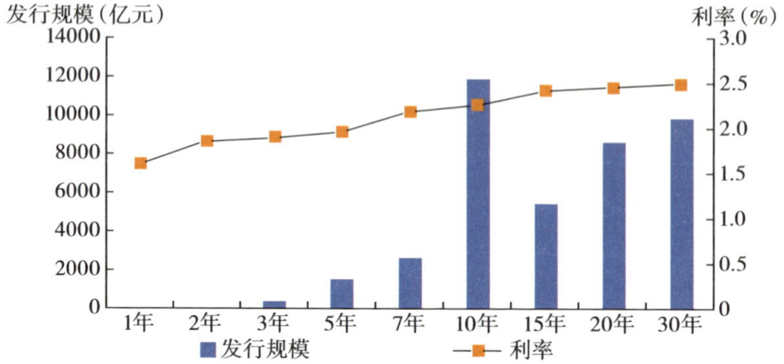

图 4 –9　2024 年全国新增专项债券各期限发行规模及利率

3. 流程要点

（1）申报要求

政府专项债的申报需要由主管部门向审批部门提交项目备案，项目申报需要有完备的许可批复文件和申报材料，并且符合特定支持领域要求。

①资料准备

“一案两书”：实施方案、财务评价报告书、法律意见书。

可行性研究报告：对项目实施的可行性进行的论证。

财政评审报告：项目投资估算经财政投资评审中心或专业评审机构评审，并取得的财政局相关批复或已编制的正式项目投资概算报告。

规划许可：自然资源和规划局出具的项目规划或用地规划。

立项文件：发展和改革局出具的准予立项资料，如项目建议书的批复等。

可行性研究报告批复：发展和改革局出具的关于项目可行性研究报告准予的批复文件。

用地手续：自然资源和规划局出具的用地预审与选址意见书、用地规划许可证、划拨决定书、国有土地使用证等，具体根据项目用地性质办理。

环评文件：环境保护局出具的关于项目对环境影响的登记表或报告批复。

收入测算说明：对项目收入进行的合理预测，一是项目预期收入与建设内容密切匹配；二是收入预测类型合理，收入实现具有可实现性；三是收入预测取值有国家标准、行业标准、地区标准或市场询价材料或以往年度同性质项目运营收入做支撑；四是项目收入测算有计算构成，有收入测算明细。

项目资金筹集情况说明：保障项目财政资金明确，到位时间、条件能够落实的说明。

具备建设工程规划许可证、建设工程施工许可证及招投标手续可提升项目成熟度。

②政府专项债申报支持领域

交通基础设施：铁路（含城际铁路和铁路专用线）、收费公路、民用机场（不含通用机场）、水运、综合交通枢纽（含综合交通枢纽一体化综合利用）、城市轨道交通和城市（郊）铁路、城市停车场。

能源：天然气管网和储气设施、煤炭储备设施、城乡电网（农村电网改造升级、城市配电网、边远地区离网型新能源微电网）、新能源项目（大型风电光伏基地、村镇可再生能源供热、新能源汽车充电桩、独立新型储能）。

农林水利：农业、水利、林草业。

生态环保：城镇污水垃圾收集处理、重点流域水环境综合治理、污泥无害化处理和资源化利用。

社会事业：卫生健康（含应急医疗救治设施、公共卫生设施）、教育（学前教育、职业教育、普通高校学生宿舍）、养老托育、文化旅游及其他社会事业。

城乡冷链等物流基础设施：城乡冷链物流设施、国家物流枢纽等物流基础设施、粮食仓储物流设施、应急物资仓储物流设施（应急物资中转站、城郊大仓基地）、农产品批发市场。

市政和产业园区基础设施：市政基础设施［供排水、供热（含供热计量改造、长距离供热管道）、供气、地下管线管廊］、产业园区基础设施（主要支持国家级、省级产业园区基础设施建设）。

新型基础设施：市政、公共服务等民生领域信息化，云计算，数据中心，人工智能基础设施，轨道交通、机场、高速公路等传统基础设施智能化改造，第五代移动通信（5G）融合应用设施，国家级、省级公共技术服务和数字化转型平台。

国家重大战略项目：京津冀协同发展、长江经济带发展、“一带一路”倡议、粤港澳大湾区建设、长三角一体化发展、推进海南全面深化改革开放、黄河流域生态保护和高质量发展、成渝地区双城经济圈建设。

保障性安居工程：城镇老旧小区改造、保障性租赁住房、公共租赁住房、棚户区改造（主要支持在建收尾项目，适度支持新开工项目）、城中村改造、保障性住房建设。

特殊重大项目：符合国家产业政策的重大集成电路产线及配套基础设施、其他特殊重大项目。

（2）申报流程

项目发起：由项目主管部门或实施机构以项目建议书的形式向主管部门提交需申请专项债券的项目。

项目准备：准备立项文件、可行性研究报告、“一案两书”等。资料准备好之后，由主管部门会同实施机构进行项目报送，即按要求在省级政府债券管理平台系统中录入项目。

项目审核：先由各级主管部门对上报的项目进行初审，再由财政厅组织专家组进行专家评审。

项目入库：项目库分为储备库、发行备选库、执行库三个子库。通过初审的项目纳入储备库管理。通过专家审核通过的项目，从储备库转入发行备选库，作为发行项目专项债券的备选项目。在上级核定新增专项债务限额内，地方政府结合项目轻重缓急等因素从发行备选库选取项目转入执行库。

债券发行：在已制定的各省、区市的专项债券额度之下，由财政厅提出全年度项目专项债券发行方案（或计划）。由各级省（区、市）财政部门按发行计划，提请债券发行机构，安排发行专项债券，专项债券发行后，各级财政部门应按要求主动披露项目专项债券相关信息，包括发行信息、发行结果、付息信息、兑付信息、定期信息、重大事项信息等。

（3）关注要点

在专项债券申报过程中，需要关注以下几个要点：由于专项债券审核及发行周期较长，一般不适用于需要紧急资金或者短期资金的企业；专项债券项目须为可产生持续收入的公益性项目；专项债券项目运营的合法性，关注申报合法合规性，是否取得全套相关部门的审批、备案。

4. 典型案例

（1）辽宁省阜新市热源厂建设项目

辽宁省阜新市热源厂建设项目系循环水供热项目，工程内容为新建一处循环流化床锅炉热源厂，包括 1 台 130 吨/小时蒸汽锅炉和 2 台 91 兆瓦热水锅炉的建设安装，工程总投资估算额为 52965.47 万元，项目建设工期为 2 年。项目资金来源为专项债券资金和企业自筹。其中总投资的 80% 为专项债券资金，债券金额为 42370.00 万元，利率 4.2%，借债期限 15 年；剩余 20% 的资金为企业自筹。建设期 2 年政府专项债券利息为 3559.08 万元。

热源厂项目建成后可通过供暖、蒸汽销售和接网费获取销售收入，预计运营期 20 年的营业收入合计为 330594.50 万元，总成本费用为 289162.11 万元，各年营业收入能满足总成本费用支出，工程能够维持运行，具有较强的盈利能力。

（2）山东省成武县城区供热管网改造及北部新区集中供热工程项目

山东省成武县城区供热管网改造及北部新区集中供热工程项目由成武县启明国有资产运营有限责任公司负责，通过集中供热工程向城市提供稳定、可靠的热源，同时减少城市污染、改善人民生活环境。西南股建设内容为成武县城区管网一次网改造约 25914 米、二次网改造约 376942 米、北部新区建设供热管网 41966 米、小区内换热站 51 处，同时进行相关配套设施施工等。项目总投资 49911.57 万元，其中项目单位自筹资金10011.57万元，占总投资的 20.06%；申请专项债券 39900.00 万元，占总投资的 79.94%。

集中供热项目建成后可通过供暖租赁获取现金流入，主要收入来源为供热面积租赁收入。根据相关协议，该项目供热面积租赁价格为 14 元/平方米，供热能力为 700 万平方米，可实现年均供暖面积租赁收入 9800.00 万元。根据收入测算，集中供热项目收入可全额覆盖成本费用支出，具有较强的运营能力。

（六）产业投资基金

1. 产品介绍

产业投资基金（以下简称产业基金）是指一种针对未上市企业进行股权投资和提供经营管理服务的利益共享、风险共担的集合投资制度，即通过向多数投资者发行基金份额设立基金，由基金公司自任基金管理人或另行委托基金管理人管理基金资产，委托基金托管人托管基金资产，从事创业投资、企业重组投资和基础设施投资等实业投资。产业基金根据设立形式可以分为契约/信托型、公司型、有限合伙型；根据发起人属性可分为由政府引导发起的产业基金、由金融机构主导与地方国企合作的产业基金，以及实业资本自行发起运营的产业基金。

绿色产业基金是产业基金的一种，指将投资集中在环保、可持续发展、改善自然环境领域的公司和项目的基金。在过去的 10 年里，随着 ESG 概念的兴起，绿色产业基金的数量呈现爆发式的增长，地理覆盖范围也在不断扩大，受到了多种类型投资机构的追捧。清洁供热企业作为绿色领域的重要一环，可充分利用自身的绿色属性，通过绿色产业基金进行融资。

2023 年，我国绿色产业基金顶层设计在制度完善、支持投向和产品创新等方面持续推进。从制度完善方面来看，2023 年 4 月中国人民银行等部门联合发布《关于进一步强化金融支持绿色低碳发展的指导意见》，提出要加大对金融机构绿色金融业务及能力的考核评价力度，逐步将金融机构持有的绿色产业基金纳入绿色金融评价，丰富评价结果运用场景。从支持投向方面来看，支持城市绿色转型建设是2023年绿色产业基金顶层设计的重要方向之一。

2023年以来，机构持续布局绿色产业基金，但新增数量和规模较2021年和2022年缩减。基金公司布局方面，根据中国证券投资基金业协会于2023年11月发布的《基金管理人绿色投资自评估报告（2023年）》，公募基金在制度建设上全面发力，超过半数的样本机构建立了全面的绿色投资研究、评价和风险监控处置机制，而私募证券投资基金管理人更多为开展绿色投资研究或聚焦新能源等特定绿色产业投资，机制建设的投入相对较少。绿色证券投资基金方面，根据可得资讯统计数据，2023年，可得资讯绿色相关概念主题基金数量为292只，截至2023年末规模为1037.15亿元。

从投资类型来看，混合型基金发行数量最多，累计规模最大，共计发行207只，截至2023年末规模为901.20亿元；其次是股票型基金，共发行85只，规模合计135.96亿元。绿色产业基金募集资金金额流向包括绿色节能照明、新能源、建筑节能、环保等多种绿色领域。此外，受宏观经济趋缓、股票估值下跌、ESG监管趋严等影响，2023年我国ESG基金发行有所放缓。可得资讯数据显示，2023年共计有38只纯ESG主题基金存续，其中新增8只，总计规模为117.3亿元，基金总数同比增长26.67%（2022年为30只）；但新发行基金数量有所下滑（2022年为13只，含2只清盘）；并且基金规模同比下降13%（2022年为134.82亿元）。2023年全国31个省（区、市）累计新增绿色私募基金数量如图4－10所示。

2. 产品特点

（1）投资模式

绿色产业基金的投资模式主要分为项目投资、股权投资和子基金投资三类。据统计，2023年绿色产业基金的投资金额中，约53%用于项目投资，约17%用于股权投资，约30%用于支持其绿色主题子基金的发展。

在项目投资方面，绿色产业基金积极参与生态环境导向的开发（Eco-environment Oriented Development，EOD）项目，与地方国有企业进行深入

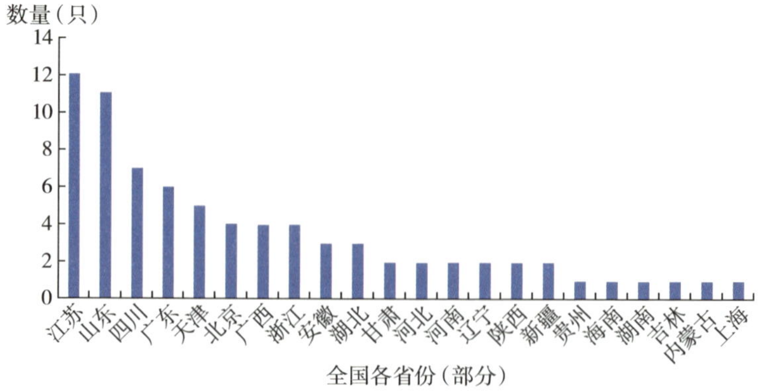

图 4-10　2023 年全国 31 个省（区、市）累计新增绿色私募基金数量

合作。绿色产业基金参与了江阴地区的“引江济太”江阴段环境治理与科创产业融合发展 EOD 项目，该项目总投资额为 29.06 亿元。项目位于太湖流域治理重点区域和“引江济太”重要通道，旨在全面改善水环境，推动生态环境治理与产业有效融合，促进太湖流域绿色高质量发展。2023 年 6 月 28 日，绿色产业基金完成对该项目的 3.4 亿元股权投资款的出资。绿色产业基金提供的资金支持将为江阴市生态保护和污染防治提供强有力的支持，进一步丰富绿色生态产业链资源。

在股权投资方面，绿色产业基金作为战略投资者参与各类绿色项目和企业的增资扩股。2021 年 12 月，绿色产业基金与中国华电集团有限公司旗下的华电福新能源发展有限公司签约，以战略投资者身份出资 10 亿元参与增资扩股。根据公开信息，华电福新能源有限公司发展在 2021 年的增资过程中共引入包括绿色产业基金在内的 13 家战略投资者，募资总额达 150 亿元，资金主要用于风电和光伏项目的开发建设及新能源业务拓展。此外，2024 年 1 月，绿色产业基金作为战略投资者还参与了国家电力投资集团有限公司南东川区的生态治理与修复光伏电站和永仁宜莲光伏基地复合型光伏电站的投资。这一投资是绿色产业基金在清洁能源领域的重要布局升级，未来将继续与有共同发展理念的合作伙伴携手，推动“双碳”与环保相结合的清洁能源投资新模式发展。

在子基金投资方面，绿色产业基金通过投资设立子基金，专注特定绿色领域或产业，充分发挥杠杆效应，引导社会资本集中资源深度投资特定绿色领域。例如，绿色基金于2021年与中国宝武钢铁集团有限公司、建信金融资产投资有限公司共同发起设立宝武绿碳私募投资基金，首期认缴金额达56.25亿元，是国内规模最大的碳中和主题基金之一。绿色产业基金作为主要出资人之一，出资10亿元。据公开披露的信息，该基金于2023年12月完成基金封闭，认缴规模超过百亿元，顺利实现募资目标。截至2024年1月，宝武绿碳私募投资基金在绿色低碳领域累计完成近30亿元的股权投资任务，并完成了13个项目的投资决策。

（2）运作模式

①有限合伙型产业基金

在有限合伙制模式下，基金的投资者作为有限合伙人（LP），一般可以为多家，依法享有合伙企业财产权，但不参与基金的日常管理，以其认缴的出资额为限对私募股权基金债务承担有限责任。普通合伙人（GP）则代表合伙企业对外行使民事权利，并对基金债务承担无限连带责任。有限合伙人不得参与有限合伙企业的经营管理，但享有咨询权和监督权，对于一些重大问题，如提供担保、处分合伙财产等，有限合伙人有权参与和决定。

②公司型产业基金

在公司制模式下，投资者作为股东参与投资，依法享有股东权利，并以其出资为限对基金债务承担有限责任。基金管理人可以直接作为股东参股基金，也可以作为外部顾问接受基金委托管理基金的投资事务。公司型产业基金是由具有共同投资目标的投资者依据公司法组成的以盈利为目的的有限责任公司或股份有限公司。投资者通过购买股份或收益凭证成为投资公司的股东，可以通过出席股东大会、选举董事等方式参与基金公司的重大决策，并由基金公司董事会行使基金公司的法人财产权。

③契约/信托型产业基金

契约型产业基金是根据一定的信托契约组织的代理投资行为，一般由受托人（基金管理公司）、基金保管机构和作为受益人的投资者三方订立信托投资契约。契约型产业基金普遍形成了典型的“三权分立”的治理机构形态：投资者作为基金资本所有权人，投资后以持有人（委托人）的身份存在；产业基金受托人（基金管理公司）以受托人的身份行使基金的经营管理权；基金保管机构作为托管人行使基金财产的保管与监督权。

3. 流程要点

（1）运营流程

产业基金运营流程主要可以分为以下几个环节。

筹备阶段：确定基金类型及投资方向，确定发起机构和基金管理人，明确基金的管理、运作、收益分配等事项。

登记及备案：根据基金类型向相关金融监管部门进行审批备案。

出资阶段：由各参与人根据基金协议进行出资。

投资管理阶段：基金管理人进行项目评估，选择投资标的进行投资，经过长期运营获取收入，并向投资人分红。

（2）融资方式

在基金模式下，设立的产业基金直接向清洁供热企业注入资本金并持有一定的股权，清洁供热企业作为被投资方需要接受产业基金的管理，具体融资方式分为以下三种。

政府层面出资成立引导基金，再以此吸引金融机构投资，合作成立产业基金。在该模式下，由各地政府筛选合适的项目设立引导资金，金融机构经过投资审核后进行出资。地方政府作为基金管理方承担主要风险，因此被投资项目或企业需要通过地方政府审核。

由金融机构联合地方国企发起成立有限合伙基金，一般由金融机构做有限合伙人优先级，地方国企或平台公司做有限合伙人次级，金融机构指定的股权投资管理人做普通合伙人。这个模式下整个融资结构是以金融机构为主导的。

有建设运营能力的实业资本发起成立产业基金，该实业资本一般都具有建设运营的资质和能力，在与地方政府达成框架协议后，通过联合银行等金融机构成立有限合伙基金，融资进行项目投资建设。

4. 典型案例

山东绿色发展基金

2021年，为积极推动中国绿色发展与绿色金融创新，中金资本运营有限公司和山东发展投资控股集团有限公司共同发起设立山东绿色发展股权投资基金合伙企业（有限合伙）（以下简称山东绿色发展基金），初始募集资金约15亿元。山东绿色发展基金主要投资节能减排、环境保护与治理、清洁能源、循环经济、绿色制造等行业，以响应山东省绿色低碳转型规划，减少温室气体排放。

2024年5月，山东绿色发展基金通过投资山东发展绿色清洁能源有限公司参与了东营经济技术开发区地热清洁供暖项目，该项目总投资5.8亿元，设计供热面积500万平方米，是山东省最大的单一区域地热供暖项目，达产后每年可减少标准煤消耗6.9万吨，减少二氧化碳排放17万吨。

自成立以来，山东绿色发展基金通过在山东省16个市陆续发起设立平行基金，先后引进宁德时代、海尔集团、中金蒲城等社会资本，先后投资了新能源城配物流车运营商、新能源车充电平台、高效大尺寸光伏组件等一批绿色项目。截至2024年6月末，山东绿色发展基金已投项目累计减少二氧化碳排放225万吨，受益主体达370万人。

CHIC
清洁供热产业委员会
Clean Heating Industry Committee

第五篇　技术篇

绿色低碳技术创新是实现绿色发展的重要动力，是实现“双碳”战略目标、推动高质量发展的重要支撑。《科技支撑碳达峰碳中和实施方案（2022—2030年）》明确提出加快培育颠覆性技术创新路径，引领实现产业和经济发展方式的迭代升级。

本篇中绿色低碳创新技术重点聚焦能源行业绿色低碳转型面临的瓶颈问题及产业现实需求，鼓励推广实现关键技术有效突破、应用成本大幅下降、核心技术自主可控的绿色低碳新工艺、新技术、新装备，其中包括先进的技术产品、装备、算法以及系统解决方案等。年度遴选技术涉及二氧化碳减排、电化学储能、智慧供热、氢能、微电网、蓄冷蓄热、环保等细分领域核心技术。

一、绿色低碳创新技术遴选标准

绿色低碳创新技术是指以资源的高效利用为基础，以减少或消除二氧化碳及其他温室气体排放为特征，改善生态，促进生态文明建设，实现人与自然和谐共生的新兴技术，并不是某一特定的技术领域，而是涵盖了利用科技创新来实现减污降碳、改善环境质量与应对气候变化目标的所有技术类别，包括能源、工业、建筑、交通、农业等领域，涵盖生产、消费等诸多环节。

党的十八大以来，我国系统部署绿色技术创新工作，提出构建市场导向的绿色技术创新体系，清洁低碳技术被认定为我国的七大战略性新兴产业之一。2019年，国家发展改革委、科技部联合印发《关于构建市场导向的绿色技术创新体系的指导意见》，提出到2022年基本建成市场导向的绿色技术创新体系的目标。近年来，我国高度重视绿色低碳技术创新，多次提出狠抓绿色低碳技术攻关，推进绿色低碳技术研发和推广使用。《中华人民共和国国民经济和社会发展第十四个五年规划和2035年远景目标纲要》中提出要“构建市场导向的绿色技术创新体系，实施绿色技术创新攻关行动”。国务院印发的《2030年前碳达峰行动方案》明确提出“加快推广应用先进适用绿色低碳技术”“开展示范应用”。目前我国绿色技术创新能力、引导机制、平台建设、制度环境等都取得了很大的进展，绿色技术创新活力显著提高，在绿色生产和绿色生活中发挥愈加显著的作用。以风能、光伏和先进核能为代表的非化石能源利用技术逐渐成为主流，工业、建筑、交通等领域终端能源高效利用与节能技术不断优化完善，生物质制氢造气发电等燃料及原材料替代技术逐步迈向规模应用这一步。绿色专利申请数量从2008年的4.3万余件增加到2021年的15万余件。但总的来看，我国支撑绿色低碳变革的重大创新技术仍存在一定的短板。在技术成熟度方面，绿色低碳技术总体成熟度不高，大量技术尚在研发阶段；在技术自主度方面，多数绿色低碳关键核心技术仍集中于发达国家，我国掌握的仍占少数；在市场化应用方面，现有绿色低碳技术应用的成本较高，规模化应用依然受限。

因此，本报告遴选的年度绿色低碳创新技术重点聚焦我国绿色低碳重点领域面临的短板瓶颈问题及产业现实需求，鼓励推广实现关键技术有效突破、应用成本大幅下降、核心技术自主可控的绿色低碳新工艺、新技术、新装备，具备大规模、低成本、高可靠度、高安全等特点的支撑我国能源绿色低碳转型以及节能降碳潜力，为相关企业、研究机构开展绿色低碳重大创新技术研发、推广和产业化工作提供方向，为政府相关决策提供借鉴。

主要遴选标准包括：

绿色低碳性。主要指技术应用能够显著支撑能源绿色低碳转型，具备较强的节能、降碳和扩绿能力，包括但不限于新型能源体系中“源—网—荷—储”各环节，通过技术未来在行业内能达到的推广比例以及预计形成的节能量（预期节能率）、预计贡献的二氧化碳减排量等进行测算。

重大创新性。主要指技术相对于行业内同类技术或上一代技术的技术参数及性能的先进程度，具备解决行业关键问题的能力，通过专利数、专利的后向引用数（该专利引用其他专利）以及技术性能评估参数、商业化示范项目验证，经过第三方或者国家专业协会评估，具有大规模推广应用的价值。

经济收益性。主要考察技术的经济社会价值，通过静态投资回收期、单位节能量投资额、单位二氧化碳减排量投资额、预期产业规模等进行测算。

二、绿色低碳年度创新技术

（一）低温辐射电热地板供暖技术

1. 创新技术介绍

（1）技术背景、行业痛点难点

建筑领域是我国能源消耗和碳排放的主要领域之一。2022 年，建筑运行能耗占我国能源消费总量的 22%，碳排放占全社会碳排放总量的 21.7%。加快推动建筑领域实现节能降碳，对实现碳达峰、碳中和、推动高质量发展意义重大。北方地区是清洁取暖改造的主阵地，中央财政累计投入资金 1209 亿元，带动地方各类投入超过 4000 亿元，有力支持各地因地制宜推进清洁取暖的实现。经过“煤改电”“煤改气”等，居民冬季清洁取暖程度大幅提高，清洁取暖理念全面铺开，2023 年北方地区清洁取暖率近 80%。因此，持续采用清洁环保、运行成本低、施工便捷的采暖方式更适合北方地区清洁采暖改造的需求。

随着经济社会发展，夏热冬冷地区冬季供暖需求日益增加。调查数据显示，70.12% 的人迫切希望夏热冬冷地区供暖，实现夏热冬冷地区清洁供暖已成为民生所向、大势所趋，这对夏热冬冷地区和城乡建设领域碳排放达峰都会产生重要影响。夏热冬冷地区冬季采暖呈现“部分时间”“部分空间”的特点，采暖时间相对较短，供暖负荷小，考虑到适用性和经济性，对于居住建筑宜采用以户为单位的分散采暖方式已成为广泛共识。部分居民已自发采用空调、燃气壁挂炉、空气源热泵、小太阳、电热膜、电锅炉等分散采暖方式满足日常需求。目前普遍采用的供暖方式均有不足：发热电缆和发热膜烘热水泥层和地板后将热量辐射到空间，起热速度较慢，能源消耗较大且售后不方便；空调供热方式制热效率较低，且舒适度欠佳；燃气壁挂炉由于燃气费上调，运行费用较高，燃气运输管网不能覆盖所需供暖的各个地方，因此不容易普及。在“双碳”目标下，在提高建筑终端电气化水平的同时必须控制电力消费总量在合理区间内，因此推广高效节能的电采暖技术势在必行。

（2）解决的核心问题

在“高效节能”目标下，速热是技术关键，尽量减少能量的路径损耗，像用电灯一样便捷的采暖方式更符合节能减排的实际需要。低温辐射电热地板既可以有效地减少环境污染，又可以节省大量的能源，从环境和能源两大方面均带来巨大的益处，实现经济效益和社会效益双丰收。

（3）主要技术原理

低温辐射电热地板由碳晶纤维电发热层、木质材料层、饰面层、电源连接插件等组成，采用热压成型一体化结构。电发热层以碳晶纤维为导电介质，通过热压工艺把碳晶纤维均匀融入木材纤维，使木材纤维网络形成微电阻网，再涂覆木质材料形成发热装置。该产品具有集成度高、发热均匀、性能稳定、不易分层、干式铺装、施工便捷等特点。如图 5－1、图 5－2、图 5－3 所示。

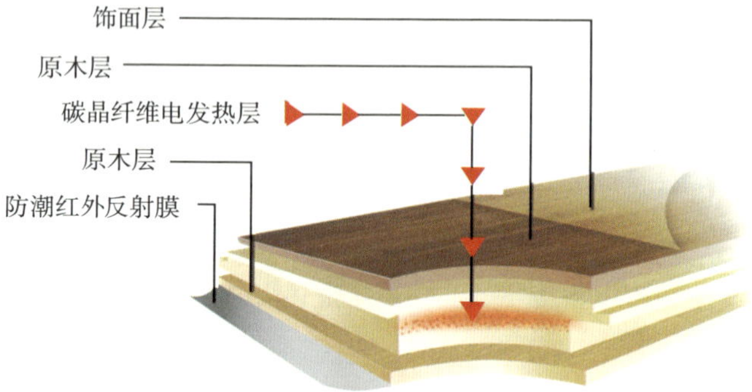

图 5－1　低温辐射电热地板结构示意

技术优势如下：

智慧供热。通过智能控制系统可单室单控，也可实现一户多房间或整体建筑、小区的集中控制。智能控制系统具有实时监测和远程控制功能。系统可对用户室内温度、线缆和温控器工作状态等数据进行实时监测，并可根据用户采暖需求对用户室内温控器进行远程配置和调节，控制供暖的启停和温度调节过程。用户也可通过智能手机 App 或者平板电脑，实现远程自主调节和控制，使用户在充分享受及时、舒适供暖效果的同时，最大限度减少电能消耗，经济供暖。经过实际应用，证实具有节能、环保、操

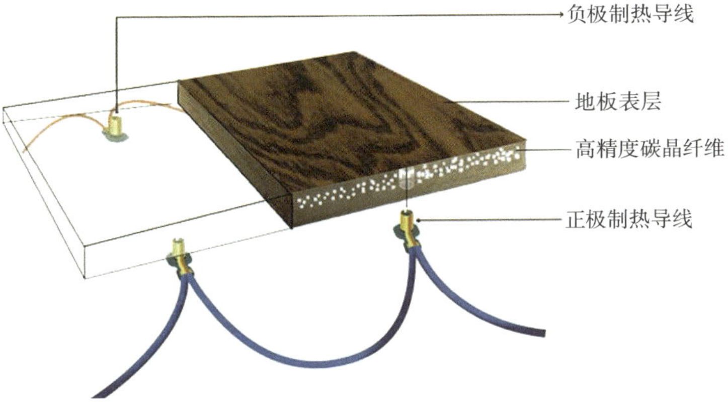

图 5－2　低温辐射电热地板产品示意

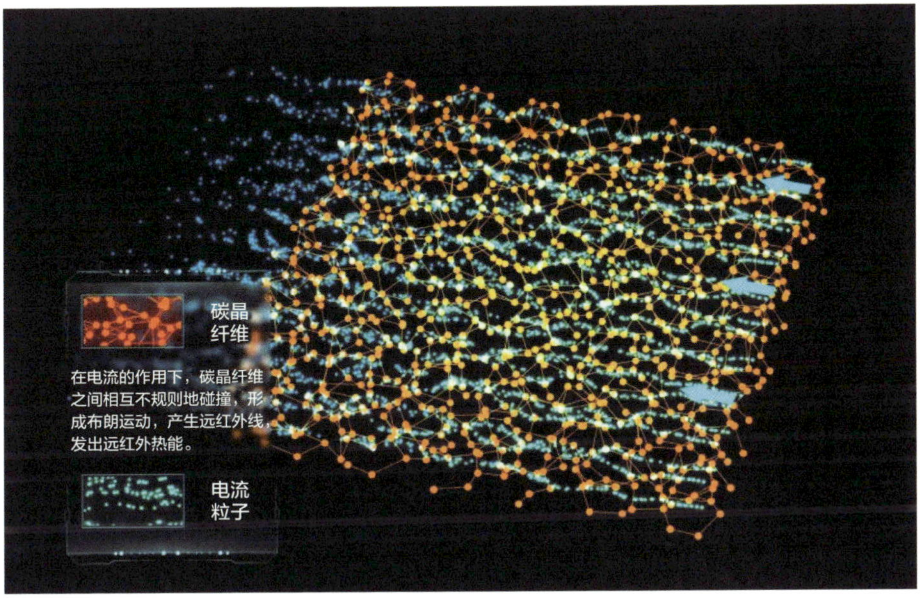

图 5－3　低温辐射电热地板发热原理

控便捷等优势，可实行分时分区智能控制，拥有很多其他采暖方式不可比拟的优点，必将被越来越多的用户认同和接受。

起热速度快、高效节能。电发热层在地板表皮下 3～5mm 处，是市面上最接近人体的供热产品，5 分钟地板表面可升温 10 摄氏度，是热量传输速度最快的采暖制热技术，其起热快速、使用节能的特性十分显著。实行分时分区智能控制，用户可根据需要进行调控，有效节约能源。利用峰谷电价政策，可大大减少运行费用。

集成性高、干式铺装。碳晶纤维与饰面层、原木层、反射膜等材料集成为一体，在施工中可以直接在地面干式铺装，具有施工简便、质量可控、售后简单等优点。由于安装方便，在旧房改造方面很有优势，直接在瓷砖上铺设或者将木地板替换后即可使用，100 平方米的房子只需要 2 天即可单独完成安装。售后简单，无隐蔽施工，单片损坏单片更换，1 小时完成检测及更换。

舒适、健康。地面供暖是最舒适的供暖方式，室内地表温度均匀，室温由下而上逐渐递减，给人以脚温头凉的良好感觉。不易造成污浊空气对流，室内空气洁净。远红外线改善血液循环，促进新陈代谢。

节约空间、美化居室。室内取消了暖气片及其支管，增加使用面积，地板地暖二合一，不占层高，便于装修和家居布置。

安全稳定。低温辐射电热地板由几十万根木纤维组成网络，碳晶纤维融入木纤维中，相当于几十万根导电体，当电流通过的时被分解成几十万条电流支路，每条支路上的电流是原电流的几十万分之一（即微电流，经过实测其为0.018 毫安）。而人体电流产生微麻感的下限大致在8 毫安，人体触碰无任何电感应。地板的接头、电线是相关公司研发的专利产品，可在异常（水、潮等）情况下 0.03 秒做出反应，灵敏度高。每个房间都是专线控制，加上空开、漏保，保证了用电安全。

使用寿命长。不结垢、不腐蚀，无人为破坏，使用寿命与建筑物同步。经国家红外及工业电热产品质量检验检测中心检测，达到 10 万小时热衰减不足 5%，按每年冬季使用 100 天计算，使用寿命至少可达 40 年。

数据资产化。从业务系统、物联网设备等渠道收集到的大量的原始数据，形成结构化或非结构化的数据资源池。通过数据清洗、去重、标准化等手段提升数据质量，建立元数据管理、数据目录等治理体系进行数据资源化后再进行数据价值评估和资产化运营。

（4）总体应用效果

低温辐射电热地板已在全国 22 个省 180 多个城市得到应用，供热区域建筑面积 20.43 万平方米，其中公用建筑正常供热 8.43 万平方米，居住建筑正常供热 12 万平方米。具有代表性的应用有青藏铁路沿线工作站改造项目，南平市建阳云谷小区供热项目，云南红龙酒店供热项目，福州市旗山万佛寺、雪峰寺、鹅峰寺、兴福禅寺供热项目，宁波国际礼拜堂供热项目等。以北方清洁采暖改造项目和夏热冬冷地区供暖项目为主。项目应用效果良好，受到用户广泛好评，具备推广应用价值。

（5）商业化进展程度

通过多年迭代，低温辐射电热地板技术已经成熟并通过住房城乡建设部科技成果评估和推广。研发公司对产品进行了标准化，并建设了自动化生产线，生产能力有较大的提升。通过多年的市场培育，各地对城市清洁采暖的政策支持力度不断加大，用户的需求也得到了有效释放。

计划在未来 3 年内，在新疆、西藏、陕西、山东等北方主要区域内结合北方清洁采暖改造，推广应用低温辐射电热地板，面积达 40 万平方米；在长江中下游地区，结合夏热冬冷地区采暖试点城市的示范作用，推广低温辐射电热地板，面积达 50 万平方米。

2. 示范项目介绍

（1）示范项目基本情况

项目案例一：青藏铁路沿线工作站改造项目。

该项目为北方地区清洁取暖改造项目，青藏铁路沿线有 200 多个工作站，总面积约 12000 平方米，工作站有外墙保护，建筑达到 65% 节能型建筑标准，该项目于 2012 年竣工。青藏铁路沿线工作站在海拔 3000 米以上，全年室外最低温度达 -30℃，每年有长达 9 个月的采暖季。改造前用锅炉采暖，室温只能达到 11 ~ 15℃ 且采暖费用较高；改造后，工作站采用低温辐射电热地板进行供暖，室温可维持在 18 ~ 22℃。青海省冬季采暖电价为 0.28 元/千瓦时，运行一个采暖季，采暖费用约为 25 元/平方米。

项目案例二：南平市建阳云谷小区供热项目。

该项目建筑为夏热冬冷地区的居住建筑，建筑达到 50% 节能型建筑标准，项目总面积约 11000 平方米，于 2021 年 3 月竣工。小区采用低温辐射电热地板进行供暖，室温 18 ~22℃，居民用电执行峰谷电价（高峰电价为 0. 52 元/千瓦时，谷峰电价为 0. 29 元/千瓦时），运行一个采暖季，采暖费用约为 15 元/平方米。用户根据需要选择启停时间，设置温度，控制方式为手动和手机 App 远程设置。其在满足供暖个性化需求的同时体现了低温辐射电热地板经济性的优势。

（2）项目的示范效果、意义、可推广性分析

随着人们生活水平的提高，冬季建筑采暖需求逐年增加，除传统北方采暖区域外，长江中下游地区居民在冬季也开始采暖，供暖技术和产品需求量巨大。电地暖、水地暖作为低温地面辐射供暖方式，具有节能、舒适等特点，已得到了大量应用。低温辐射电热地板具有温度均匀性高、使用寿命长、功率稳定性和舒适性高等特点，适用于无市政供热的建筑采暖工程，推广前景广阔。

结合北方地区清洁取暖改造项目和夏热冬冷地区采暖示范项目，将在全国范围大规模推广低温辐射电热地板供暖技术。

（3）综合效益

①经济效益分析

最大限度利用土地资源。节省建设锅炉房所需占地、存放燃料所需占地和外网占地，以及运行管理人员办公所需占地和大量费用，提高了有限土地的含金量，可售房面积比例提高，增加了经济效益。

无须人员维护。相比传统供暖方式不断维护锅炉或空调系统，节省了大量人工费用和维修费用。

使用寿命长。无论是大型供暖锅炉、小型分户锅炉还是燃油、燃气或电锅炉，约 8 年就需要更换，空调的使用寿命也是 5 ~8 年，这就意味着住户若干年后还要花钱更新设备。低温辐射电热地板，产品与建筑同寿命，在 50 年以上。

运行费用低。在电能驱动下，热量直接从地板表层向空间发散，大大缩短热量传递距离，节约能耗，通电 5 分钟，地板表面可升温约 10℃。具有分室分时控制功能，可以在房间有人时调到所需温度，无人时关闭，实现经济运行，可节省大量运行费用。还可以配合网络智能控制实现智能化

管理，能降低运行成本，花最少的钱获得更佳的采暖体验。发热层在地板表皮下 3 ~5mm 处，靠近地板表面发热，最接近人体，较对流供暖方式热效率高，传送过程中热量损失小，相较于其他类型的地暖热损耗减少 30% 以上；可实行分区分时控制，即开即用，需要的空间开，不需要的空间不开，使用灵活，能耗又可节省 50% 以上。充分利用电价政策，更能减少运行费用。

②环境效益分析

实施低温辐射电热地板供暖技术，利用电力取代燃煤锅炉集中供暖，逐步提高电采暖的使用比例，特别是推广电网谷电采暖方式，是平衡供暖成本、稳定电网、有效改善采暖期空气质量的一个重要途径。不产生任何污染物，不仅减少对传统化石能源的依赖，而且可有效地降低温室气体排放，为城市环境质量的改善作出积极的贡献。这种方式热转化率高，比传统的采暖方式更加节能，也为城市绿色低碳高质量发展提供了有力的支持。

③社会效益分析

实施低温辐射电热地板供暖技术将有助于创造更多的就业机会，促进社会的就业和经济发展，有助于提高产业集群发展水平，加快构筑产业链垂直分工协作体系，实现传统产业由块状经济向现代产业集群转型升级。通过技术改造、技术创新、信息化融合，推动传统产业由成本优势和比较优势向技术优势和创新优势转型升级。通过节能降耗、发展循环经济、淘汰落后产能，推动传统产业由资源消耗型向生态环保型转型升级。通过开拓国内市场，提高产品内销比例，推动传统产业向内需和出口并重转型升级。通过品牌建设、工业设计、营销模式创新，提升产业价值，推动传统产业由加工制造向技术创新升级，由单纯制造向研发、生产、营销服务复合发展转型升级，推动了行业技术水平发展。

3. 专家评审意见或第三方鉴定测试报告等支持文件

评估证书、推广证书和科技查新报告分别如图 5 -4、图 5 -5、图 5 -6 所示。

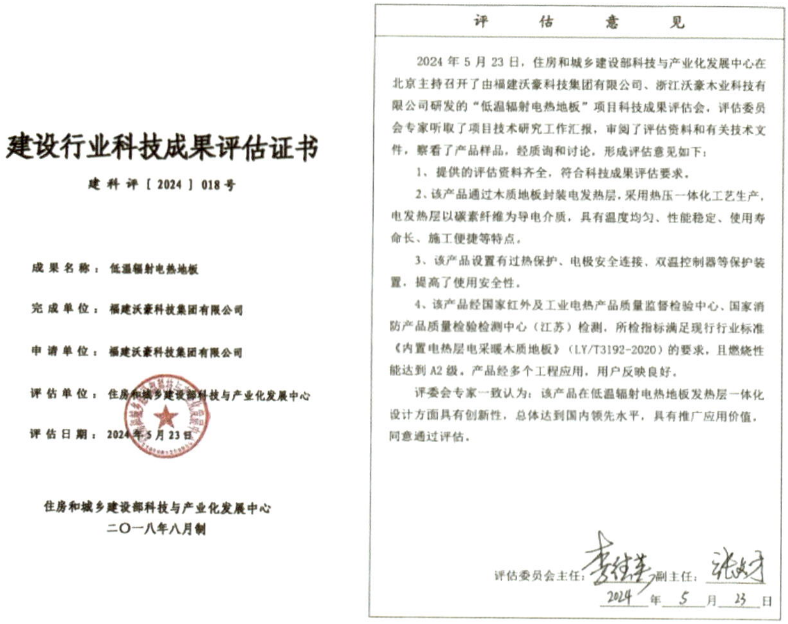

建设行业科技成果评估证书

建科评［2024］018号

成果名称：低温辐射电热地板

完成单位：福建沃豪科技集团有限公司

申请单位：福建沃豪科技集团有限公司

评估单位：住房和城乡建设部科技与产业化发展中心

评估日期：2024年5月23日

住房和城乡建设部科技与产业化发展中心

二〇一八年八月制

评　估　意　见

2024年5月23日，住房和城乡建设部科技与产业化发展中心在北京主持召开了由福建沃豪科技集团有限公司、浙江沃豪木业科技有限公司研发的“低温辐射电热地板”项目科技成果评估会，评估委员会专家听取了项目技术研究工作汇报，审阅了评估资料和有关技术文件，察看了产品样品，经质询和讨论，形成评估意见如下：

1、提供的评估资料齐全，符合科技成果评估要求。

2、该产品通过木质地板封装电发热层，采用热压一体化工艺生产，电发热层以碳素纤维为导电介质，具有温度均匀、性能稳定、使用寿命长、施工便捷等特点。

3、该产品设置有过热保护、电极安全连接、双温控制器等保护装置，提高了使用安全性。

4、该产品经国家红外及工业电热产品质量监督检验中心、国家消防产品质量检验检测中心（江苏）检测，所检指标满足现行行业标准《内置电热层电采暖木质地板》（LY/T3192-2020）的要求，且燃烧性能达到A2级，产品经多个工程应用，用户反映良好。

评委会专家一致认为：该产品在低温辐射电热地板发热层一体化设计方面具有创新性，总体达到国内领先水平，具有推广应用价值，同意通过评估。

评估委员会主任：　副主任：

2024年5月23日

图5－4　评估证书

CSTID

建设行业科技成果推广项目

证　书

福建沃豪科技集团有限公司：

经评定，你单位“低温辐射电热地板”项目列为二〇二四年建设行业科技成果推广项目。

适用范围：电采暖工程

证书编号：2024026

（此证有效期三年）

二〇二四年七月一日

图5－5　推广证书

编号：JSSJ2024-047

科技查新报告

项目名称：低温辐射电热地板

委托单位：福建沃豪科技集团有限公司

查新单位：亚太建设科技信息研究院有限公司

（原建设部科技信息研究所）

委托日期：2024 年 4 月 8 日

完成日期：2024 年 4 月 16 日

中 华 人 民 共 和 国 科 学 技 术 部

二○○○年制

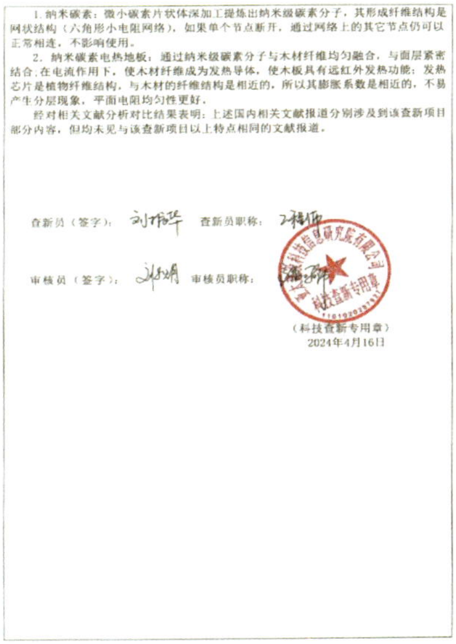
1. 纳米碳素：微小碳素片状体深加工提炼出纳米级碳素分子，其形成纤维结构是网状结构（六角形小电阻网络），如果单个节点断开，通过网络上的其它节点仍可以正常相连，不影响使用。

2. 纳米碳素电热地板：通过纳米级碳素分子与木材纤维均匀融合，与面层紧密结合；在电流作用下，使木材纤维成为发热导体，使木板具有远红外发热功能；发热芯片是植物纤维结构，与木材的纤维结构是相近的，所以其膨胀系数是相近的，不易产生分层现象，平面电阻均匀性更好。

经对相关文献分析对比结果表明：上述国内相关文献报道分别涉及到该查新项目部分内容，但均未见与该查新项目以上特点相同的文献报道。

查新员（签字）： 查新员职称：

审核员（签字）： 审核员职称：

（科技查新专用章）

2024年4月16日

图 5－6 科技查新报告

（二）ZPLC 智能照明系统通信技术

1. 创新技术介绍

（1）技术背景、行业痛点难点

当前，我国绿色建筑快速发展，要求和标准逐步提高，从节能发展到绿色、健康、环保，并取得了显著成就。截至 2023 年底，全国城镇累计建成绿色建筑面积约 118.5 亿平方米，获得绿色建筑标识项目累计 2.7 万余个，2023 年新建绿色建筑面积占城镇新建建筑面积的 94%。既有建筑绿色建筑达标方面不容乐观，我国既有建筑面积超过 600 亿平方米，有 60% 以上的建筑不是节能建筑。照明能耗为刚需能耗，建筑照明能耗占建筑总能耗的 30% ~50%，该部分节能对降低建筑整体能耗水平意义重大。同时随着人民生活水平的提高，人们对建筑照明又有了更高要求，在满足基本照明需求上，还要求照明智能化、健康、节能、舒适等。智能照明发展受到产品价格高、实施难度大、产品性能不足等方面制约，普及率低。现有智能照明主要集中于中高端新建公共建筑领域

（如体育场馆、高档酒店等），大量存量建筑尤其是普通公共建筑智能照明发展严重滞后，这一问题亟待解决。

（2）解决的核心问题

解决既有建筑快速实现节能改造的问题。恒亦明（重庆）科技有限公司（以下简称恒亦明）物联网低碳照明技术采用（Zero Power Line Communication，ZPLC）电力线通信，无须额外敷设通信线缆，仅利用现有电力线便可快速实现建筑照明智能化，施工便捷，施工期间不影响正常运营；改造新建项目均适合，尤其适用于城市更新及存量公共建筑的智能、健康、节能改造。

解决建筑节能降耗的问题。在“双碳”背景下，智能照明是建筑节能降耗的重要内容和途径，恒亦明物联网低碳照明技术在发光二极管（Light Emitting Diodel，LED）节能基础上实现二次节能，综合节能率可达70%，有效降低能耗及碳排放、提升智能化水平及舒适度。

解决建筑照明智能化升级的问题。恒亦明物联网低碳照明技术集物联网、云计算、传感器、能耗计量等设备和新一代信息技术于一体，采用拥有自主知识产权的ZPLC电力线通信技术，可快速实现公共建筑灯光远程管理、亮度色温调节、场景分组控制、感应控制、时序自动控制等功能，促进建筑照明智能化。

（3）主要技术原理

恒亦明物联网低碳照明技术基于拥有自主知识产权的ZPLC电力线通信技术，利用现有照明交流供电线路进行信号传输，实现照明开关面板或控制模块对LED数字化调光调色灯具光源的亮度、色温、场景、分组等多参数的控制，以满足现代化建筑健康舒适、高效节能、智慧管理的照明控制需求，是最新一代的智慧照明技术。系统架构如图5-7所示。

（4）总体应用效果

①节能效果良好，经济回报率高

全系列光源均为LED光源，不仅LED光源本身节能，同时还通过智能控制、调光、感应、背景光等先进的二次节能技术真正做到“按需照明”，通过管理控制可以在普通LED产品节能的基础上再节能约20%，相

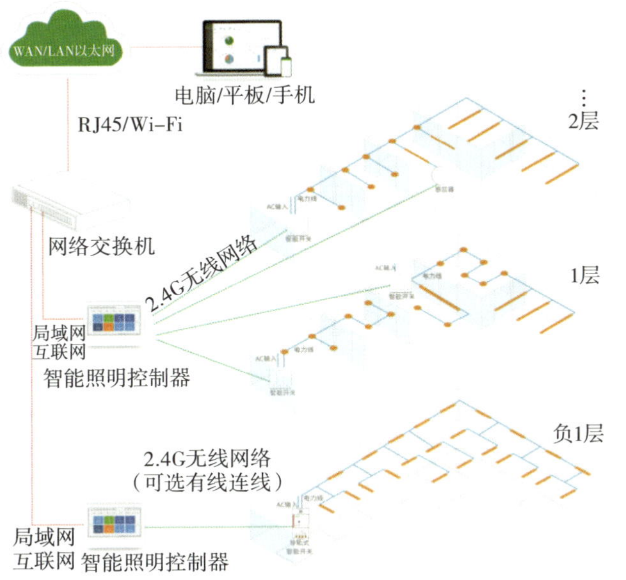

图 5－7 系统架构

比传统照明综合节能率可达 70%，车库应用节能率更可达 80% 以上。

②建筑光环境大幅改善

系统光源为全数字化 LED 光源，全系列光源可直接实现亮度、冷暖色温甚至色彩调节、场景控制、光感应、人体感应、时序控制、远程控制等控制管理功能。

灯光亮度色温场景根据不同的应用模式和需求进行切换，有助于对工作效率及心理情绪产生积极影响。北京工业大学办公建筑光环境使用调研数据结果表明，在不同的场景中使用者对光环境的需求有差异，采用物联网光环境系统的建筑相比传统照明的建筑体验者在办公室的整体满意度大幅提升，照明总体满意度由传统照明办公室使用者的 39% 提升到采用物联网光环境系统办公室使用者的 61%，提升建筑光环境有重要现实意义。

③全免控制线系统架构，适用范围广

系统无须敷设额外控制线，施工成本低，同时专利的软分组技术可以大大减少灯光分回路电缆用量，系统造价远低于传统智能照明系统，尤其适用于公共建筑的照明智能化及光环境提升改造，为既有建筑的节能改造提供了一种更简易、高效、智能的解决方案。

④灵活多样的智能管理模式

系统支持远程控制、感应控制、时序控制、能耗监测等管理模式，同时保留传统本地控制操作习惯，本地面板及面板化贴墙遥控面板极大地方便用户随时控制灯光，权限控制管理功能完善，各个区域用户在其权限范围内可以通过电脑、手机、平板等终端轻松控制管理灯光。此外，系统顶层提供开放互联网接口，方便其与其他智能系统互联互通。

（5）商业化进展程度

目前全国中心城市及重点城市（如北京、上海、重庆、成都、西安、沈阳、兰州、南昌、深圳、银川、西宁、乌鲁木齐、贵阳、昆明、南宁、杭州、宁波、洛阳等）均有技术应用或示范案例。典型案例包括外交部、工业和信息化部、教育部、国家烟草专卖局、中央团校、中国人民银行青海省分行、中国人民银行重庆营业管理部、招商银行深圳总部、甘肃省财政厅、中国人民解放军第三〇七医院、西安国际医学中心医院、洛阳市儿童医院、江西省革命烈士纪念堂、中国商飞江西生产试飞中心、西昌西站、甘肃大剧院、成都新世纪环球中心、中国移动（成都）产业研究院等。

2. 示范项目介绍

（1）示范项目基本情况

中国人民银行西宁某支行是中国人民银行的派出机构，主要职责是在青海辖区贯彻落实总行制定的货币政策、维护金融稳定、提供金融服务。项目地处中国青藏高原第一大城市西宁市，海拔 2261 米，属于典型的高原高山气候，光气候分区Ⅱ。中国人民银行西宁某支行办公大楼属于典型的金融营业综合办公建筑，建于 20 世纪 90 年代，曾是青海省西宁市地标建筑，楼高 20 层，建筑面积近 2 万平方米，建筑内部地面及部分墙面全天然暖色大理石装饰，装饰风格庄重，经过多年的运营使用大楼各项设备包括照明设备陈旧老化、能耗高，不仅影响正常办公还存在安全隐患，同时已经无法满足绿色建筑要求。

从 2019 年开始大楼整体翻新改造，照明系统成为改造中的重要环节，该项目照明智能化及光环境改造同时列入“十三五”国家重点研发计划“绿色建筑及建筑工业化”重点专项科技示范工程（公共建筑光环境提升关键技术研究及示范）。

（2）项目的示范效果、意义、可推广性分析

恒亦明物联网低碳照明系统采用全数字化智能 LED 光源、ZPLC 专利通信技术，灯光的亮度、色温、灯组、场景等可随意调节和切换，每个光源在亮度与色温调节上都有 7 个档位可供选择，可根据公司运作时间与员工作息时间按需设置场景，既舒适护眼又可二次节能。可变的亮度与色温，其能耗比普通 LED 照明低、节能率高，全系统无任何高能耗光源。其绿色 LED 数字光源，寿命超长，维护费用低，具备优异的经济性，以按需照明的理念，实现节能的最大化；整个照明系统，尤其是在公共区域内，在照明系统工作状态下可设置为全自动方式，系统将按预设的照明计划进行工作，灯光状态按计划自动运行，免除人为开关控制，大大减少用户的维护费用。后台管理人员可通过 PC 端（局域网或互联网）、手机、电脑终端随时随地对控制系统下的灯光进行统一管理，并随时检测灯光运行状况。物联网光环境系统是智能照明与互联网相互融合的新一代照明系统，控制管理模式灵活多样，Web 页面接入，无需下载 App，轻松满足灯光本地及远程控制管理需求，在降低人工成本、提高工作效率的同时，实现智能、节能双标准。

恒亦明物联网低碳照明技术下创新的无线分布式系统可以极大简化传统总线系统设计施工程序，降低系统拓扑复杂程度，有助于适应智能照明发展趋势和要求。恒亦明物联网低碳照明技术的应用实施，尤其在既有建筑照明智能化光环境提升改造方面具有明显优势和创新性，社会经济效益显著，照明智能化的普及发展能够推动绿色建筑的推广实施以及降低能耗，绿色建筑、节能减排不仅是国家战略发展的需要，还是衡量社会发展的重要标志。

（3）综合效益

①能耗测试计算

经过计算和测试，照明节电率达到 61%，如表 5－2 所示。

表 5－2　项目照明节电率测试结果

检测项目	办公室	会议室	大厅	走廊
安装功率（瓦）	27279	3451	972	8680
节电率（%）	63.5	65.1	58.0	51.1
总节电率（%）	61.0			

②社会效益

光环境是绿色建筑的重要组成部分，健康的光环境对人的生理、心理、健康与行为具有积极的影响作用，光环境对应的照明能耗也影响到整个建筑能耗。公共建筑光环境系统设计应用水平将直接关系到服务水平，基于 ZPLC 电力线通信技术的全调光调色温光环境系统成功构建并实际应用于大型公共建筑，系统创新的免布控制线技术可极大简化降低系统拓扑复杂程度，降低系统造价，有助于光环境系统的应用发展。全调光调色温光环境系统的规模化推广应用，将会极大地提高建筑光环境质量及照明智能化水平，创造经济及社会价值。

3. 专家评审意见或第三方鉴定测试报告等支持文件

应用方评价意见和三星级绿色照明标识证书如图 5－8 所示。

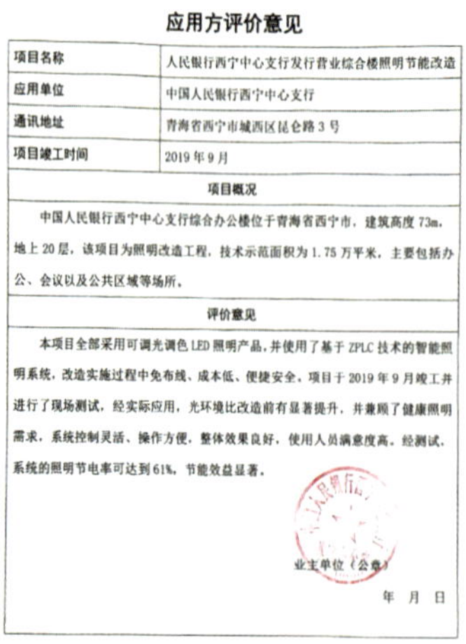

应用方评价意见

项目名称	人民银行西宁中心支行发行营业综合楼照明节能改造
应用单位	中国人民银行西宁中心支行
通讯地址	青海省西宁市城西区昆仑路 3 号
项目竣工时间	2019 年 9 月

项目概况

中国人民银行西宁中心支行综合办公楼位于青海省西宁市，建筑高度 73m，地上 20 层，该项目为照明改造工程，技术示范面积为 1.75 万平米，主要包括办公、会议以及公共区域等场所。

评价意见

本项目全部采用可调光调色 LED 照明产品，并使用了基于 ZPLC 技术的智能照明系统，改造实施过程中免布线、成本低、便捷安全，项目于 2019 年 9 月竣工并进行了现场测试，经实际应用，光环境比改造前有显著提升，并兼顾了健康照明需求，系统控制灵活、操作方便，整体效果良好，使用人员满意度高。经测试，系统的照明节电率可达到 61%，节能效益显著。

业主单位（公章）

年　月　日

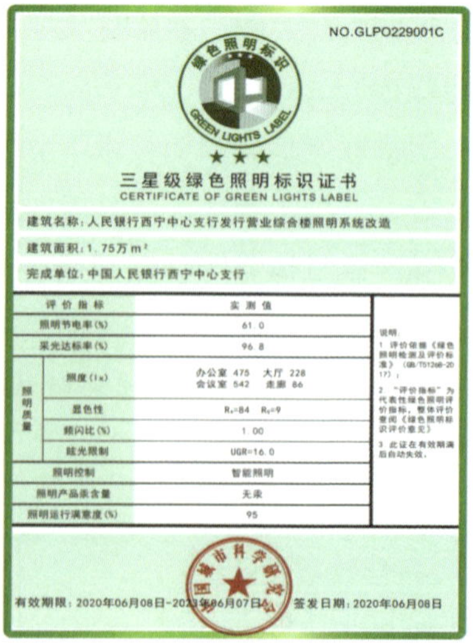

NO.GLPO229001C

绿色照明标识 GREEN LIGHTS LABEL

★★★

三星级绿色照明标识证书

CERTIFICATE OF GREEN LIGHTS LABEL

建筑名称：人民银行西宁中心支行发行营业综合楼照明系统改造

建筑面积：1.75万 m^2

完成单位：中国人民银行西宁中心支行

评价指标		实测值
照明节电率（%）		61.0
采光达标率（%）		96.8
照明质量	照度（lx）	办公室 475　大厅 228 会议室 542　走廊 86
	显色性	R_a=84　R_9=9
	频闪比（%）	1.00
	眩光限制	UGR=16.0
照明控制		智能照明
照明产品汞含量		无汞
照明运行满意度（%）		95

说明：
1. 评价依据《绿色照明检测及评价标准》（GB/T51268-2017）；
2. "评价指标"为代表性绿色照明评价指标，整体评价查阅《绿色照明标识评价意见》
3. 此证在有效期满后自动失效。

有效期限：2020年06月08日－2023年06月07日　签发日期：2020年06月08日

图 5－8　应用方评价意见和三星级绿色照明标识证书

（三）智慧供热单元平衡技术

1. 创新技术介绍

（1）技术背景、行业痛点难点

杭州云谷科技股份有限公司一直致力于供热事业发展，注重科技用实力发展，以平衡热量表为基础，先后获得了电磁式流量测量和控制一体化装置、流量测量和控制一体化装置、一种电磁流量计信号调理电路及其调整方法和应用、一种阀芯及电极一体化装置、电磁流量计及其应用等14项国家发明专利、5项外观设计专利、8项软件登记，公司尚有12项国家微电网技术。核心产品平衡热量表经行业专家论证，被认定为国内外首创，技术处于国际领先地位。目前供热行业普遍存在的难点痛点如下：

能耗高、效率低。传统供热系统能耗高、效率低，环境污染问题突出，尤其是在北方集中供暖地区，煤炭等化石能源的大量使用加重了碳排放负担。

水力失调。供热管网作为复杂的流体传输网络，其水力平衡情况直接影响系统的运作效能，特别是二次管网频繁遭遇水力失调，其具体表现为用户端冷热不均、能源浪费及企业经济效益受损。

管理粗放。传统供热系统的运行依赖于固定的控制策略和手动调节，难以实现供热系统各个节点的实时监控和调节，缺乏有针对性的优化措施，无法根据实际情况动态调整供热参数。

智能化水平低。供热服务的智能化程度不足，难以精准满足用户个性化需求，运营管理效率亟待提升。

（2）解决的核心问题

该创新技术旨在解决二次网供热管路存在的水力和热力失衡问题。

为保证远端用户室温，整个供热季换热站二次网供温普遍较高，导致中间套用户室温普遍过高，且存在较严重的开窗放热现象，热能的浪费很严重。

采用平衡热量表技术，首先是实现远近楼栋单元的水力和热力测量，然后根据测量结果指导并控制其内置阀门实现各楼栋单元之间的水力和热力分配，解决了二次网水力和热力失衡问题，在减少近端楼栋单元供热量的同时，也减少了循环水量，节约了热量和电量。

（3）主要技术原理

平衡热量表热量测量采用电磁流量测量原理和焓差法，其电磁流量传感器是依据法拉第电磁感应定律制造的，它能够把流速这个物理量线性地变换成感应电动势。将在管道内流动的导电液体流动看成导体的运动，当管道置于磁场内时，在与磁场方向、管道中心轴、管道的直径三者相互垂直的管道位置装两个与液体接触的电极，那么管道的直径可以看成导体的长度，液体相对于电极流动，这样就可以看成导体在磁场内做切割磁力线运动。显然，此时管道壁上的两个电极间存在感应电动势信号，当磁感应强度一定时此感应电动势与管内的平均流速成正比，流速乘以管道截面积即为瞬时流量值。通过配对温度传感器测量供水和回水温度，经平衡热量表内部计算获得供回水热焓差，焓差与流量的乘积为瞬时热量，在表内进行累积后成为累积热量。测量原理如图 5 –9 所示。

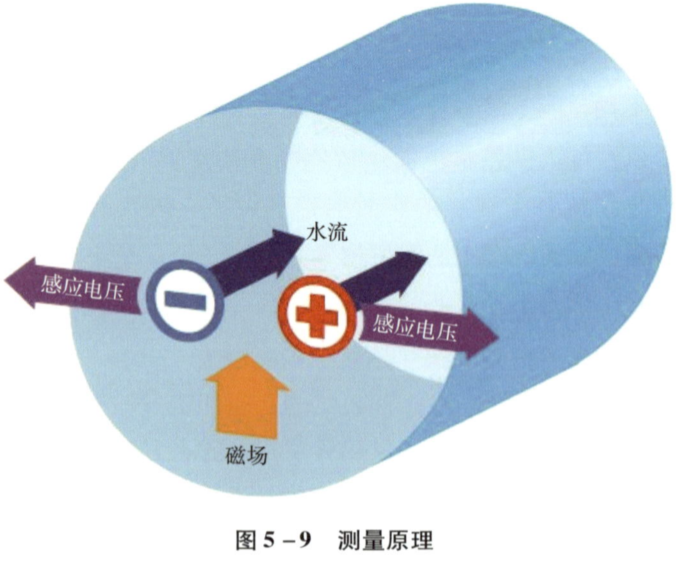

图 5 –9　测量原理

同时，平衡热量表采用测控一体化结构、新型管路设计、同步采样技术等多项关键技术，内置电磁式流量传感器和控制阀，配备一对供水和回水温度传感器，除了具备常规热量表的计量、显示、通信等功能外，可以通过表内置控制阀调节楼栋、单元或房间的供热量，实现水力和热力的平衡。

（4）总体应用效果

平衡热量表产品应用的主要意义在于实现二次网末端平衡，提高能源利用效率，减少能源浪费。典型的如在单元平衡调控的应用中，使用单位可直观地看到每个单元的水量和热量分布，直接定性、定量地确定水力、热力过量楼栋和水办热力最不利点，为调控提供最直接依据，在此数据基础上通过调节平衡热量表内置控制阀门开度，实现各楼栋单元水力和热力的合理分布，减少了过热楼栋的供热量，同时也改善了不热楼栋的供热效果，在提高用户整体满意度的前提下，降低了热量消耗达到了节热的效果，同时，也减少了整个小区的循环水量，达到节电的效果。

（5）商业化进展程度

目前平衡热量表产品和技术在中国北方集中供热行业应用广泛，累计服务数十家热力公司，服务供热面积超8000万平方米，技术成熟，用户反馈情况良好，市场化、商业化程度较高。

2. 示范项目介绍

（1）示范项目基本情况

济宁四和供热有限公司始建于2002年，隶属山东公用控股有限公司，其供热辖区包括济宁市任城区、济宁市经济开发区、任城区经济开发区、太白湖区，供热开发总面积1500万平方米，供热水平均居山东省供热行业前列。

热力覆盖的老旧小区普遍存在供热系统能耗高，单元间流量分配不均，远端不热，部分楼栋室温不达标等问题，近年来陆续对苏州苑、华信小区、电业局南线等小区进行了楼栋单元的改造，每个单元安装法兰型平衡热量表产品，实现对各楼栋单元的水力、热力监控和调节以解决水力失调问题。平衡热量表现场安装图如图5-10所示。

通过2年的运行，小区能耗指标比往年降幅明显，单位能耗指标控制在0.285吉焦/平方米，平均节热量超15%，平均节电量超40%，节能效

图 5-10　平衡热量表现场安装图

果显著。

（2）项目的示范效果、意义、可推广性分析

项目成功实施后，达到各单元楼栋的平衡控制，解决水力失调问题，满足“可计量、可调节、可控制、信息化”的要求，达到节热、节电、节水的目的，提升供热系统的信息化水平和数字化管控水平。系统受到了用户一致好评。

使用情况相关数据统计显示，各小区平均节热量超 15%，平均节电量超 40%。如果每年推广 1000 万平方米供热使用该技术，每年需投入 1 亿元，平均每平方米成本约下降 4 元，大约 2.5 年可收回投资成本。全国现有 250 亿平方米的供热面积，其中约有 100 亿平方米使用集中供暖，随着城市化进程推进以及供暖南移，将会有更多的面积和居民采用集中供暖，市场潜力巨大。如果推广普及该技术，全国每年可以降低能源成本 400 亿元，减少约 0.7 亿吨煤炭消耗，经济效益和社会效益显著。

（3）综合效益

项目改造后，解决了二次网水力和热力失衡问题，在降低过热楼栋供热量和温度的同时也减少了循环水量，节约了热量和电量。经统计分析，项目实施后平均节热量超15%，平均节电量超40%，平均热耗降至0. 285吉焦/平方米，电耗降至1. 13千瓦时/平方米，具有明显的节能效果，经济效益和社会效益显著。

（四）高寒地区近零能耗建筑清洁供暖集成技术

1. 创新技术介绍

（1）技术背景、行业痛点难点

从世界范围来看，欧美发达国家为应对气候变化和极端天气、实现可持续发展，分别制定建筑迈向更低能耗的中长期（2020年、2030年、2050年）发展目标并出台相应政策，推广近零能耗建筑已经成为全球建筑节能发展趋势。我国建筑节能工作经过30余年发展，已建立覆盖全部气候区、覆盖全部建筑类型、覆盖工程建设全过程的标准体系，完成了30%、50%、65%三步走节能战略。近10余年，我国通过国际科技合作专项、国家重点研发计划和地方科研支撑项目等平台和渠道，投入超亿元经费支持近零能耗建筑的基础理论研究、技术创新和工程应用等。2019年，住房城乡建设部发布国家标准《近零能耗建筑技术标准》（GB/T 51350—2019），首次确立了我国近零能耗建筑的概念和不同气候区不同类型近零能耗建筑技术指标体系，为我国近零能耗建筑的设计、施工、运行等环节的建设提供了依据。我国近零能耗建筑经历了从认识到普及、从零标准到系列标准制定、从探索试点到示范推广，配套产业从稀缺到丰富的过程，实现了从政策文件、标准制定、技术迭代、产业形成、行业监管到项目落地的全方位发展。

（2）解决的核心问题

近零能耗建筑通过技术创新与模式重构，系统地解决了传统建筑的能源浪费、碳排放、舒适性差等问题，其价值不仅在于单体建筑节能，还在于推动建筑产业向绿色化、智能化、低碳化转型，为实现“双碳”目标提供核心支撑。

（3） 主要技术原理

①结合被动式设计理念优化建筑设计

建设近零能耗建筑，首先要遵循技术原理，合理规划设计方案，以被动式设计为基础，同时主动地优化调整，并借助各类辅助措施，最大限度地减少建筑物对传统能源的消耗。为了实现建筑节约能源的基本目标，在建筑设计阶段，应确保建筑建设能够与当地气候环境深度融合。通常来看，被动式设计在建筑结构设计中普遍存在，而通过改变建筑设计细节，如建筑朝向、隔热涂层等方面，可以取得比常规建筑设计更优秀的节能效果。

②高性能围护结构

建设更高质量的建筑围护结构将有效提升建筑的保温性能，在提升建筑质量的同时热能损失将进一步降低，这对于解决我国严寒、寒冷地区建筑的保温隔热构造问题具有积极意义。通常来看，建筑围护结构可以由加气块、保温材料组合构成，通过优化结构设计，保温围护结构的实用性将显著提高。在窗户安装方面，选择多层隔热玻璃，并在空气夹层内填充氩气、氪气等气体。与此同时，在建筑屋顶进行绿化植物种植，可改善居民居住环境，优化围护结构。通过以上围护结构的构造优化，房屋自身的隔热性能将充分提升，隔声性能也会显著提高。

③无热桥及气密性处理

热桥的存在使得建筑结构内部温度分布不均匀，墙体平均热阻减小，导致建筑热负荷增大，近零能耗建筑需要进行消除或削弱热桥的专项设计。热桥处理部位主要集中在外墙、屋面、外窗、外门、遮阳设施、女儿墙、地下室、穿墙风管等。具体做法包括外墙及屋面采用双层保温错缝粘接方式，避免保温材料间出现通缝；墙角处采用成型保温构件；保温层采用断热桥锚栓固定；管道穿外墙等部位预留套管并预留足够的保温间隙等。

建筑气密性也是围护结构传热的主要影响因素，对室内的热湿环境质量、空气品质和隔声性能的影响也至关重要，是近零能耗建筑的重要技术指标。气密性薄弱的地方主要集中在门窗四周与洞口连接处、门窗本身、管道或管线穿墙/屋面等部位。主要的提升气密性的措施包括选用气密性等级高的外门窗；选用适用的气密性材料做节点气密性处理，如气密性薄膜、专用膨胀密封条等；对门洞、窗洞、电气接线盒、管线贯穿处等易发生气密性问题的部位，进行专项节点设计。

④高效新风热回收系统

新风热回收系统是近零能耗建筑实现“能源自给”与“健康人居”双重目标的核心技术之一，其价值不仅体现在采用热回收装置降低新风系统能耗的直接节能上，还体现在通过空气质量优化提升建筑使用价值。未来发展方向将聚焦智能化、模块化、零维护化，并与光伏、储能等系统深度融合，最终推动建筑向“能源正循环”模式转型。

⑤充分利用太阳能等可再生能源

太阳能是一种清洁能源，对太阳能的开发和利用，不会对自然环境造成影响。基于太阳能板实现的光电转化和光热转化，是有效开发和利用太阳能能源的基本形式。我国大部分地区都充分认识到了太阳能能源的重要性，并积极采取了措施，利用各类设备，使太阳能承担生活供热和供电等基本功能。在建筑的屋面铺设大面积的太阳能光电板，可以有效扩大太阳能的采集面积，基于对光电板铺设角度的优化调整，太阳能资源将得到更充分的开发利用。与此同时，当前我国的太阳能热水器使用和普及程度已经达到较高水平，太阳能热水器和太阳能热风器，将为我国严寒、寒冷地区的住户提供大量热能，能够基本满足一些户型较小用户的采暖需求。太阳能在我国严寒、寒冷地区的近零能耗建筑建设过程中具有十分广阔的应用前景，而基于对绿色能源的初步开发应用，建筑自身的能源消耗将大大减少，这对于我国践行可持续发展理念具有重要意义。

（4）总体应用效果

近零能耗建筑通过系统性技术集成与模式创新，实现了“能源自给、环境友好、经济可行”的三重目标。其应用效果已得到全球500多个示范项目的实证支持，未来10年将成为建筑行业低碳转型的核心载体。北京、上海、山东、河北、河南、江苏等多个省、市出台鼓励政策和地方标准规范，全国在建及建成的近零能耗建筑面积已超1200万平方米，呈现出从北向南、从东向西的规模化推广趋势。随着近零能耗建筑技术体系逐步成熟、增量成本下降带来的投资回收期逐渐缩短，设计咨询能力逐步建立、上下游产业链逐步完善，近零能耗建筑将从试点示范阶段进入规范化推广、城市级推荐的新阶段。

（5）商业化进展程度

目前，世界各国均建立近零能耗建筑相关标准，通过政策驱动加速近零能耗建筑技术落地。欧盟《建筑能效指令》（2024 修订版）强制要求所有新建建筑达到近零能耗（nZEB）标准，存量建筑改造率目标提升至 35%；美国通过《2022 年通胀削减法案》，提供 30% 税收抵免政策，推动净零能耗建筑认证项目激增 47%（2022 年数据）；日本推行“ZEB + 碳中和”双认证体系，要求 2030 年所有新建公共建筑实现碳中和；新加坡实施“建筑能效分级制度”（BEE），近零能耗建筑可获 30% 容积率奖励；非洲撒哈拉以南地区启动“清洁能源建筑”倡议，太阳能光伏与地源热泵技术应用率年增长 22%。我国《“十四五”建筑节能与绿色建筑发展规划》明确提出，2025 年新建建筑节能标准较 2020 年提升 20%，北京、上海等超大城市试点近零能耗建筑强制认证制度；北京、上海、天津、河北、陕西、黑龙江、江苏、浙江、湖南、宁夏、广东、海南等省（区、市）已将近零能耗建筑纳入“十四五”规划。其中，2022 年 6 月发布的《黑龙江省超低能耗建筑示范项目奖补资金管理暂行办法》给超低能耗建筑单个项目提供最高 1000 万元资金支持；2022 年 10 月发布的《北京市碳达峰实施方案》提出，到 2025 年力争累计推广超低能耗建筑规模达到 500 万平方米；2022 年 7 月发布的《上海市碳达峰实施方案》提到“十四五”期间落实超低能耗建筑示范项目不少于 800 万平方米。

近零能耗建筑商业模式也在不断创新，包括碳汇质押贷款和绿色债券等形式，其中北京首单近零能耗建筑碳汇质押贷款发放，利率低至 3.8%，质押率可达碳资产估值的 70%；华润置地有限公司发行 15 亿元可持续发展债券，募集资金专项用于绿色建筑项目。除此之外，还出现了其他新型运营模式，EPCO 模式是指项目特指公司受业主委托，按照合同约定对工程建设项目的设计、采购、施工、试运行等实行全过程或若干阶段的承包。浙江嘉兴工业园区采用共享储能系统，通过建设10兆瓦/20兆瓦时储能电站，服务周边50栋近零能耗建筑，峰谷电价差收益占比达45%。

2. 示范项目介绍

(1) 示范项目基本情况

示范项目位于青海省果藏族自治区洛州玛沁县大武镇，总建筑面积670平方米，地上2层，室内的主要功能房间为羽毛球馆、氧吧、休息室及配套用房。该项目属于国际首创，在高寒高海拔地区（3700米）开展增压、增氧、近零能耗的创新应用，获得近零能耗建筑认证、绿色建筑三星级认证，获评科技部示范工程、青海省示范工程，为当地首创且唯一。该项目目标是在有限的增量成本下，基于当地高寒高海拔的气候条件，充分利用丰富的太阳能资源，借鉴被动式建筑技术体系，采用高效的低能耗辅助供热系统，充分利用可再生能源，营造室内温湿度适宜、富氧增压的近零能耗绿色建筑。

①绿色建筑技术体系

该项目在节能、节地、节水、节材、室内环境等方面采取了多种综合措施，为当地首个绿色建筑三星级认证项目（见图5-11）。

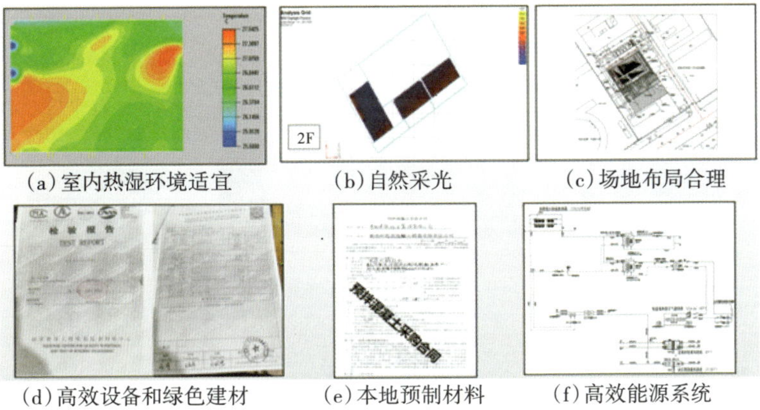

(a)室内热湿环境适宜　(b)自然采光　(c)场地布局合理

(d)高效设备和绿色建材　(e)本地预制材料　(f)高效能源系统

图5-11　该项目绿色建筑技术体系

②近零能耗建筑技术体系

该项目作为“十三五”国家重点研发计划“近零能耗建筑技术体系及关键技术开发”示范项目，采用的主要技术如图5-12所示。

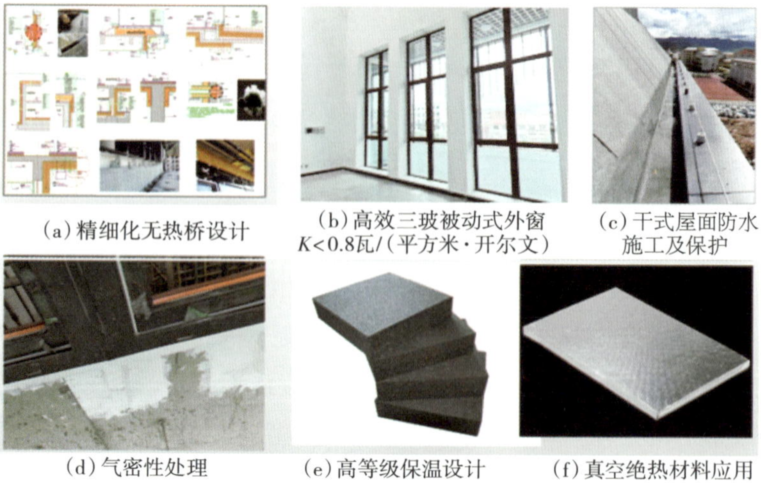

(a)精细化无热桥设计　(b)高效三玻被动式外窗 $K<0.8$瓦/(平方米·开尔文)　(c)干式屋面防水施工及保护

(d)气密性处理　(e)高等级保温设计　(f)真空绝热材料应用

图5－12　该项目近零能耗建筑技术体系

③增压增氧关键技术

该项目是国际首例增压、增氧近零能耗建筑，为减少低氧气浓度对居民身体健康产生的不利影响，该项目通过提升室内氧气浓度，人工制造富氧环境，改善使用者的身体健康状态（见图5－13）。通过设置增压增氧设备，实现室内外压差0～200帕可调，同时室内氧气浓度与海拔2700米相当。

(a)加压制氧系统　(b)自动气密门　(c)室内氧气弥散终端

(d)制氧机余热回收　(e)高效新风热回收系统　(f)高气密性设计

图5－13　该项目增压增氧关键技术

④可再生能源利用技术

该项目作为“十三五”国家重点研发计划“藏区、西北及高原地区利用可再生能源采暖空调新技术”示范工程，采用太阳能热风系统、相变储热系统、超低温空气源热泵、光伏发电等一系列可再生能源技术（如图 5 – 14 所示）。

(a) 热风型太阳能热泵集成　(b) 热风型真空集热管　(c) 相变储能
(d) 制氧机余热回收　(e) 光伏建筑一体化　(f) 超低温空气源热泵

图 5 – 14　该项目可再生能源利用关键技术

太阳能综合利用技术。当地有丰富的太阳能资源，该项目设置坡屋面造型以增加太阳能得热，在适宜朝向设置空气相变型太阳能集热系统，收集的太阳能热水优先供给生活热水储水罐，用来提供活动中心的生活热水；当生活热水储水罐中水温达到要求后，切换阀门，用太阳能热水加热太阳能蓄热水箱，蓄积的热量将用于预热新风或加热地暖盘管回水。此外，屋顶设置太阳能光伏系统，用于建筑照明和插座用电。

余热和太阳能预热新风及高效新风热回收。在严寒的冬季，果洛地区室外温度低于 –20℃，如果处理不当，加热寒冷的室外新风的负荷将产生很大的能耗。由于项目希望维持室内较高的正压，必须充分借鉴被动房高气密性措施，通过提高建筑气密性，减少不必要的无组织渗透风和加压造成的漏风。此外，项目设计多级新风加热策略，首先当太阳能辐射充足时，利用太阳能防冻液一次热水预加热新风，然后在制氧装置运行时利用制氧装置的预热进一步加热室外新风，新风经过高效热回收装置或直接通过加压机组进入室内，当新风工况不能满足室内舒适度要求时可进一步使用太阳能蓄热水罐中的热水或用空气源热泵加热。

低温空气源热泵及低温运行改善措施。为节约成本，项目采用低温空气源热泵作为主要辅助热源，在 $-20℃$ 时能够正常供热，为提高空气源热泵蒸发温度，将制氧机组排风位置布置在空气源热泵室外机附近，并设置排风罩改善气流组织，尽量利用较高温度的排风改善低温空气源热泵工况，延长空气源热泵工作时间，提高制热效率。

⑤群智能建筑技术

该项目作为“十三五”国家重点研发计划“新型建筑智能化系统平台技术”示范工程，采用的群智慧建筑技术如图 5－15 所示。

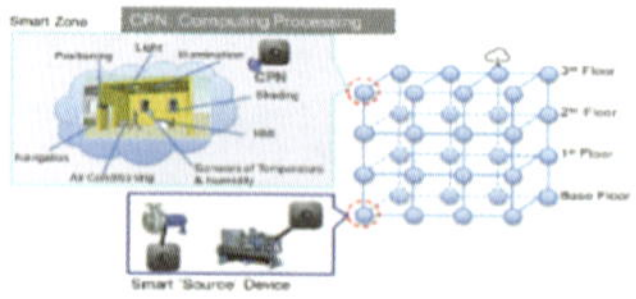

（a）群智能建筑技术体系

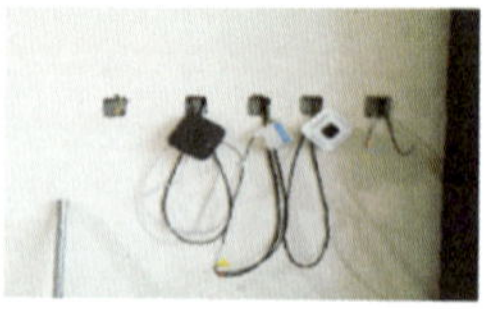

（b）CPN及各类传感器

（c）VR智能建设展示（CABR产品）

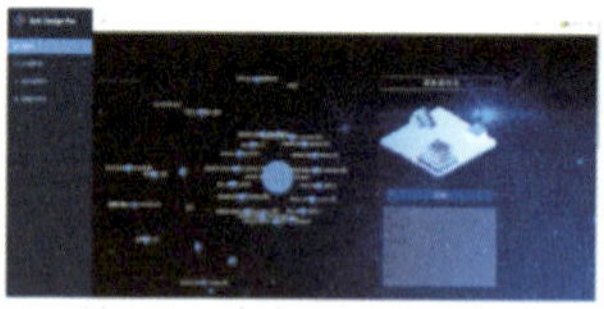

（d）基于微服务的智慧分析引擎（CABR产品）

（e）移动终端智能建筑系统（CABR产品）

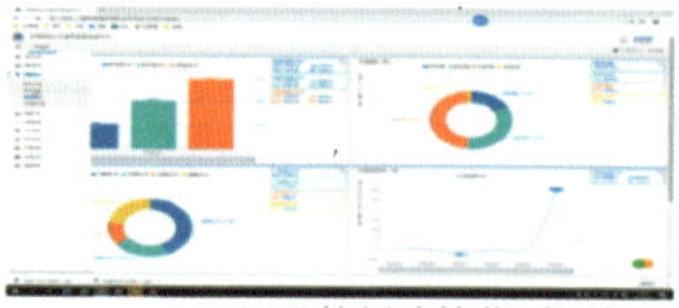

（f）近零能耗建筑监测平台（CABR产品）

图 5－15　本项目采用的群智能建筑技术

（2）项目的示范效果、意义、可推广性分析

该项目为“十三五”国家重点研发计划“新型建筑智能化系统平台技术”示范工程、“十三五”国家重点研发计划“近零能耗建筑技术体系及关键技术开发”示范项目、“十三五”国家重点研发计划“藏区、西北及高原地区利用可再生能源采暖空调新技术”示范工程、青海省科技厅科研项目“高寒高海拔地区被动式超低能耗建筑清洁供暖集成技术体系研究与示范”。2021 年，被认定为青海省科研科普基地，被果洛藏族自治州科技

局建设的省政府常务会议拟定为“民生十件实事着力改善人居环境”专项建设工程。该项目关键技术指标达到严寒地区同类建筑的国际领先水平，高寒、高海拔、富氧、增压的近零能耗建筑未见国际同类型经验。

随着近零能耗建筑的推广普及和逐步发展壮大，产业链日趋完善，近零能耗建筑的示范和推广带动了高性能建筑部品和技术的广泛应用与推广，如高效节能的复合外墙保温系统、高效节能外门窗系统、断热桥的技术与构件、提高建筑气密性的技术与材料、高效热回收新风系统、用于辅助供热（供冷）和生活热水的可再生能源系统等。高性能外墙、屋面、地面的复合保温系统以及高性能的外门窗系统，其非透明围护结构传热系数可控制在 0.1 ~0.2 瓦/（平方米・年），透明围护结构传热系数可控制在 0.6 ~1.0 瓦/（平方米・年），建筑各部分性能参数也基本与发达国家水平一致，空气源热泵、太阳能光热、地源热泵、光伏等可再生能源的应用比例逐渐升高。同时，近零能耗建筑项目的增量成本呈逐年下降的趋势，到 2020 年，以节能率为 65% 的普通建筑成本为基准，近零能耗居住建筑的增量成本降至 600 元/平方米，公共建筑降至 1000 元/平方米，而随着普通建筑能效水平的不断提升，建造成本不断提高，近零能耗建筑的增量成本会持续下降。

（3）综合效益

①节能降碳效益

该项目通过体形控制和阳光房设置，增加多种室内环境缓冲区，利用坡屋顶获得更多的太阳能得热，提高建筑气密性，利用自然得热降低供热负荷。在增压增氧前提下，本体节能率达到 86%，其中总能耗中暖通空调占比 62%，插座用电 1%，照明用电 1%，制氧机等特殊设备用电能耗达到 36%。增压增氧系统和暖通空调用电是用能的主要部分。供暖、空调和照明年平均能耗为 28.05 千瓦时/平方米，相对于当地 108.50 千瓦时/平方米的基准值，相对节能率达到 74.1%。

②社会效益

超低/近零能耗建筑在我国已全面推广，在太阳能资源丰富的高寒地区开展近零能耗建筑建设已成为解决当地常规能源不足问题的可行路径，是在高寒地区提升建筑能效水平的重要手段，可再生能源的利用对于降低建筑领域能耗和碳排放均具有重要意义，项目有效指导高寒高海拔地区超低/近零能耗建筑清洁供暖集成技术的示范和应用。通过对高寒高海拔地区被动式超低能耗建筑的围护结构关键技术体系和太阳能供暖与新风系统耦合应用开展研究，完善了高寒高海拔地区被动式超低能耗建筑清洁供暖集成技术体系。项目建筑建成后它将成为高寒高海拔地区第一栋被动式超低能耗公共建筑，对超低能耗建筑耦合供暖技术应用效果进行有效验证，有效填补这一技术在高原高海拔地区的空白，为推动我国建筑节能事业的发展起到积极的推动作用。

3. 专家评审意见或第三方鉴定测试报告等支持文件

该项目获评近零能耗公共建筑示范工程（如图 5－16 所示）。该项目获得三星级绿色建筑设计标识证书（如图 5－17 所示）。

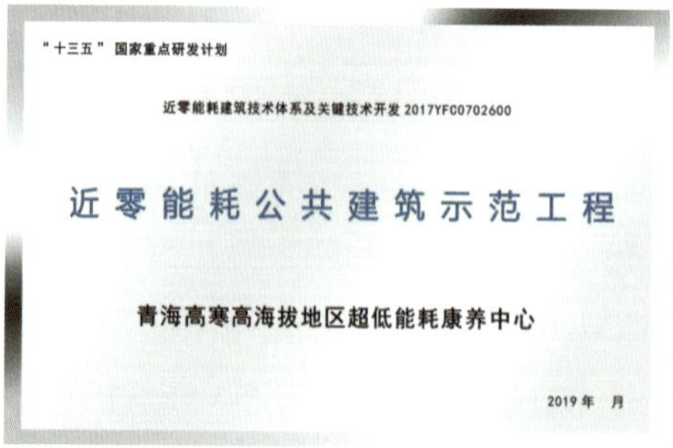
"十三五" 国家重点研发计划

近零能耗建筑技术体系及关键技术开发 2017YFC0702600

近 零 能 耗 公 共 建 筑 示 范 工 程

青海高寒高海拔地区超低能耗康养中心

2019 年　月

图 5－16　近零能耗公共建筑示范工程

绿色建筑设计标识
GREEN BUILDING DESIGN LABEL

三星级绿色建筑设计标识证书
CERTIFICATE OF GREEN BUILDING DESIGN LABEL

公共建筑　No. 20202901PD0233

建筑名称：青海高寒高海拔地区超低能耗康养中心(果洛州增压增氧 活动中心)

建筑面积：669.91m²

完成单位：果洛藏族自治州农牧和科技局、中国建筑科学研究院有限公司

评价指标	设计值
建筑节能率	89.8%
可再生能源利用率	可再生能源提供100%生活热水
非传统水源利用率	–
绿地率	22.62%
可再利用可再循环建筑材料用量比	6.8%

说明：
1.评价依据《青海省绿色建筑评价标准》DB63/T1110-2015.
2.此证只证明建筑的规划和设计达到《青海省绿色建筑评价标准》DB63/T1110-2015三星级水平；
3."评价指标" 值为代表性绿色建筑评价指标值，整体评价查阅《绿色建筑设计标识评审意见》。

青海省住房和城乡建设厅监制
签发日期：2020年12月21日
有效期限：2020年12月21日—2021年12月20日

图 5－17　三星级绿色建筑设计标识证书

（五）秦山核电核能供热综合利用技术

1. 创新技术介绍

（1）技术背景、行业痛点难点

核能供热利用核电机组冬季核反应堆剩余热量进行供热，将热量传递给热力公司，再经过供热管网送至终端用户。

核能供热采用多次表面换热，整个过程只有热量交换，没有介质的交换。用户接触的是通过层层隔离的充分安全的水，并通过三回路与二回路的压差设计、高精度监测装置设置等措施，实现多重屏障防御，整个过程充分保证了核能供热的安全性和可靠性。

核能供热技术路线成熟，目前全世界400余台在运核反应堆中有超过1/10的机组已实现热电联供，且已累计安全运行约1000堆/年。国内核电机组也在国家能源局部署下，快速推进核能供热建设。

（2）主要技术原理

①核电厂内供热首站

该项目在核电厂区内建设供热首站，加热蒸汽取自机组常规岛辅助蒸汽系统，在首站与热网循环水进行一次换热；热网循环水通过管网在二级换热站与用户侧二次换热。供热系统实现核电厂一回路与二回路、二回路与热网循环水回路、热网循环水回路与用户侧回路的多重隔离，确保核能供热安全可靠（见图5－18）。工程技术方案满足国家核安全局已颁发的现行有效的核安全法规和核安全导则的要求。

供热首站内主要热力设备采用模块化设计，并有一定负荷调节能力，一期供热规模为50兆瓦，二期最终实现150兆瓦供热能力（含一期50兆瓦），主要热力设备根据负荷需求分步建设。供热首站厂房、集控设备和水、电、气、通风等系统一步建设到位。供热系统流程包含放热的蒸汽侧系统和吸热的热网循环水侧系统，具体为热网加热蒸汽系统、热网加热器疏水系统、热网循环水系统以及热网定压补水系统等。

②核电厂外供热管网

核电厂外管网分阶段建设。第一阶段工程主要建设内容为单程输送距

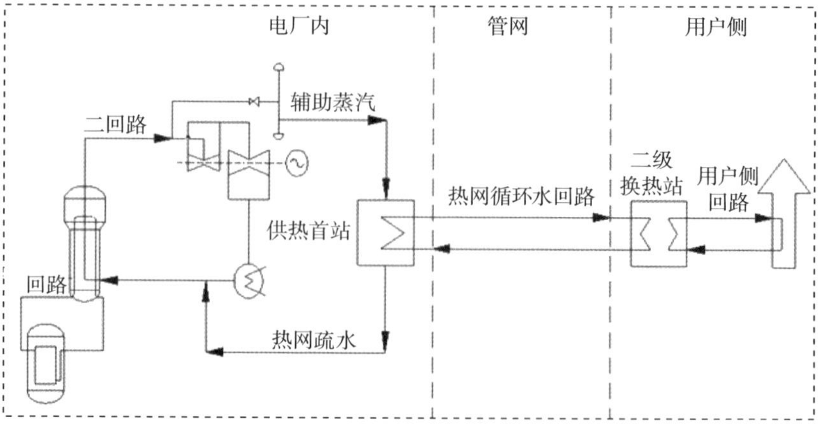

图 5 - 18 核能供热方案原理

离约 11 千米的 DN600 供回水双管，为海盐县 3 个小区 45.9 万平方米居民用户和 2.8 万平方米老年公寓提供冬季供暖服务。第一阶段工程于 2021 年 7 月 28 日开工建设，2021 年 11 月 9 日主体工程完成，2021 年 11 月 15 日完成调试并开始系统升温供热，2022 年 12 月 16 日完成竣工验收。

③热网介质及参数

热源与用户通过热力站采用间接连接方式，供热介质为高温热水，热网供水额定运行温度为 110℃ ~130℃，回水温度不高于 80℃，输送主干线的供回水设计压力为 1.6 兆帕。热力站后的热水供热支管网中供热介质为低温热水，具体供热温度根据用户末端需求确定。

④热网敷设形式

管网采用直埋敷设方式，局部根据地形情况和敷设条件，采用架空方式（如跨河、河塘等），跨河时在河道两侧设置桁架支架，支架之间采用钢结构桁架连接（见图 5 - 19）。管道位于钢结构桁架内跨越河道。供回水双管同沟埋地敷设。

⑤热网管材、保温

核电厂外一级管网主要采用直埋敷设方式，管网主要采用的是钢管、保温层、保护外壳结合成一体的预制保温管道；架空管道采用预制型架空聚氨酯保温管，外保护层采用不锈钢薄板。

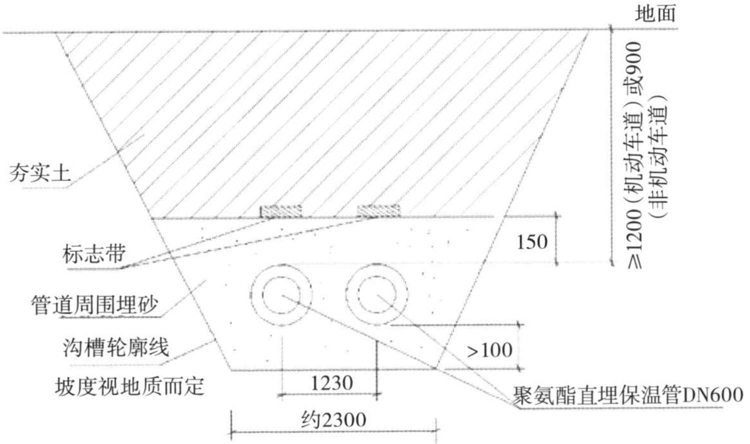

图 5－19 管网埋设示意（单位：mm）

⑥技术特点

换热方式采用多次表面换热，整个过程只有热量交换，没有介质的交换，用户接触的是通过层层隔离过的充分安全的水。热网加热器循环水侧压力高于蒸汽侧压力，有效防止事故状态下潜在的放射性扩散。

（3）总体应用效果

示范工程第一阶段项目采用了国内最先进的智慧热网设计理念，成功搭建智慧热网管理平台，实现智能监测、智能收费、驾驶舱一体化、运维管理等功能，确保了核能供热系统的良好运行业绩，也提供了最佳的公众采暖体验。

通过 2 年的运维，核能供热系统运行安全稳定，为企业降低了生产成本和能耗指标，为居民带来了舒适稳定、性价比高的冬季供热体验，获得了用户的一致好评。项目多次受到中央电视台等主流媒体的报道，浙江零碳热力有限责任公司获评浙江省核能供热示范单位。2022 年 11 月，在埃及沙姆沙伊赫召开的《联合国气候变化框架公约》第 27 届缔约方会议（COP27）上，该核能供热项目成功入选《2022 企业气候行动案例集》，在 COP27“中国角”企业日活动中正式发布，得到了与会专家的高度认可，向世界展示了中国企业在应对气候变化领域的先锋行动和高度责任感。2022 年，浙江海盐核能供热示范工程第一阶段项目获得国家发展改革委

1660 万元的中央预算内资金补助，成为国内唯一一个获得国家扶持资金的核能供热项目，该资金于当年拨付并全部用于第一阶段项目尾项工程建设。目前，浙江零碳热力有限责任公司也正在积极开拓核能供热市场，共创零碳城市。

（4）商业化进展程度

浙江海盐核能供热示范工程第一阶段项目作为南方首个核能供热窗口，为南方冬季集中供热提供了新的思路，同时作为示范工程，是核能综合利用的有效尝试，是积极响应国家碳达峰、碳中和行动的有力举措。同时，我们也在有序开展核能工业供热市场拓展工作，积极探索核能供热在大棚养殖、渔业等农业领域的运用，具有良好的示范作用。

江南地区冬季天气湿冷，随着居民收入水平的提高，人民对生活质量的要求也在不断提升，安全可靠、经济适用的核能集中供热可满足居民对舒适环境的更高要求。核能集中供热也可为企业提供经济清洁的热源，可有效提升企业的综合竞争实力，进而促进地方经济高质量发展，改善投资环境，促进人员就业，提升居民收入水平。

核能作为清洁、安全、绿色能源，符合“安全高效、低碳清洁”的能源发展大方向，将对地方能源结构调整和能源高质量发展产生重大且积极的影响，可以有效缓解地方能源双控压力。

核能供热有助于提高民众对核能安全性的认可，促进核能综合利用，构建核电企业与地方经济社会协同发展的新格局。

2. 示范项目介绍

（1）示范项目基本情况

集中供热具有节约能源、改善环境、提高供热质量等综合效益，是治理大气污染和提高能源综合利用率的重要手段之一。核能供热是贯彻《中华人民共和国节约能源法》，保持国民经济可持续发展的重要举措，是提高人民生活质量的公益性基础设施项目，符合国家能源结构调整、建设资源节约型社会和环境友好型社会的发展战略。

2019 年，国家能源局明确提出“依托在建在运核电机组开展热电联产、工业供汽和集中供热，推动一批核能供热项目尽快落地”的工作要求。2020 年 11 月，国家能源局进一步明确“秦山核电等一批核电机组作为核能综合集中供热试点单位，要求加快推进核能集中供热、居民核能供热等项目建设”。

2020 年 9 月 22 日，习近平总书记在第七十五届联合国大会一般性辩论上的讲话中宣布：“中国将提高国家自主贡献力度，采取更加有力的政策和措施，二氧化碳排放力争于 2030 年前达到峰值，努力争取 2060 年前实现碳中和。”集中供热项目属于国家确定的优先发展产业，符合国家可持续发展战略，是实现中国碳中和宏伟目标的重要抓手。

2021 年 1 月 6 日，浙江省常务副省长陈金彪做出批示“海盐县核能供热探索很有价值，核能综合利用前景广阔”，《浙江省打赢蓝天保卫战三年行动计划》要求安全高效发展核电，推动综合能源发展，积极推广集中供热。《嘉兴市能源“双控”三年攻坚行动（2018—2020 年）》要求秦山核电有限公司探索开展集中供热、供压缩空气新模式试点，控制地方煤炭、电力消费总量。

海盐县地处长江中下游地区，夏热冬冷，辖区水域面积广，冬季阴冷潮湿，海盐县公建设施及居民多采用空调、天然气锅炉等分散取暖方式取暖，能源消耗大，经济负担重，供热品质低，体感舒适度差，对高品质热源供暖的需求迫切。

综合上述背景，秦山核电有限公司联合地方政府共同提出，通过 5 ~ 10 年的共同努力，打造“零碳能源，绿色发展”的国家级高质量发展示范区，重点加快核能供热管线、管网等基础设施建设，将供热方案积极纳入城市建设的各个领域，不断满足人民对高品质生活的需要，积极打造核能综合利用的典范。

项目按照“统筹规划、分步实施”的原则有序推进。2021 年先行完成核能供热示范项目建设，实现海盐县城区 3 个生活小区及老年公寓的核能集中供热，2022 年建成我国首个核能工业供热示范项目，为秦山工业园区企业提供清洁、高效的热能。示范项目安全、经济、稳定运营，为海盐县大规模集中供热发挥良好的示范作用。

核能供热项目利用秦山核电有限公司基地机组剩余热量，提供100℃左右的出水，接收70℃的回水，实现热水循环供热（见图5-20）。项目全部建成后，具备150兆瓦的核能供热能力。建设内容包括核电厂内换热首站，秦山核电厂至海盐县城区、秦山街道、澉浦镇等的热力设施（二级换热站、中继泵站、热力管网）等。

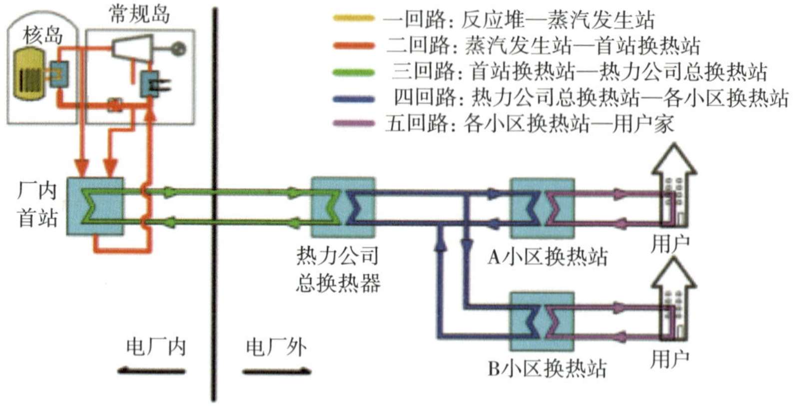

图5-20 供热流程

（2）项目的示范效果、意义、可推广性分析

①发挥资源优势，实现专业化运营管理

在项目推进过程中，秦山核电有限公司成立核能供热项目组统筹推进项目调研、设计、开工、建设等。项目立足于地方市场，建设过程中建设需要开展大量地方协调和政策处理工作，引入地方国有资本对于项目快速推进及后期市场推广具有重要意义。经与海盐县人民政府多轮次协调，最终由秦山核电有限公司与海盐县城市投资集团和海盐县水务投资集团有限公司共同出资设立热力公司，负责核能供热设施建设和运营管理（见图5-21）。热力公司三家股东单位各具特色，完整覆盖热力公司从规划、融资、建设到生产运营、清洁能源技术研发、管网维护、终端客户服务的全流程。

②打破常规，实现项目建设创新突破

由于该项目在南方地区为首个，推进过程中遇到了一系列挑战和问

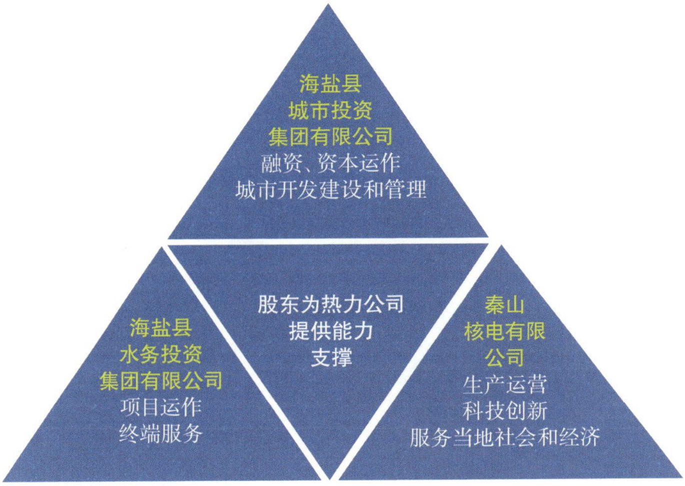

图 5－21 热力公司三家股东单位

题，全体参建人员日夜奋战，克服了供热管网沿线地基土质松软、地下水位高、地下管线复杂、道路河流纵横交错等困难以及降低台风、高温、疫情等影响。该项目在投资运营平台建设和示范工程实施过程中实现多项管理创新和技术突破，成功破解南方集中供热工程建设规模大、施工周期长、一次投资高等难题，积累了丰富的核能供热工程实战经验。

③自主设计研发国内首台模块化供热首站

秦山核电有限公司按照中国核工业集团有限公司创新发展、积极推进模块化建造要求，创新提出完全模块化核能供热首站建造方案，并自主完成相关设计（见图 5－22）。模块化建造成本与传统模式相比具有建造工期短、造价低、质量优、机动灵活等特点。

④创新引入数字化和智能化系统

在管网施工过程中，通过数字化模拟，确定管道最佳走向；改进施工方法，破解南方地区长距离大口径管道定向钻非开挖敷设难题；灵活利用桁架并设置控制和监测设备，成功解决地下空间受限问题。采用国内最先进的智慧热网设计理念，通过 5G 技术、物联网技术、大数据技术、数学建模和智能分析搭建智慧热网监控平台，实现智能调度、智能巡检、智能维护，实现智能化、统一循环管控（见图 5－23）。智慧供暖系统主要包含

图 5－22　核能供热首站

能耗分析管理子系统、热源控制子系统、换热站控制子系统、远程室温采集子系统等四大系统。

图 5－23　智慧热网监控平台

⑤建成投运我国首个核能工业供热示范项目

海盐县 2021 年全社会用能总量约 230 万吨标准煤，其中工业用能 191 万吨标准煤，占比超 83%，海盐县面临着巨大的能源转型压力，传统能耗企业对清洁热能的替代有着强烈的需求。推进实施核能工业供热，能够有效缓解地方政府能源双控压力，有利于地区能源结构的调整，是响应习近平总书记号召，助力实现中国碳达峰、碳中和宏伟目标的重要举措。

2022 年 12 月 15 日，作为我国首个核能工业供热项目，该项目正式建成投用，成功搭建了我国首个核能工业供热示范平台，为国内工业产业园区的清洁能源替代提供了“秦山方案”，是我国核能综合利用的又一个里程碑，具有重大意义。

⑥完成我国首个地方核能供热专项规划

为科学合理推进海盐县城镇现代化建设，有序推进海盐县域核能供热，打造南方核能供热示范区，2021 年 8 月，《海盐县集中供热专项规划（2016—2025 年）》正式完成修编并发布。

2022 年 11 月，《海盐县核能集中供热管道设施专项规划（2022—2030 年）》顺利通过海盐县人民政府和海盐县规划委员会审查，并获得批复。作为国内首个城市核能供热专项规划，该项目为后续在海盐县域内推广核能供热打下了扎实的基础，更为优化县域能源结构、促进节能减排、提高城市集中供热质量、实现共同富裕打下坚实的基础。

⑦争做行业标杆，完成我国首个核能供热地方标准

由于南方集中供热尚未形成专业性的技术规范和管理要求，同时我国核能集中供热存在城市建设、运行和管理等方面的规范空白，为进一步为后续海盐县域核能供热工程建设提供针对性规范以及约束性指导，使核能供热建设和管理“有章可循、有据可依、有人可管”，秦山核电有限公司于 2022 年底完成《核能供热管网建设与管理标准》（DJG 330424/T 67—2023）的编制，2023 年 2 月正式发布。

该标准充分填补了南方首个核能供热城市建设、运行、管理等方面规范的空白，为政府监管提供依据、为工程建设提供指引、为产业健康发展创造条件，具有较强的可操作性。该标准为后续规范化、科学化、系统化指导核能供热工程建设和管理提供有力抓手，为浙江省范围推广实施起到良好的示范作用。

⑧国内首个获中央预算内资金扶持的核能供热项目

2022 年，秦山核电有限公司积极与海盐县相关部门沟通，争取到污染

治理和节能减碳 2022 年中央预算内投资专项的申报机会，并迅速成立编制组高效完成项目资金申请报告的编制。2022 年 8 月 8 日，该项目成功通过国家发展改革委审查，获得 1660 万元的中央预算内资金补助，成为国内唯一一个获得国家扶持资金的核能供热项目，中央预算内资金于 2022 年 11 月 28 日成功拨付，并于当年全部用于工程项目建设。该资金的获得在一定程度上减轻了核能供热项目的投资压力，也为其他核能供热项目获取中央预算资金等专项资金支持树立了典范。

（3）综合效益

①经济效益

浙江零碳热力有限责任公司自 2021 年成立以来，通过多种经营模式拓展，截至 2023 年一直处于正向盈利状态，在同类集中供热的热力公司中保持了良好的经营业绩。

②环境效益

落实国家清洁能源发展战略。以煤电为主的能源结构对社会环保造成较大压力，随着人们对经济与环境关系以及环境保护重要性认识的不断提高，必须改变传统的非持续性的能源发展模式，确立发展能源必须坚持可持续发展方针，明确清洁能源是今后能源发展的主要方向。核能具有绿色环保的独特优势，开展核能供热项目是落实国家绿色低碳能源发展战略的有效途径。

实现明显的节能减碳。在当今世界能源结构中，核能作为一种优质清洁能源已被人们广泛接受。由核能供热替代传统能源供热，能大大改善环境质量。根据测算，在达到采暖供热量 70.4 万吉焦/年的情况下，相对于燃煤火电机组每年可减少燃用标准煤约 2.46 万吨，每年减排二氧化硫 1817 吨、氮氧化物 908 吨、二氧化碳 5.9 万吨，具有明显的环境效益。

③社会效益

核能供热具有较强的示范推广效应，南方供热近年来一直是热门话题，各南方城市在集中供热领域一直在摸索发展，秦山核电核能供热项目可为南方供热提供标杆性的借鉴。目前，浙江零碳热力有限责任公司被浙江省能源局评为浙江省核能供热示范单位，海盐县被评为浙江省核能综合利用示范城市。同时，该项目得到了国家发展改革委、中国核工业集团有限公司、浙江省等上级单位的支持和肯定，入选中国核工业集团有限公司2021年“职工群众最满意的十大办实事案例”，被评为浙江省2021年“新型城镇化建设示范县（海盐）”重点项目、浙江省2022年度绿色低碳转型典型案例，《联合国气候变化公约》缔约方会议第27届会议、第29届会议《2022企业气候行动案例集》。人民日报社“第十七届人民企业社会责任奖”年度案例、2023年新华网“双碳”杰出贡献案例、2024绿色创变者大会“年度低碳解决方案”。

三、绿色低碳技术创新企业目录

2024年度绿色低碳技术创新企业名单

序号	企业名称	技术创新点
1	福建沃豪科技集团有限公司	低温辐射电热地板技术以碳素纤维为导电介质，采用地板－电发热层热压一体化工艺，具有温度均匀、性能稳定、使用寿命长、施工便捷特点，5分钟升温10℃，热损少30%；结合峰谷电价智慧供热节费50%；干式铺装，寿命超40年，达到国内领先水平。
2	济宁众联二十度智慧热力有限公司	电厂工业余热＋长输低能耗热网集中供热技术，配备智能热网监控系统，实现远程调控精准供热，解决传统供热投资大、成本高、高能耗、高排放等问题。示范项目设计供热能力900万m^2，预计每年节煤超过10万吨，显著改善区域生态环境和提升居民供暖质量。
3	恒亦明（重庆）科技有限公司	基于自有ZPLC通讯的智能照明技术可通过灯光远程管理、亮度色温调节、场景分组控制、感应控制、时序自动控制等实现“按需照明”，无需额外布线即可实现智慧照明，相比普通LED产品节能20%，相比传统照明节能达70%，是最新一代的智慧照明技术。
4	浙江零碳热力有限责任公司	核电核能供热技术利用冬季核反应堆剩余热供热，采用三重回路隔离换热保障安全性和可靠性，并自主设计研发国内首台模块化供热首站，创新引入数字化和智能化，建成投运我国首个核能工业供热示范项目（海盐县），也是首个获得中央资金支持核能供热项目，创新南方供热新模式，打造核能供热新标杆。
5	杭州云谷科技股份有限公司	智慧供热单元平衡技术通过电磁流量计＋焓差法测量，结合内置阀门实现二次网水力热力动态调节，可定量识别过量/不足单元，调节后平均节热15%、节电40%，服务供热面积8000万m^2。核心产品平衡热量表被认定为国内外首创，技术处于国际领先地位。

清洁供热产业委员会
Clean Heating Industry Committee

第六篇　展望篇

一、发展趋势

（一）低温热水供热是未来发展方向

低温热水供热是一种利用较低温度热水作为热媒的供暖形式。与高温水供热系统相比，供水温度可在30℃～40℃，低于传统暖气片系统所需的热水温度。低温热水供热技术以其高效节能、环境友好和经济效益显著等优点在供热行业中越来越受到重视。

在节能效果方面，低温热水供热技术能够提高热源效率、降低供热能耗。如在低温环境下，空气源热泵的制热性能会随室外环境温度的降低而衰减，而通过降低末端所需热水温度的方式可在相同制热需求下提高热泵效率，从而减少能源消耗。此外，低温水在输配过程中热损失较小，尤其在使用保温性能更好的管道材料时可以进一步减少热损失，提高能源利用效率。低温热水供热系统还可根据实际需求进行精确的温度控制，避免过度供热，有利于根据室内外温度变化和个人舒适需求进行灵活调整。

在经济效益方面，低温热水供热技术能够在长期运行中节省大量的能源费用，并通过政策激励措施降低初投资，在经济上具有明显优势。此外，其高效的节能特性和灵活的温度调节能力，使其成为实现绿色建筑和可持续发展的重要技术手段。

在社会效益方面，低温热水供热技术能够通过提高室内热舒适性、减少环境污染、促进可再生能源利用、增强能源安全等方面为社会带来积极的影响。尤其是地板辐射供热系统，能够提供均匀的室内温度分布效果，减少室内温差，有助于避免局部过热或过冷，为用户提供更舒适的生活环境。低温热水供热技术还能够减少对高品位能源的依赖，降低温室气体和污染物排放，改善空气质量。同时，能够更好地与太阳能、地热能等可再生能源结合推动绿色能源的发展，减少对化石燃料的依赖，促进能源结构的优化和升级。低温热水供热技术通过提高能源利用效率提高能源供应的安全性，对于保障能源安全、减少环境污染和应对气候变化具有重要意义。

随着技术的进步和环保意识的提高，低温热水供热技术有望在未来得到更广泛的应用，为实现绿色建筑和节能减排目标做出更大贡献。

1. 适配低温热水的供热末端形式

（1）低温供热末端

常见的供热末端包括散热器、风机盘管和地板辐射末端。其中，散热器所需的热水温度通常为 50℃ ~60℃，风机盘管所需的热水温度通常为 45℃，而近年来快速发展的地板辐射末端则进一步将供暖热水温度降低到 35℃ ~45℃。地板辐射供暖形式具有以下优点：

室内热舒适性好：地板辐射供暖房间内以辐射换热为主，没有对流供热方式带来的吹风感，且室内垂直温度分布从脚底到头顶逐渐递减，符合人体热舒适的需求。节省空间：采用地板辐射供暖的房间，节省了安装散热器或空调的空间。高效节能：采用地板辐射供暖系统时室内温度设定值相比于采用对流供暖系统时可降低 1℃ ~2℃，且地板辐射末端因换热面积大、所需的热水温度低可以提高热源效率、降低能耗。运行费用低：地板辐射系统适合利用太阳能、地热能等可再生能源，降低运行费用。

（2）嵌管式墙体可大幅降低供暖热水温度

墙体等非透光围护结构在传统建筑中所占面积比例大，其散热是建筑冬季热负荷的重要组成部分。改善墙体的保温性能是降低透过非透光围护结构负荷的主要途径，但保温材料存在占用空间大、防火要求高和维护更换难等问题，并且从全生命周期来看，过厚的保温材料节能潜力有限但成本却直线上升。由于冬季自然界中部分低品位能源的温度与室温相近，而外墙整体温度通常低于室温，因此利用自然能源降低围护结构负荷的嵌管墙技术受到了关注。

传统嵌管式墙体采用单层嵌管形式，即在墙体中增设一个嵌管层并在其中嵌入单排水管。单层嵌管墙可以利用自然环境中广泛存在的低品位热源减少冬季透过墙体的热损失，减少需要机械热源处理的室内热负荷，从而为降低室内供热末端所需的热水温度、提高供热系统能效提供了可能。然而其所利用的自然能源不足以直接向室内供暖，因此仍需搭配另一套供热系统保障室内温度。与单层嵌管墙相比，双层嵌管墙通过在墙体内部不同位置布置管道并结合不同温度品位的热源，不仅可以利用低品位热源减少围护结构热负荷，还可以利用显著低于传统供热末端所需温度的热水向室内直接供热，与电热泵搭配使用可以显著提高制取热水的能效，从而降低供热系统能耗。图 6－1 和图 6－2 分别给出了利用浅表层地热能的单层嵌管墙和双层嵌管墙供热系统原理。

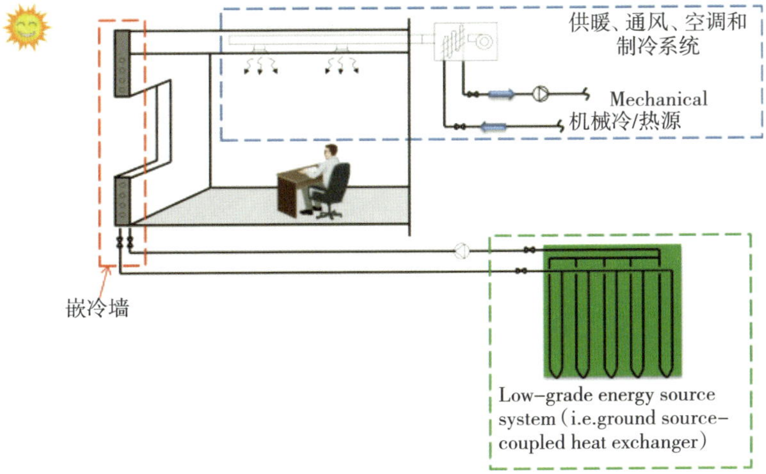

图 6－1　结合单层嵌管墙的供热系统原理

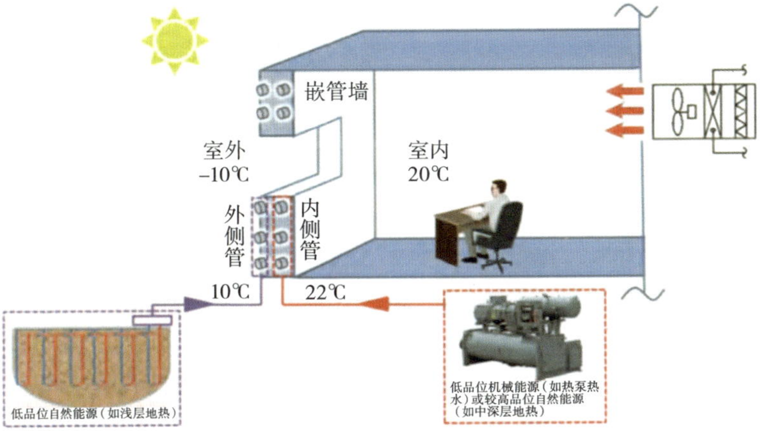

图 6－2　双层嵌管墙供热系统原理

（3）送风末端和辐射末端联合供暖的优势

随着建筑用能标准和用户舒适需求的提升，供热系统的设计和运行调控更加注重高效性和灵活性。近年来，采用送风末端和辐射末端联合供热的方式，因其在快速响应和节能的优势而受到关注（如图6－3所示）。

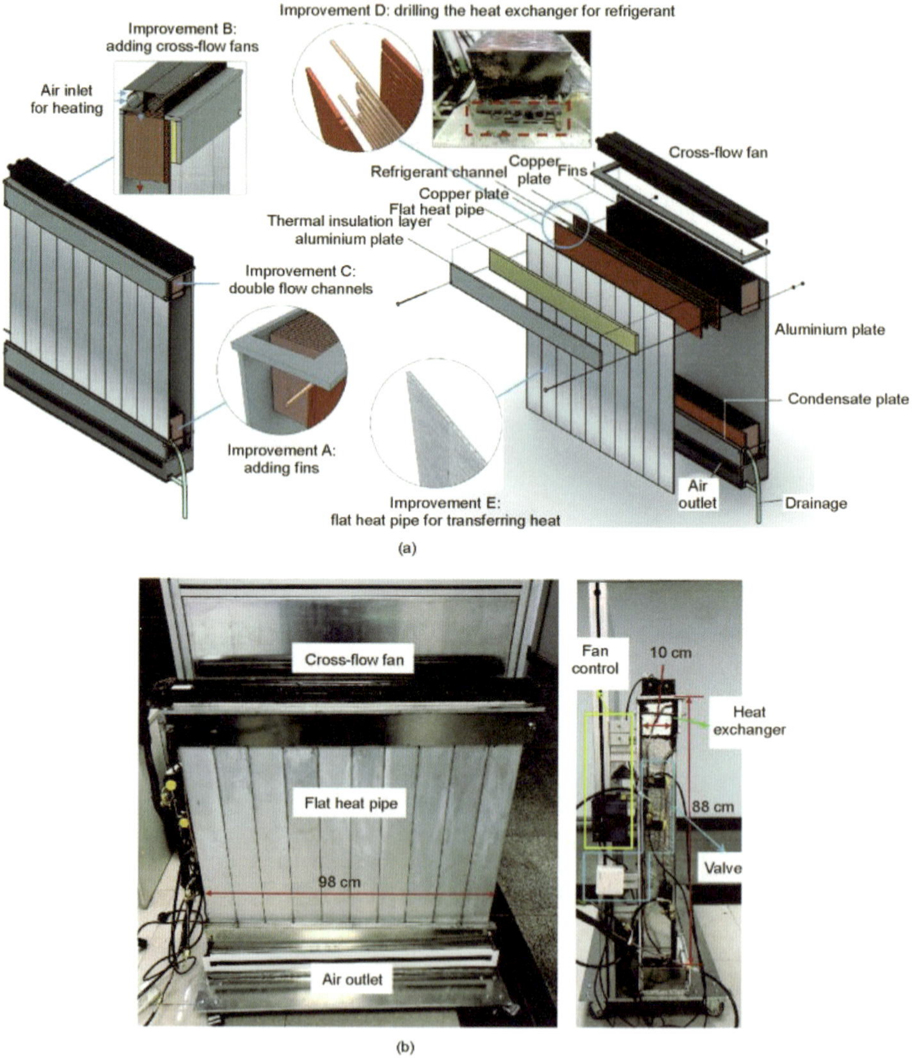

图6－3　对流－辐射末端

在快速响应速度方面。快速升温：送风末端能够迅速将热量传递到室内，实现快速升温，满足用户对即时供暖的需求。灵活调节：系统能够根据室内外温差和用户设定的温度，自动调节风末端的输出，以实现快速响应。

在节能效果方面。热源效率高：辐射末端所需的热水温度低，可以利用更低温度品位的热源，从而提高供热系统能效。智能控制：可根据室内外温度变化和用户行为模式智能调节供热需求，实现节能效果。

调节能力。提高环境适应性：系统能够根据外界环境温度的变化自动调整供暖策略，以保持室内温度的恒定。室内条件调节：还能够根据室内人数、活动强度等因素调节供暖强度，以满足不同场景下的需求。

2. 多元化热源整合驱动热泵变革

热泵技术作为一种有效替代传统化石燃料和电加热的技术手段，能够显著减少能源消耗和温室气体的间接排放。通常可达到 1 份输入功率产生 2 ~ 5 倍热量，成为替代锅炉的绿色、低碳、高效设备。其运行效率受到热源与热汇的影响，两者温差越小热泵效率越高。因此低温热水供热的概念已在区域供热中得到关注和应用。

近年来，空气源热泵、地源热泵、水源热泵及太阳能热泵技术得到越来越广泛的应用。同时，各种热泵形式的耦合使得系统能够融合多种优势，在提升能效的同时提供稳定、可再生的热能供应。此外，以吸收式热泵为代表的工业余热回收系统也日益成为降低供热成本和碳排放的重要手段。结合智能化的储能技术可有效将上述热泵技术整合进低温供热网络体系中。

空气源热泵作为应用最为广泛的形式，将不能直接利用的空气中的热量（低位热能）转换为可以利用的高位热能来实现空间供热。随着低温供热末端技术的发展，利用较低温度的热水即可实现较好的供热效果，对于空气源热泵系统而言，更低的供水温度意味着更低的冷凝温度以及更低的系统压比。相关研究表明，空气源热泵系统冷凝温度每降低 2.5℃ 系统制热能效可提升 4% 左右。

然而，当室外温度较低时，空气源热泵系统效率会受到大压比和外机蒸发器结霜等因素的影响，性能下降。相比之下，地源热泵系统通过从地下提取热量，热源温度在冬季高于空气温度且更稳定，因此制热能效通常高于空气源热泵（如图 6－4 所示）。通过利用地热能，可以直接制取低温热水，供至房间，同样也可利用低温热水拦截室外低温环境产生的负荷，灵活利用能源。但受制于地源热泵体量以及成本的限制，该系统难以满足区域供热的需求。因此，在发展空气源热泵提升其在低温环境下的效率的同时应着眼关注地源热泵与空气源热泵相结合的系统形式，从而在不同气候条件下提供稳定、可再生的热能。

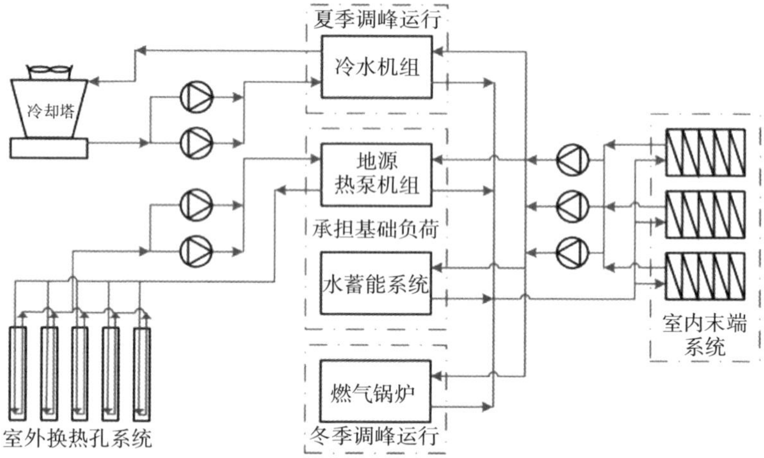

图 6－4　地源热泵耦合水蓄能及常规能源调峰复合式系统原理

热泵与太阳能技术的融合，为降低热泵的供水温度提供了新的解决方案。图 6－5 为双热源太阳能辅助热泵系统原理图，通过利用太阳能集热器收集热量，既可以直接用于低温供热或者生活热水，也可以作为热泵系统的辅助热源，提高了热泵效率，提升了系统的灵活性。相关研究表明，此类系统可以提高 20% 左右的季节及全年性能系数。

在工业生产中，高温、中温余热的热量较为集中，回收相对简单，但是约占我国工业余热资源总量 54% 的低温余热资源利用却较为匮乏，具有较大的热回收潜力。然而，常规的热电联产集中供热模式下，由于蒸汽温度较高，供水温度较低，系统中存在大温差换热过程，造成了大量的不可

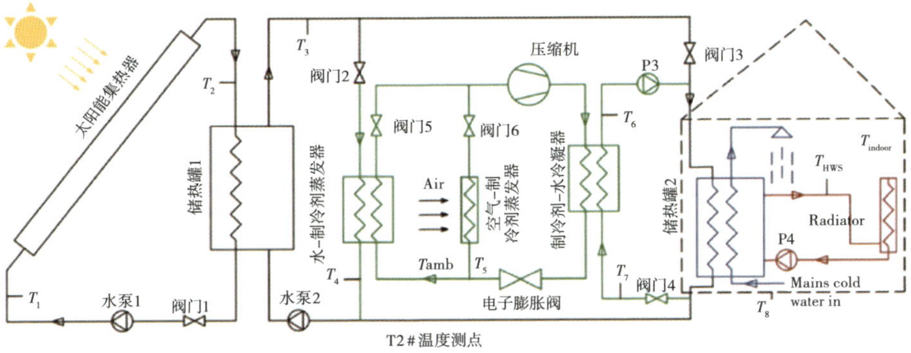

图 6-5 双热源太阳能辅助热泵系统示意

逆损失和可用能的浪费。而吸收式热泵利用高位热量作为驱动力，吸收低温热量于中间温度放出（其原理如图 6-6 所示），可以回收包括可再生能源在内的多种低品位余热，带来较好的节能效益。

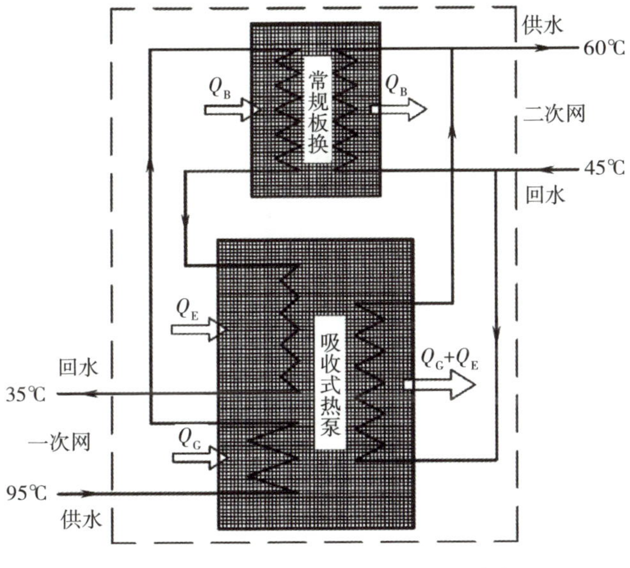

图 6-6 基于吸收式换热的低温供热技术原理

图 6-7 为某电厂实施高背压乏汽余热利用改造工程的应用案例，改造后供热系统的供回水温度由原来的 120℃/60℃ 降为 95℃/35℃。一定程度上减少了发电的供热损失，提升了冬季发电收益，项目改造的经济性也得到提高。

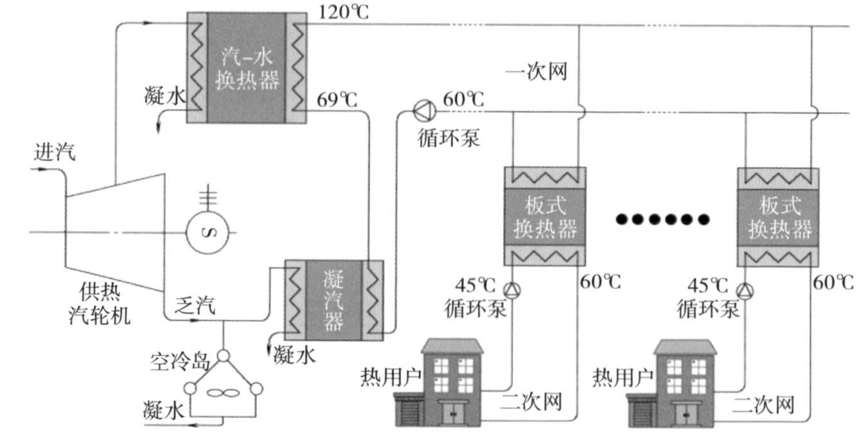

(a)改造前系统工艺流程

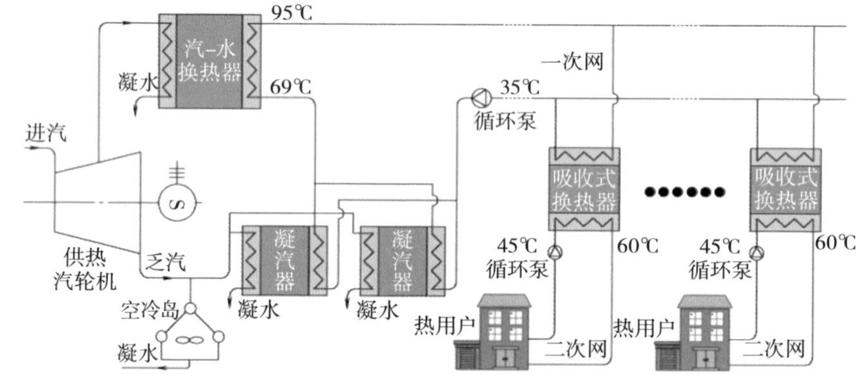

(b)改造后系统工艺流程

图 6－7　利用吸收式换热器的低温供热改造系统

将多元化的热源整合，可提供多样化的清洁低温供热解决方案。通过结合各类热泵优势，因地制宜选择不同的系统形式，进而最大限度地利用自然能源及工业余热，实现面向多场景、可再生的清洁低温供热。

3. 高低温热水结合的双温热力站

目前，供热末端形式呈现多样化趋势，多种末端并存的形式也对热力站提出了新的要求。需同时生产不同温度的二次网热水以适应不同末端的供热水温，且尽可能降低一次网回水温度以扩大供热面积、降低输配能耗、增加余热利用的效果。

图 6 – 8 为采用两台电热泵的双温热力站，该系统包括 2 个电热泵及 2 个换热器。其中，一次网热水分别经过高、低温换热器以及 2 台热泵的蒸发器 Eh 和 El。二次网高、低温末端的回水处分别并联接入换热器和电热泵冷凝器 Ch 和 Cl 进行加热，并送入高、低温末端供水侧。利用该系统可将一次网回水温度降低至 20℃，低于低温末端的回水温度，具有较大的余热回收潜力。同时，该系统由于蒸发冷凝温差较小，COP 可达 9，供暖季的 IPLV 超过 12，且机组运行稳定，受外界温度影响较小。

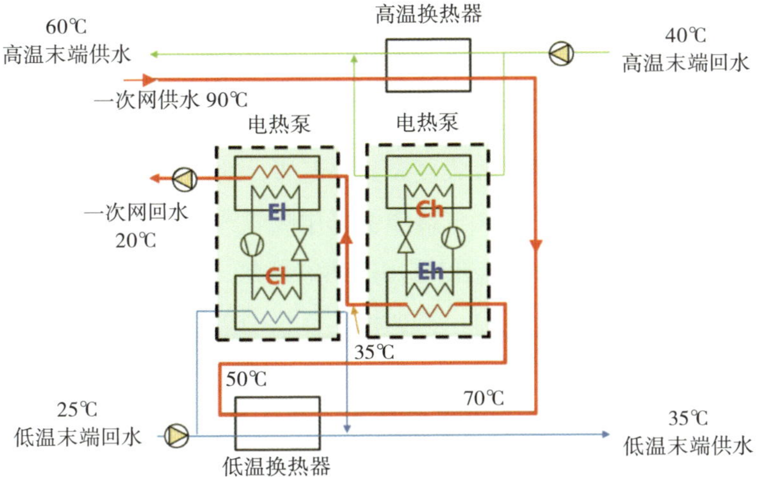

图 6 – 8 采用电热泵的双温热力站形式

图 6 – 9 为采用 2 台吸收式热泵的双温热力站，该系统包括 2 个吸收式热泵和 2 个换热器。其中，一次网供水依次流经吸收式热泵的 2 个发生器 G1 和 G2、2 个换热器和 2 个蒸发器 E1 和 E2 后，温度降低至 19℃，返回至电厂首站。45℃的高温末端回水分成两路，由吸收式热泵 AHP2 中的吸收器 A2，冷凝器 C2 和高温换热器并联加热至需求温度 50℃；30℃的低温末端回水同样分成两路，由吸收式热泵 AHP1 中的吸收器 A1，冷凝器 C1 和低温换热器并联加热至需求温度 35℃。采用 2 台独立的吸收式换热器和采用 2 台换热器相比分别为高低温末端回水制取热水的系统，利用该系统可分别将一次网水流量降低 8.2% 和 16.7%，整个供暖季一次网回水温度可降低 6.6℃、8.1℃，可节省能源 7.3%、12.4%。

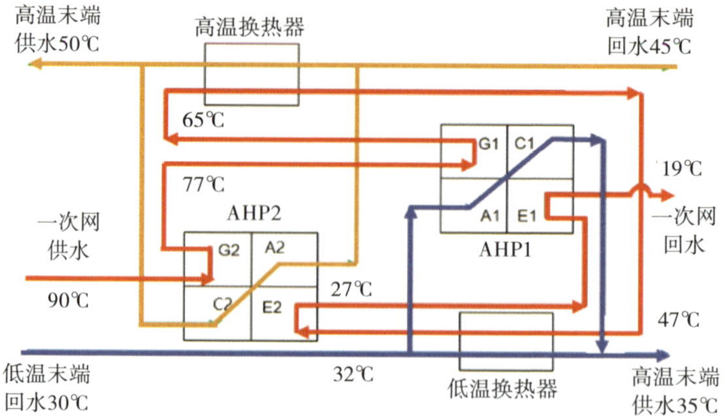

图6－9　采用两台吸收式热泵和两换热器的双温热力站

图6－10为采用一种吸收式热泵的双温热力站的三种系统形式。其中，图6－10（a）的双温热力站由于高温侧采用吸收式热泵的吸收器A和冷凝器C和换热器换热，而低温侧仅采用换热器换热，因此只适用于低温负荷显著大于高温负荷的应用场景。类似地，图6－10（b）的双温热力站由于低温侧采用吸收式热泵的吸收器A和冷凝器C和换热器换热，而高温侧仅采用换热器换热，因此只适用于高温负荷显著大于低温负荷的应用场景。图6－10（c）的双温热力站低温侧采用吸收式热泵的吸收器A和低温换热器并联，高温侧采用吸收器热泵的冷凝器C和高温换热器并联，由于在高、低温二次网侧均可调节进入吸收式热泵和换热器的二次网水流量，其使用的高低温负荷比例的范围较广。

4. 智能设备打造精细化管理体系

为实现建筑领域的低碳目标，得益于可以使用更多的自然能源、可再生能源和更高的能源转换效率，低温热泵供热成为未来供热主要趋势，为供热系统的优化控制提出了更高的要求。需结合变频热泵和智能传感器实现高效的热泵优化控制，实时地调节系统性能，在保持舒适性的同时最大限度地减少能源消耗；需通过对储能系统的优化，平衡供需并支持对可再生能源的整合，实现对电网的需求响应。当前，智能家居控制平台蓬勃发展，提供了以用户为中心的供暖管理方法，使用物联网技术收集数据、学

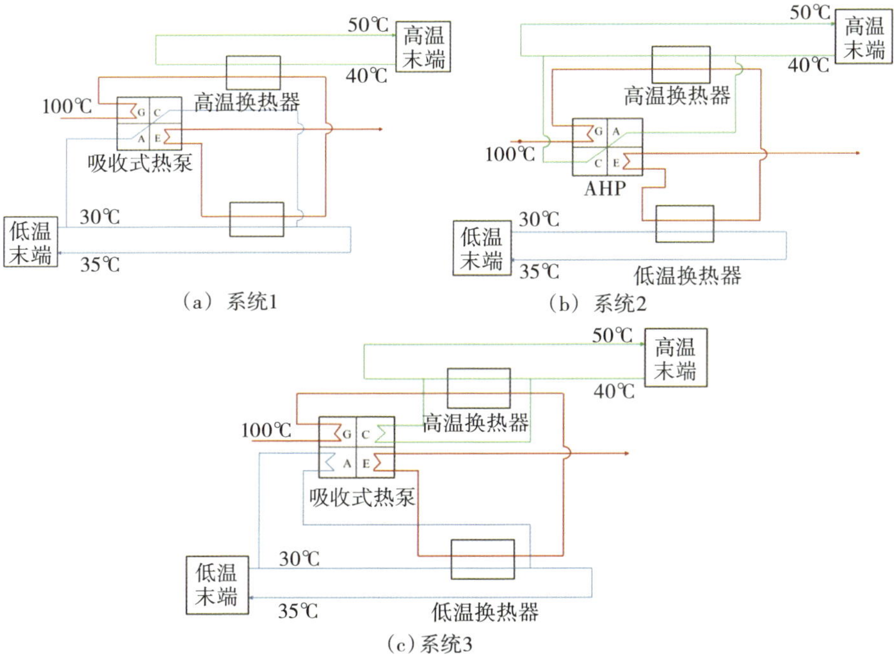

图 6－10　采用一台吸收式热泵的双温热力站

习用户行为，并根据占用模式和环境因素优化供暖计划，有助于节约能源、降低成本、提高舒适度。

（1）高效热泵优化控制

随着供热末端的多元化和高效需求的增加，以及系统中设备和传感器及电子技术的更新，近年来热泵系统的控制方式从传统的单一的、固定的、静态的温度设定等规则向多元的、自适应的、动态的优化控制方向发展，根据实时条件调整系统性能、优化能源使用并始终满足用户舒适要求。

由于低温供热需要根据外扰进行动态调整，同时为避免过热或供热不足，需要更精确的控制，并且在变工况的情况下提高机组的工作效率，因此低温供热的优化控制需要无级的热泵变频控制和精确的传感器数据采集。这对设备提出了更高的要求，同时还需要对未来外扰、热泵性能等的高效预测以及更复杂优化问题求解，对控制算法提出了更高的要求。

变频压缩机和智能传感器（如图 6－11 所示）是实现未来低温热泵高效供热的关键部件。变频压缩机允许压缩机根据热负荷调节其转速，在供暖需求较低的时期降低功耗，确保系统更有效地运行。同时，智能传感器监测室内温度，实时调整系统输出以防止过热或供热不足。

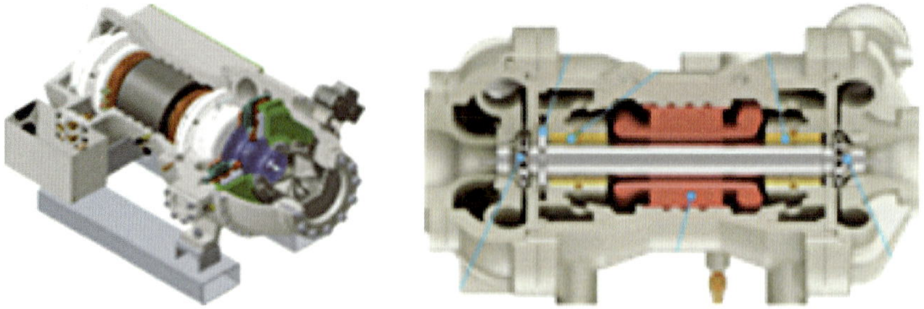

（a）磁悬浮变频压缩机　　（b）气悬浮变频压缩机

图 6－11　磁悬浮、气悬浮变频压缩机

为了实现更高效、舒适的低温供热方式，同时为电网提供安全服务，针对热泵及末端复杂、动态非线性变工况等特性提出人工智能驱动的控制和基于模型的控制方式。如强化学习和模型预测，通过分析来自环境传感器（室外温度、湿度）和建筑条件（室内温度、占用率）等实时数据，以及低温热泵在未来时域内的性能表现，允许热泵根据变化的条件自动调整其输出，在供暖低需求期间减少能源消耗，在高峰期间增加输出，维持稳定的室内条件，并实现需求侧响应（如图 6－12 所示）。

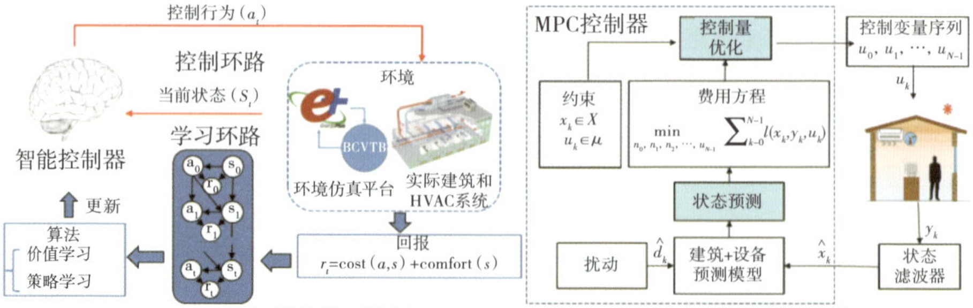

（a）强化学习控制　　（b）模型预测控制

图 6－12　强化学习控制方法、模型预测控制方法

（2）储能设备优化控制

为了平衡供热系统的能源供需、消纳可再生能源，低温供热系统往往集成储能设备，如利用末端围护结构、相变材料、水箱储能等，为系统提供灵活性的同时也为电网的安全性服务提供更多的可能。

为了更合理利用低温供热系统的储能设备，需要向响应电网信号的需求控制方向发展，利用非高峰电价储能，使得在高需求时段有足够能源用于供暖，以此降低电网的峰值负荷。在电网稳定性方面，优化后的储能系统可以削峰填谷，平滑可再生能源需求的间歇性，减少高需求时期电网的压力，降低对化石燃料的依赖。

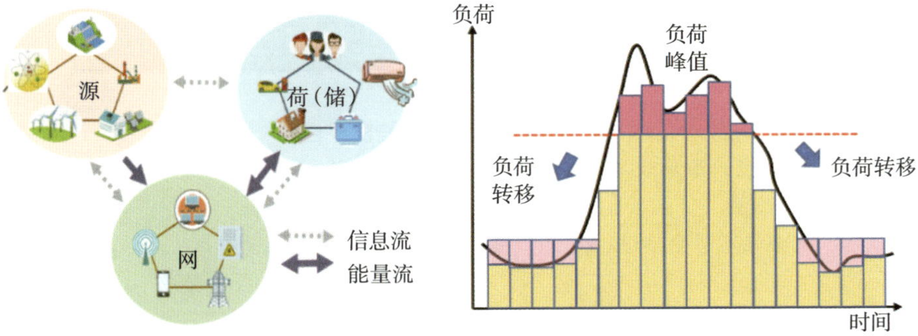

图 6－13 储能设备需求响应控制

（3）智能家居供热系统控制平台

由于低温供热末端复杂，且为了保障不同分区的用户热舒适要求并及时反馈，提高系统运行效率、增强控制效果，可考虑将低温供热系统和智能家居平台相结合。通过基于物联网的中央控制，智能恒温器和传感器收集室内条件和占用模式的实时数据，与其他家庭自动化技术（如照明、空气质量）集成，自主学习用户的日常生活习性，通过平台内构建的优化算法学习用户偏好并相应地调整加热时间表，使房间仅在使用时加热，其他时间满足基本温度需要。不仅可以为用户提供便利，节省25%～30%的能源需要，还可以提高低温供热系统的效率，保证其舒适性和适用性。

热泵、储能系统和智能家居平台的优化策略的整合正在逐渐影响我国的供热行业，未来在降低运营成本和支持国家可持续发展目标方面将发挥重要作用。这些创新将在住宅，商业和工业供暖应用中应用推广，推动更高的能源效率，并改善整体用户体验。

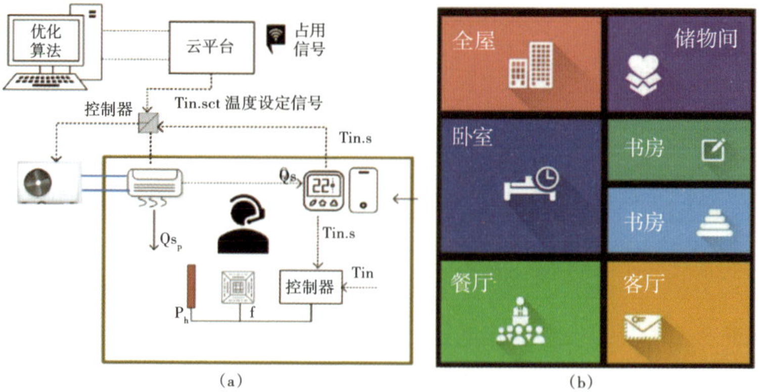

图 6-14　智能家居控制平台

Tin，set：室内温度设定点；Tin，s：室内温度设定点；Tin：室内温度；Qsp：空调实际制冷/制热量

Qs：空调设定制冷/制热量；Ph：电加热输出；f：风机盘管输出

（二）新型地热能供热方式颇具潜力

地热能是唯一不受天气和季节变化影响的、地球本土的可再生清洁能源，因其具有储量大、能源利用效率高、运行成本低和节能减排等优点，地热能已经成为清洁供热领域关注的焦点。

1. 浅表层地热能降低围护结构及新风负荷

地热能是一种清洁低碳的可再生能源，具有分布广、储量大、清洁低碳、持续稳定等特点。我国地热资源储量丰富，约占全球地热资源的 1/6，并以中低温为主。根据地热资源埋藏深度分类，当前可利用的地热能主要分为浅层地热能、中深层地热能以及超深层地热能。其中，浅层地热能一般指温度低于 25℃、深度小于 200 米的地热能，广义可指各类土壤源和水源热泵系统，也叫“浅层地温能”，主要利用形式包含浅层地埋管、浅层井下换热器、浅层单井抽灌等。

浅表层地热能是我国主要的地热资源利用形式，随着技术推进出现了利用地热能进行负荷拦截的技术方案。浅层地层温度通常较为稳定。在一定深度的地下，夏季地下温度比地面空气温度低，冬季则比地面空气温度高，且常年能保持在一个较为固定的范围。通过利用地埋管换热器（通常是由高密度聚乙烯等材料制成的“U”型管）与土壤进行热量交换。当建筑物需要制冷时，室内的热量通过循环介质（通常是水或防冻液）传递到地埋管换热器，随后热量被浅层土壤吸收，实现制冷；当建筑物需要制热时，循环介质从浅层土壤中吸收热量，再将热量传递给室内环境。

浅表层地热能不仅可以直接降低围护结构负荷，还可以用于新风预处理，降低机械冷热源处理的新风负荷。

（1）用于单层嵌管围护结构降低围护结构负荷

在冬季，土壤温度低于室内热舒适区的空气温度，难以直接用于加热室内空气，但其温度在一些时间高于围护结构的温度，具有降低围护结构负荷的应用潜力。图 6－15 为利用浅表层地热能的单层嵌管围护结构系统示意图，在冬季，该系统将浅表层地埋管产生的低品位热水输送到单层嵌管墙、嵌管屋面及嵌管窗等位置，拦截通过围护结构由室内向室外环境的耗热量，降低需要机械冷热源处理的负荷，从而降低供热系统能耗。

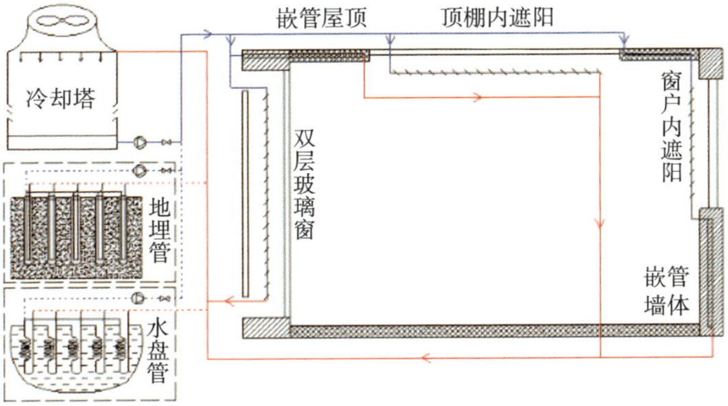

图 6－15　利用浅表层地热能的单层嵌管围护结构系统

（2）用于双层嵌管墙降低围护结构负荷及低温供热

除了与单层嵌管墙结合，浅表层地热能还可以直接用于双层嵌管墙外侧嵌管（如图 6－16 所示），实现围护结构负荷的高效拦截。进一步，双层嵌管墙内侧嵌管可以利用地源热泵产生的低温热水（略高于室温、低于传统供热末端水温）向室内直接供热。得益于热泵制取热水温度的降低和浅表层地热能的直接利用，可以实现显著的节能效果。

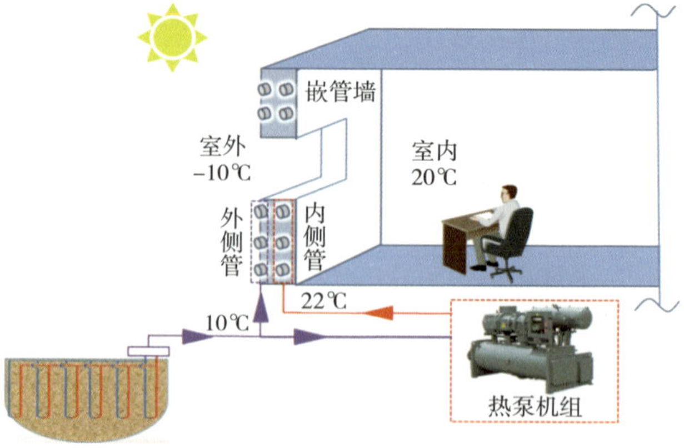

图 6－16　利用浅表层地热能的双层嵌管墙系统

（3）用于新风预处理

图 6－17 给出了利用浅表层地热能的新风预处理系统形式。该系统利用地埋管换热器制取低品位的高温冷水或低温热水输送到空气—水换热器中，对新风进行冷却或者加热的新风预处理系统。夏季空调时，地埋管换热器制取的高温冷却水输送到空调箱的空气—水换热器中，室外温度较高的新风经过空气—水换热器后得到冷却。冬季供暖时，室外温度较低的新风经过空气—水换热器时被地埋管换热器制取的低温热水预热。因此，利用浅表层地热能的新风预处理系统能够利用土壤中蕴藏的低品位的能源对新风进行预冷和预热，从而降低利用高品位空调冷热水处理的新风负荷，实现对新风负荷的分级处理，具有显著的节能潜力。

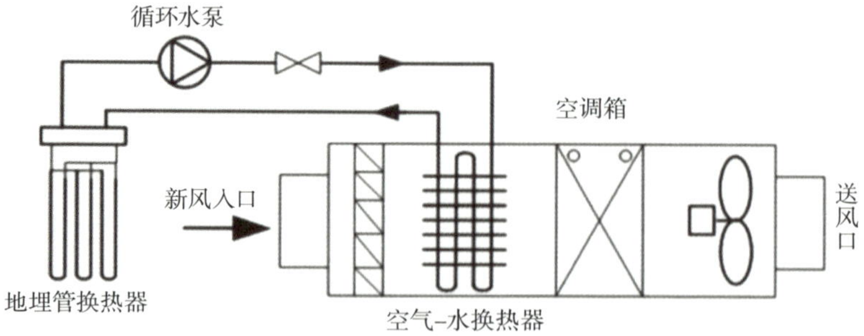

图 6－17　利用浅表层地热能的新风预处理系统

2. 中深层地热的能量采集及品位提升技术

中深层地热能的热量主要来自于地心放射性元素的衰变及地球形成时势能转化的热能，使得地下 200 米以深的土壤平均存在 3℃/百米的地温梯度，深度越深土壤温度越高，地下 3000 米土壤温度接近 100℃。由于中深层地热能相比于浅层地温能深度更大且土壤温度更高，蕴涵着地球形成至今积累的热量，即使只取热不补热，也能保证持续取热且出水温度衰减较小。与此同时，由于土壤温度较高，从中深层地热能提取的热量相比于浅层地温能量更大、品位更高，在提升地源热泵供热系统运行性能的同时还可以减少系统横向占地面积，增强了技术的适用性和推广价值。中深层地热能是一种更加普适的、温度更高、也更稳定的低温热源。

目前对于中深层地热资源普遍采用水热型地热资源直接利用的形式，通过开采 3000 米左右地热井获得较高温度的热水或蒸汽进行直接供热，或结合热泵对获得的中等温度的热水进行温度提升，以用于北方地区供热。如图 6－18 所示，展示了地热水结合热泵实现地热能梯级利用的系统形式。

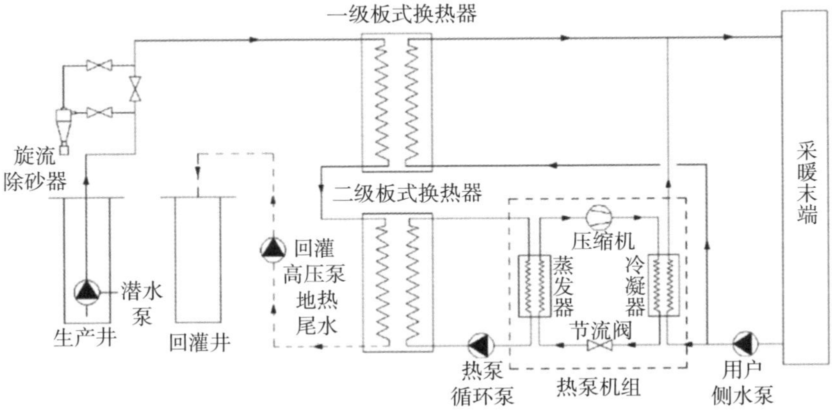

图 6－18 地热水梯级利用的间接供热系统

对于水热型地热能直接利用的形式，一方面受资源禀赋的限制，很难进行大面积推广；另一方面存在尾水回灌难等问题，会导致地下水位下降、地下水质变化等诸多环境问题，与中深层地热能普适、持续、公平利用的出发点存在偏差。

近年来，采用间壁式换热的方法，提取中深层地热能用于供热的技术在陕西等地率先建成，并逐渐建成多个技术示范项目（如图6－19所示）。该技术向地下2000～3000米的岩层钻孔、固井，随后在钻孔中安装封闭的套管结构换热器，外管采用不锈钢金属套管，内管采用绝热材料的保温内管，构成中深层地热地埋管。在系统运行时，热源水在水泵的驱动下从外套管向下流动，通过外管壁与周围土壤换热，随后从内管流出，通过间壁式换热的形式提取中深层地热能。此时由于换热器换热面积有限，热源侧出水温度尚不足以直接供热。因此地面应结合相应的热泵供热系统，一方面提升供水温度，同时降低地埋管进水温度，实现更大的取热量。

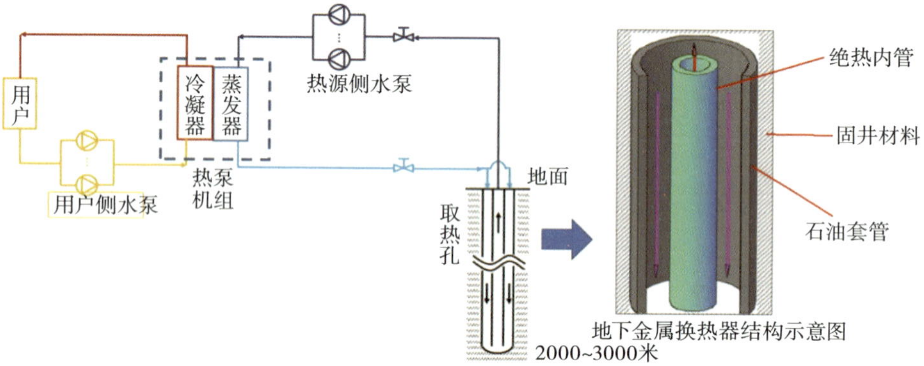

图6－19　间壁式换热提取中深层地热能

我国北方地区供热需求大、建筑密度高，加之水热型地热资源受资源禀赋的限制，在开采过程中经常出现干孔的情况。因而间壁式换热提取中深层地热能的方式在我国得到更多关注，实现了市场化应用。2013年，我国陕西工程科技工作者在国内率先建成并运行多个技术示范项目。该技术借助实际工程的不断尝试和提升，截至2019年底，实际供热面积接近1000万平方米，供热季总供热量接近300万GJ。主要集中在陕西省，山西、河北、甘肃、天津以及山东等地也有一定规模的工程应用。实测结果表明，该技术采用的中深层地热地埋管深度多为2000～3000米。热源侧在循环水泵驱动下，单根地埋管循环流量维持在20～30m/h，远大于国外相关项目的循环流量。受中深层地热地埋管当地具体地质地热条件及运行调控策略的影响，热源侧出水温度能达到30℃以上，单个取热孔的换热量可达到 250~400kW，平均每延米取热量可达到 100~160W/m，个别项目甚至更高。结果表明，当采用中深层地热地埋管提取地热能作为高品位热源时，热泵机组供热 COP 能达到 8.0，系统的综合能效接近 6.0。由此可见，得益于更高品位的低温热源，中深层地热地埋管热泵供热系统体现了更高的运行性能，是实现清洁低碳供热的重要途径。

陕西西咸新区是 2014 年 1 月经国务院批准设立的首个以创新城市发展方式为主题的国家级新区。西咸新区从 2015 年起就探索新型供热模式，破解城市清洁供热难题。陕西西咸新区沣西新城无干扰地热能供暖项目（三期）一标段枫溪美郡区域中深层无干扰地热能供暖工程。总建筑用地面积 8.6 万 m^2，设计采用中深层地热岩供热技术，其中共设计 6 口换热井，分别位于背景工程南北区各 3 口，井深 2500m，井间距 15m（如图 6-20 所示）。

图 6-20　项目工程

该系统工作原理如图 6-21 所示，通过金属换热器及换热站的循环实现中深层地热能提取，并通过专用热泵系统向地面建筑物进行供热。通过在该工程中应用无干扰中深层地热能提取技术，实现了显著的节能减排效果。在一个采暖季（4 个月），每 100 万 m^2 建筑与燃煤锅炉相比地热能供热可替代标煤 1.6 万吨，减少 CO_2 排放量 4.3 万吨，减少 SO_2 排放量 136 吨。同时，由于该工程运行成本低，可为 10 万 m^2 的小区每年节约 24 万元。

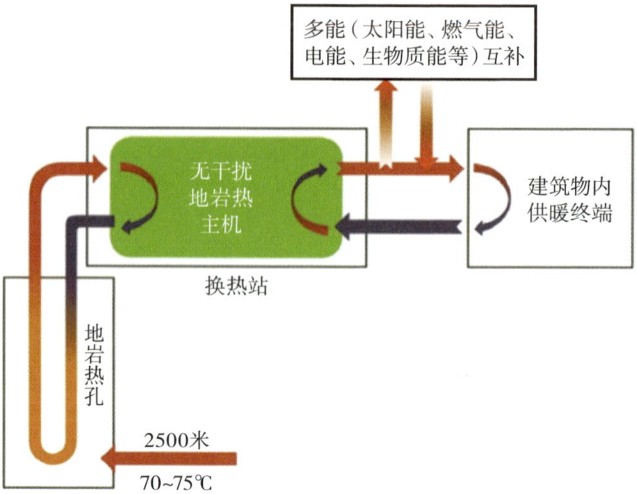

图 6－21　地热能提取示意

3. 中深层地热资源逐步实现用户直接供热

地热能通常与热泵相结合实现供热应用，而当地热出水温度较高时也可实现地热水的直接供热。尤其随着近年来出现的多种低温供热末端形式，为地热能低温供热应用提供了更多途径，地热能的直接供热成为了关注热点。

（1）传统高温热水直接供暖形式

当地热出水温度较高时，不通过热泵提升即可实现出水的直接供热，传统的直接供热系统形式主要有：

地热水用于直接供热。利用深井潜水泵从生产井抽取中深层地热水，经输水管网送至储水池，然后通过二次水泵将水加压直接送至采暖末端进行供暖，降温后的地热水经输水管网送至回灌井进行回灌，如图 6－22 所示。

地热水用于间接供热。利用深井潜水泵从生产井抽取中深层地热水，经输水管网送至换热器，将热量传递给供热循环水。此时地热水为一次水，循环水为二次水，两路水通过中间换热器换热隔开，供热循环水利用地热水中传递出的热量送至用户供暖，降温后的地热水经输水管网送至回灌井进行回灌（如图 6－23 所示）。

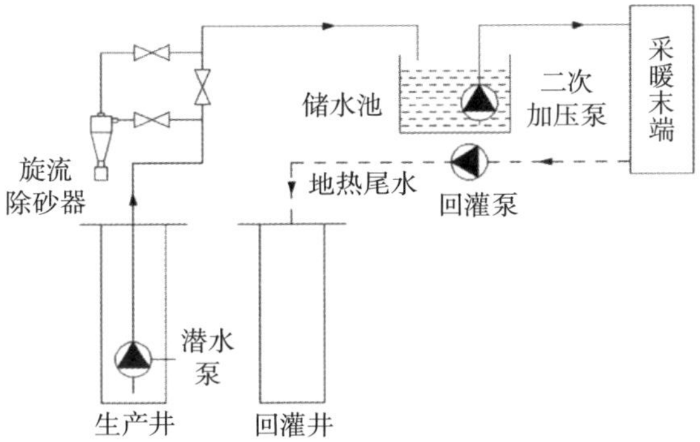

图 6－22　地热水直接供热系统

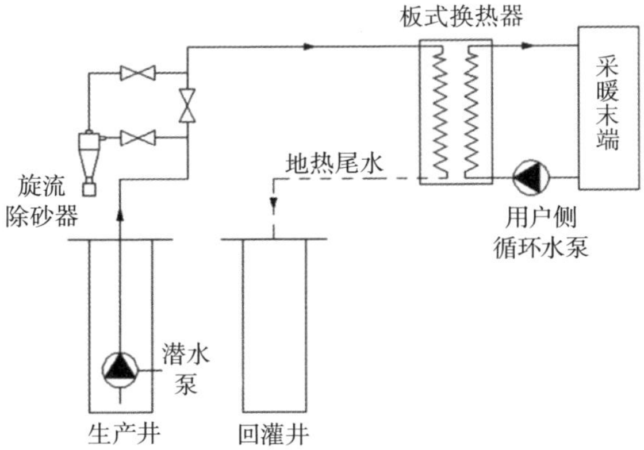

图 6－23　地热水间接供热系统

上述供热方式均为传统高温形式供热技术，由于水热型地热能开采形式水温较高，可用于直接供热。但该利用形式对地热资源禀赋要求较高，不具有普适性；且由于回灌困难、地下水污染等问题，难以大面积推广。

（2）直接供热，梯级利用形式

由于中深层地热能出水温度通常可以达到几十摄氏度，若能结合低温供热末端（如前文所述双层嵌管墙、嵌管窗等）研发地热能梯级利用的直接供热形式，将有着巨大的应用潜力。区别于传统的供热末端需要较高温度的热水，低温供热末端通过梯级利用自然热源，可同时实现热负荷拦截和低温供热。

图 6－24 为梯级利用低温热水供热的系统形式。该系统通过结合热泵、

嵌管墙、地暖辐射、嵌管窗等技术实现了负荷拦截，降低了室内热负荷的需求，同时利用较低温度的热水辅助供热。由于进行了负荷拦截，可以大大降低供热系统的峰值热负荷，减少系统的装机容量。同时，当中深层地热系统出水温度较高时可利用其实现直接供热，此时仅需要消耗少量的水泵功即可保障室内的供暖需求；当出水温度较低时可通过热泵将回水温度提高，保障室内热需求（可通过进一步优化设计及运行调控，实现地热能出水温度优化控制，利用出水大温差实现低温供热而无需使用热泵提高温度）。此外，通过与室内风系统结合，该系统可兼顾快速启动和间歇运行，实现消纳可再生能源电力等功能。由此可见，中深层地热能的直接供热、梯级利用形式在清洁供热领域有着巨大节能潜力。

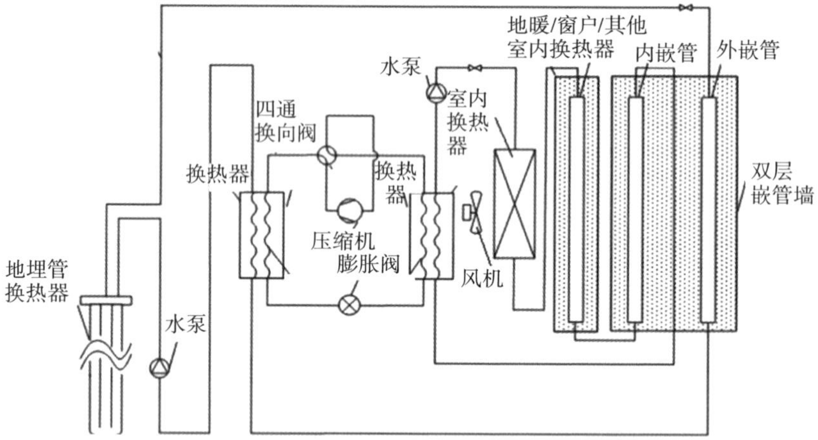

图 6－24　地热水梯级利用的直接供热系统

（三）加强与国际组织的合作与交流

我国清洁供热产业是全球可持续发展的重要组成部分，在该领域拥有巨大潜力和广阔发展空间。在过去的几十年时间，我国清洁供热行业持续吸收国际经验，相关产业和技术取得了长足进步，当下已与国际处于并跑阶段，今后继续吸收国际经验的同时需要加强对外交流与宣传，让更多人了解中国清洁供热状况。

可以通过国际合作项目分享清洁供热技术的进展和经验；可以提供软性支持，如技术培训和能力建设，帮助其他国家提升供热产业的技术水平；可以通过参与国际会议、研讨会和展览等活动展示我国在清洁供热领域的最新成果，并吸收国际先进技术，取长补短；可以通过南南合作等机制向发展中国家提供资金援助，鼓励中国企业在海外投资，并吸引外资参与供热产业的发展。

为促进国际合作的推进，应出台为清洁供热企业提供财政支持、税收优惠等激励措施。建立国际合作平台，为企业牵线搭桥，促进国际合作项目顺利落地；推动贸易便利化措施，减少清洁供热产业的国际贸易壁垒。

我国清洁供热企业应积极寻找合作伙伴，通过合资、合作等方式进入当地市场。同时，企业也应探索新的合作模式，如公私合作，以降低项目风险，提高成功率。此外，还应注重本土化经营，尊重当地文化和法律，与当地社区建立良好的关系，以实现可持续发展。

加强与联合国、世界银行等国际组织的合作，共同推动清洁供热产业的国际合作项目。我国可以主动与其他国家共享清洁供热技术部署的数据，促进国际合作和技术交流；披露中国清洁供热产业的投融资数据，增加国际社会对我国产业的了解和信任；与国际伙伴共享技术与资金需求评估信息，促进国际合作项目的精准对接。

通过技术和资金支持、政策和激励机制、项目和市场开拓和加强与国际组织的合作等措施，我国清洁供热产业将在全球舞台上发挥更大的作用。国际合作也为供热产业带来了挑战，需要产业界、政府和社会各界共同努力，以应对挑战，把握机遇。

二、政策建议

（一）推动技术创新

1. 加大科技研发的投入

鼓励研究机构和企业增加经费投入，重点关注高效供热末端、新型热泵技术和对中深层地热能的开发。可通过设立政府专项研发基金，支持和激励科研机构与企业在清洁供热技术上的创新研发。此类基金可以通过项目资助、奖励机制及税收优惠等形式发放，降低研发成本，促进技术进步。同时，推动产学研结合及国际合作，通过引入国外先进技术和经验，提升本土研发能力，实现科研院所技术成果的快速转化与应用。

2. 促进技术成果的转化

推动建立省部级或市级清洁供热技术转化中心，通过提供技术评估、验证和项目孵化等服务有效缩短研发与市场之间的距离。通过将高校与研究院所的人才优势、科技优势、专业优势与企业的资源优势、产业优势、市场需求相结合，发掘低碳甚至零能耗供热技术的应用场景，设计适应个性化民生需求的全年综合能源应用解决方案，促进科技研发成果的产业化转化与实际应用进程。

3. 推动智能化技术应用

智能技术应用在家庭供热系统中有可能显著提高能源效率、减少碳排放并降低供暖成本。通过提供财政激励，如普及分时电价，可使应用智能化技术的家庭从中获得收益，有助于节省能源成本，利于在更广泛的用户群体中推广。

为不同家居设备和平台之间的互操作性制定行业标准，保证不同制造商的供热系统能够与其他智能家居设备（如智能恒温器、人工智能系统、气象站，冰箱或空调等电器）无缝通信和工作，迅速推动技术的普及。

鼓励整合数据驱动平台，分析家庭能源使用情况，并根据来自各种来源的实时数据（如天气预报、能源需求和家庭使用模式）优化供暖，为更优化的智能技术平台的生成和应用提供数据支持

（二）加强人才培养

随着技术的进步和产业的升级，亟需根据行业发展动向，提前布局和强化新型技术人才管理和培训。

1. 建立面向清洁供热的专业人才培养体系

建立面向该领域的专业人才培养体系，应包含高等教育、职业教育和在职培训等多个层面，以培养不同层次的专业人才。

在高等教育层面，高校应设立清洁供热相关专业课程，包括但不限于

能源与动力工程、建筑环境与能源应用工程、机械工程、储能科学与工程等与清洁供热密切相关的专业。高校应加强与企业的合作，通过产学研结合的方式，提供更多的实践机会。

在职业教育层面，应加强与职业院校的合作，开设清洁供热相关的专业课程，培养具有实际操作技能的技术人才。应注重实践操作和技能培训，使学生能够在毕业后迅速适应岗位需求。

对于在职人员，定期开展技能提升和安全培训，提高现场操作人员的专业水平和应急处理能力。可通过线上和线下结合的方式进行，以适应不同员工的学习需求和时间安排。

2. 提升从事清洁供热人员研发和设计能力

研发和设计能力是产业创新和发展的核心。应设立清洁供热相关的培训项目，提高专业技术人员的素质和技术水平，可包括新技术的介绍、设计软件的使用、项目管理等内容。

通过组织国际科技合作交流计划，参与国际清洁能源项目，提高专业技术人员的国际视野和技术能力，助力技术人员学习国际先进的技术和管理经验。

清洁供热涉及能源、环境、建筑、机械等多个学科。因此，建立跨学科团队，促进不同学科背景的技术人员之间的交流和合作，也具有重要意义。

3. 强化培训清洁供热建设与运维高端人才

定期开展技能提升和安全培训，提高现场操作人员的专业水平和应急处理能力。特别是在热泵维修维护、新型可燃制冷剂、安装运维等方面，需要有专业的培训和认证体系，以确保操作的安全性和效率。

项目管理和团队领导能力也是高端人才必备的素质。应通过培训和实践，提升项目管理能力，使其能够有效地管理项目进度、降低成本和提高质量。

为了激励高端人才的发展，应建立人才评价和激励机制。通过定期的绩效评估对表现优秀的人才给予奖励和晋升机会，以激发其工作热情和创新动力。

参考文献

[1] Li A, Xu X, Sun Y, A study on pipe – embedded wall integrated with ground source – coupled heat exchanger for enhanced building energy efficiency in diverse climate regions[J]. Energy and Buildings, 2016, 121: 139 – 151.

[2] 姜思航, 李先庭. 利用双层嵌管围护结构降低供热系统能耗[J]. 建筑环境与能源, 2021, 8 (46): 56 – 60.

[3] Wu Y, Sun H, Duan M, et al. Novel radiation – adjustable heating terminal based on flat heat pipe combined with air source heat pump[J]. Engineering, 2023, 20: 192 – 207.

[4] 黄雪婷, 郝好, 扈光霞. 地源热泵耦合水蓄能及常规能源复合式系统在工程中的应用分析[J]. 暖通空调, 2023, 53(S1): 154 – 158.

[5] Yang L, Xu R, Zhou W, et al. Investigation of solar assisted air source heat pump heating system integrating compound parabolic concentrator – capillary tube solar collectors[J]. Energy Conversion and Management, 2023, 277: 116607.

[6] 付林, 李岩, 张世钢, 等. 吸收式换热的概念与应用[J]. 建筑科学, 2010, 26(10): 136 – 140.

[7] 程博, 秦冰, 梁丹丹, 等. 基于吸收式换热的热电联产低温供热技术研究[J]. 区域供热, 2024, (03): 83 – 88.

[8] Fang H, Xia J, Jiang Y. Key issues and solutions in a district heating system using low – grade industrial waste heat[J]. Energy, 2015, 86: 589 – 602.

[9] Li T, Chen W, Li X, et al. Investigation of control strategies for dual – temperature district heating substations with two absorption heat pumps and two heat exchangers[J]. Energy Conversion and Management, 2024, 309: 118431.

[10] Chen W, Li T, Li X, et al. Design of district heating system with dual - temperature supply based on thermal energy discretisation and matching method[J]. Journal of Cleaner Production, 2023, 421: 138533.

[11] 王贵玲,刘彦广,朱喜,等. 中国地热资源现状及发展趋势[J]. 地学前缘,2020,27(01):1 -9.

[12] 沈翀. 利用自然能源降低建筑围护结构负荷的方法研究[D]. 清华大学, 2018.

[13] Zhao Y, Li X, Energy efficiency and economic performance of a low - temperature heating system combining double - layer pipe - embedded wall and ground source heat pump[J]. Renewable Energy, 2025, 239: 122087.

[14] 吕伟华, 李先庭, 浅表层地热能用于新风预处理的节能潜力分析[J]. 建筑科学, 35 (06) (2019) 116 -121.

[15] 王贵玲, 刘彦广, 朱喜, 张薇. 中国地热资源现状及发展趋势[J]. 地学前缘, 2020, 27(01): 1 -9.

[16] 韩二帅, 张家护, 鲁冰雪, 等. 中深层地热能供热技术综述及工程实例[J]. 区域供热, 2019, (02): 79 -83.

[17] 邓杰文. 中深层地热地埋管热泵供热系统研究与应用[D]. 清华大学, 2020.

[18] 邓杰文, 魏庆芃, 张辉, 李建峰. 中深层地热源热泵供热系统能耗和能效实测分析[J]. 暖通空调, 2017, 47(08): 150 -154.

[19] Deng J, Wei Q, Liang M, et,al. Field test on energy performance of medium - depth geothermal heat pump systems (MD - GHPs) [J]. Energy and Buildings, 2019, 184: 289 -299.

[20] 魏永祥, 胡登海, 郭武, 等. 中深层无干扰地热能供暖节能环保施工技术研究[J]. 建筑机械化, 2021, 42(09): 53 -56.

清洁供热产业委员会（CHIC）简介

2016 年 12 月 21 日，习近平总书记在中央财经领导小组第十四次会议上指出**“推进北方地区冬季清洁取暖，是重大的民生工程、民心工程”**；2017 年 5 月 16 日，财政部等四部委出台《关于开展中央财政支持北方地区冬季清洁取暖试点工作的通知》，列支专项资金支持清洁取暖工作；2017 年 12 月 5 日，国家发展改革委等十部委出台《北方地区冬季清洁取暖规划（2017—2021 年）》，提出到 2021 年，北方地区清洁取暖率达到 70%。在此背景下，2018 年 4 月 13 日，**中国清洁供热行业协会组织——清洁供热产业委员会（CHIC）应势而生。**

一、CHIC 是谁

清洁供热产业委员会（Clean Heating Industry Committee，CHIC），是由清洁供热企业、技术产品提供商、绿色低碳公司及金融机构等单位组成的跨地区、跨部门、跨领域的中国清洁供热行业协会组织，业务上接受国家发展改革委等部门指导。

CHIC 咨询委员会主任**刘燕华，国务院原参事、科技部原副部长。**

CHIC 专家委员会主任**綦升辉，博士、研究员。山东省节能技术研究院院长、国家能源区域综合智慧能源研发中心主任。**

CHIC 主任**周宏春，国务院发展研究中心研究员、原副巡视员。**

周宏春主任，总理雾霾治理专项 15 人顾问组成员，中国循环经济 50 人之一，国务院政府特殊津贴获得者。长期从事清洁供热、资源环境和可持续发展等领域的政策研究，主持或参与国家级课题项目百余项，发表学术论文 600 余篇，出版著作 30 多部，是我国著名的生态文明专家和学者。

CHIC 发展理念：共创、共享、共赢。

CHIC 长期与国家节能中心、国家发展改革委价格成本和认证中心、国家发展改革委能源研究所、住房城乡建设部科技与产业化发展中心、中

国科学技术协会、德国国际合作机构（GIZ）、法国开发署、世界银行、清华大学、中国农业大学、华夏银行、宁波银行、中国投融资担保股份有限公司、北京国资融资租赁、中关村科技租赁股份有限公司、国家电投集团基金管理有限公司等保持良好合作关系。截至2024年底，CHIC成员单位超过900家，涉及央企、国企、民企、外企等多种类型，含多家上市公司，成员遍布全国20多个省、区、市。

CHIC会员分为常务委员单位、副主任委员单位和主任委员单位三个级别。

CHIC会员（部分）：中节能节能科技有限公司、北京金茂绿建科技有限公司、中国技术进出口集团有限公司、中节能唯绿（北京）科技有限公司、双良节能系统股份有限公司、金房能源集团股份有限公司、北京京能热力股份有限公司、联美量子股份有限公司、哈尔滨九洲集团、四季沐歌科技集团有限公司、恒有源科技发展集团有限公司、龙基能源集团有限公司、中环寰慧科技集团有限公司、潍坊市能源集团有限公司、天津市华春能源集团有限公司、贝姆热能科技集团有限公司、嫩江盛烨热电有限责任公司、山东琦泉能源科技有限公司、北京嘉洁能科技股份有限公司、喜德瑞中国、济南蓝天热电有限公司、河北丰源智控科技股份有限公司、济南工达捷能科技发展有限公司、临汾市热力供应有限公司、北京燃气能源发展有限公司、杭州云谷科技股份有限公司、山西三水能源股份有限公司、北京创今世纪科技有限公司、北京硕人时代科技股份有限公司、汇中仪表股份有限公司、德国恩乐曼传感器有限公司、代傲表计（济南）有限公司、包头市华蒙环保节能科技开发有限公司、衢州佰强新材料科技有限公司、宁波美科二氧化碳热泵技术有限公司、天津华赛尔传热设备有限公司、唐山兴邦管道工程设备有限公司、乐沃（天津）新能源技术有限公司、中关村科技租赁股份有限公司、国资租赁、航天科工金融租赁有限公司、中建投租赁股份有限公司等。

二、CHIC 能做什么

为宣传贯彻清洁供热产业政策、引导市场有序合理竞争、促进产业健康持续发展，CHIC 搭建中国清洁供热产业公共服务平台，从**咨询研究、品牌宣传、交流合作、能力建设、融资服务和国际交流**六大方面提供服务。

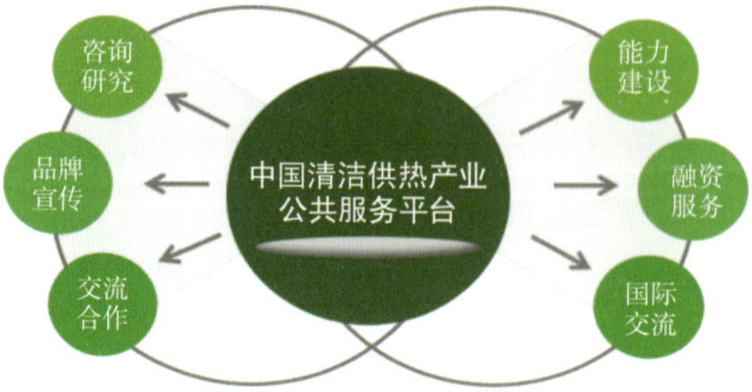

1. 咨询研究

研究产业政策和行业发展，向国家发展改革委等部门报送产业相关政策建议，为国家制定政策提供重要参考，为企业了解产业政策提供最新讯息，促进产业高质量发展。

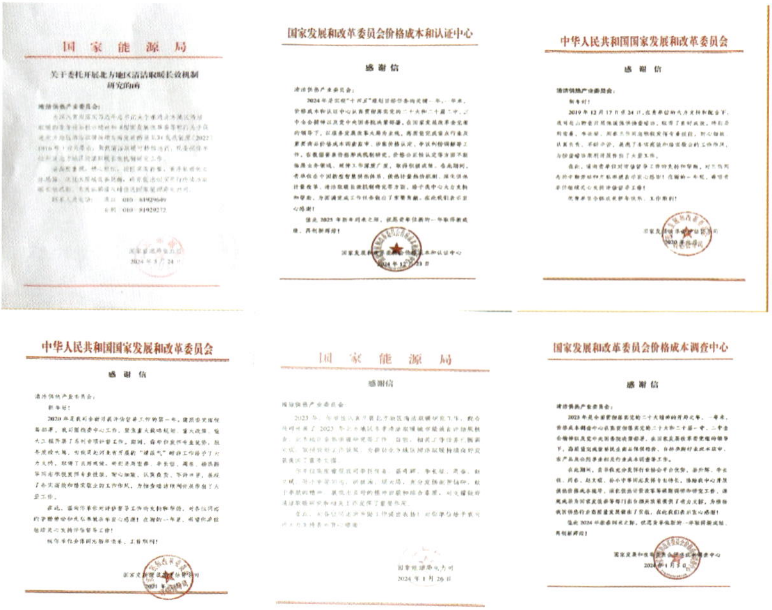
国家能源局

关于委托开展北方地区清洁取暖长效机制研究的函

国家发展和改革委员会价格成本和认证中心

感谢信

中华人民共和国国家发展和改革委员会

感谢信

中华人民共和国国家发展和改革委员会

感谢信

国家能源局

感谢信

国家发展和改革委员会价格成本调查中心

感谢信

针对产业痛点、难点、热点问题进行课题研究；协助国家部委进行地方清洁供热调研调查；帮助地方政府、企事业单位做规划课题；开展清洁取暖项目城市申报、供热计量试点城市申报等服务。

发布年度品牌报告《中国清洁供热产业发展报告》，追踪产业发展、公布权威数据、分析产业现状、展示优秀案例、预测产业趋势。

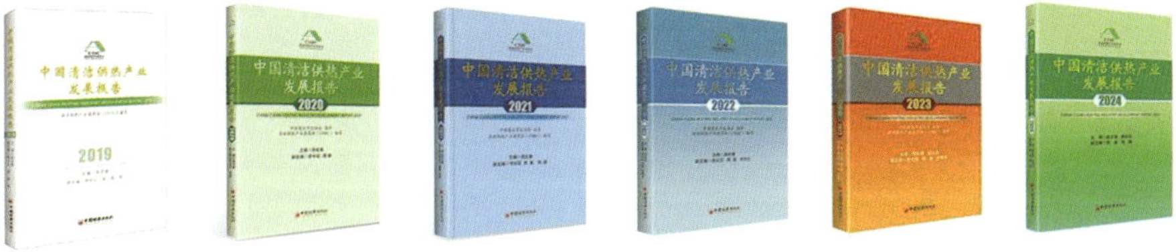

2. 行业规范

制定清洁供热相关技术、服务标准，建立行业服务标准体系。

牵头发起《清洁供热服务》（T/CABEE 044－2023）、《智慧供热服务评价技术要求》（T/CASMES 436－2024）、《供热数据资产化指引》、《供热碳排放计算方法》等团体标准编制；支持认国家监委批准的第三方机构开展“清洁供热服务”与“智慧供热服务”行业规范性评价活动，综合评定企业清洁供热服务等级，目前已有中节能节能科技有限公司、北京金茂绿建科技有限公司、中节能唯绿（北京）科技有限公司、西安中节能城市供热有限公司、双良节能系统股份有限公司、北京京能热力股份有限公司、联美量子股份有限公司、四季沐歌科技集团有限公司等多家企业成功获得清洁供热服务认证证书。

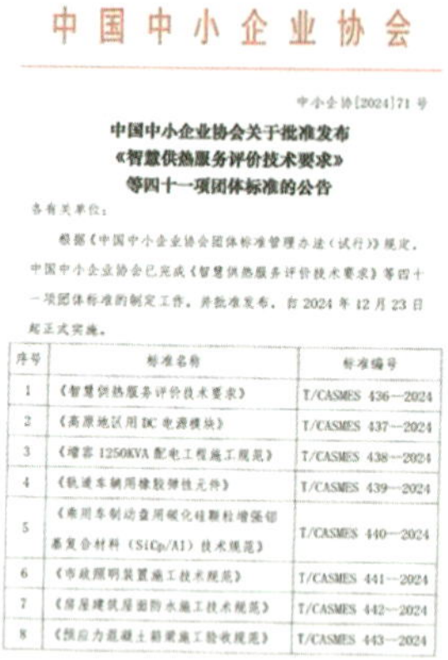

中国中小企业协会

中小企协[2024]71号

中国中小企业协会关于批准发布《智慧供热服务评价技术要求》等四十一项团体标准的公告

各有关单位：

根据《中国中小企业协会团体标准管理办法（试行）》规定，中国中小企业协会已完成《智慧供热服务评价技术要求》等四十一项团体标准的制定工作，并批准发布，自2024年12月23日起正式实施。

序号	标准名称	标准编号
1	《智慧供热服务评价技术要求》	T/CASMES 436—2024
2	《高原地区用DC电源模块》	T/CASMES 437—2024
3	《增容1250KVA配电工程施工规范》	T/CASMES 438—2024
4	《轨道车辆用橡胶弹性元件》	T/CASMES 439—2024
5	《乘用车制动盘用碳化硅颗粒增强铝基复合材料（SiCp/Al）技术规范》	T/CASMES 440—2024
6	《市政照明装置施工技术规范》	T/CASMES 441—2024
7	《房屋建筑屋面防水施工技术规范》	T/CASMES 442—2024
8	《预应力混凝土箱梁施工验收规范》	T/CASMES 443—2024

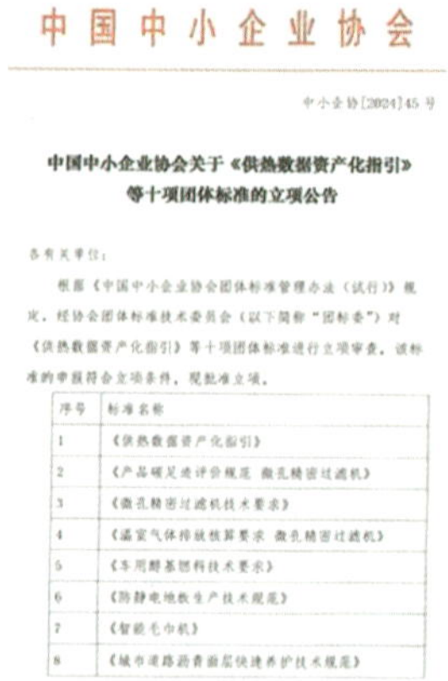

中国中小企业协会

中小企协[2024]45号

中国中小企业协会关于《供热数据资产化指引》等十项团体标准的立项公告

各有关单位：

根据《中国中小企业协会团体标准管理办法（试行）》规定，经协会团体标准技术委员会（以下简称“团标委”）对《供热数据资产化指引》等十项团体标准进行立项审查，该标准的申报符合立项条件，现批准立项。

序号	标准名称
1	《供热数据资产化指引》
2	《产品碳足迹评价规范 微孔精密过滤机》
3	《微孔精密过滤机技术要求》
4	《温室气体排放核算要求 微孔精密过滤机》
5	《车用醇基燃料技术要求》
6	《防静电地板生产技术规范》
7	《智能毛巾机》
8	《城市道路沥青面层快速养护技术规范》

为提升清洁供热企业服务水平，提高清洁供热服务质量，维护清洁供热市场竞争秩序，促进中国清洁供热产业健康发展，根据《北方地区冬季清洁取暖规划（2017—2021年）》、《关于推进行业协会商会诚信自律建设工作的意见》、《清洁供热服务》（T/CABEE 044－2023）和《清洁供热企

业评级管理办法（暂行）》等文件精神，CHIC 面向会员单位开展清洁供热企业评级工作。

3. 品牌宣传

通过 CHIC 官方网站、官方公众号、官方微博、官方视频号、官方抖音等宣传平台全方位、多渠道宣传企业信息，扩大品牌影响力，提升行业地位，塑造企业形象。

4. 交流合作

通过举办丰富的品牌交流活动，搭建广泛、务实、高效的合作交流平台，畅通行业信息，促进产业内外合作。

CHIC 品牌活动有中国清洁供热产业峰会、清洁供热中国行、CHIC 清谈小会、CHIC 网络课堂、清洁供热企业家合作交流会、银企对接会等。

中国清洁供热产业大会

中国清洁供热产业大会是清洁供热产业一年一度最有影响力、最具权威性的品牌盛会，也是行业“罗马大会”，规模 1000 人左右，有着行业“达沃斯论坛”的美誉。政府部门、行业组织、科研院所、金融机构及清洁供热企业领导和专家齐聚大会，围绕大会主题进行政策解读、经验分享、技术推介。

首届中国清洁供热产业峰会 600人

第二届中国清洁供热产业峰会 500人

第三届中国清洁供热产业峰会 线上线下

第四届中国清洁供热产业峰会 800人

第五届中国清洁供热产业大会及首届中国清洁供热展1500人

清洁供热中国行

清洁供热中国行是由 CHIC 发起的大型公益活动，旨在围绕地方政府推进清洁供热工作中的重点、难点及热点问题，组织清洁供热相关单位及行业专家提供组合式、高水准、长效化综合解决方案，以此带动地方清洁供热及绿色低碳产业高质量发展。目前已经开展了清洁供热中国行—泰安行、永嘉行、聊城行、哈尔滨行。

清洁供热中国行—泰安行
2019年7月27日　山东泰安 400人

清洁供热中国行—永嘉行
2021年6月11日　浙江永嘉 300人

清洁供热中国行—聊城行
2023年3月24日　山东聊城 300人

清洁供热中国行—哈尔滨行
2024年1月11日　黑龙江哈尔滨 100人

CHIC 清谈小会

CHIC 清谈小会是 CHIC 于 2022 年发起的精品沙龙活动，旨在加强 CHIC 与成员单位的交流互动，促进 CHIC 成员之间技术、资金、人才、市场等要素的高效匹配，助力成员单位快速发展壮大，进而促进清洁供热产业健康发展。

清洁供热企业家合作交流会

清洁供热企业家合作交流会是 CHIC 打造的高端行业交流会，仅限总经理以上级别的企业家参加，可与行业内优秀企业家面对面深入交流沟通、建立友谊、共商发展。

银企对接会

银企对接会是 CHIC 针对清洁供热相关企业融资难、融资贵等问题而组织的金融机构和企业之间的对接活动，通过银企双方面对面交流沟通，高效解决融资难题，助力企业快速发展。

一对一战略合作交流会/沙龙活动等

针对企业诉求，一对一或一对多邀请符合条件的机构、企业、领导、专家就企业发展面临的问题展开充分交流，求同存异，整合资源，共赢发展。

5. 能力建设

开办线上网络课堂，围绕产业热点话题，对技术、政策、融资、产业现状及趋势等进行解读探讨，持续为产业赋能；开展清洁供热相关政策培训、技术产品培训、企业内训等提升行业及企业社会竞争力。

6. 融资服务

和中外银行、租赁公司、产业基金、风险投资公司、担保公司等金融机构对接，为企业提供投融资服务。

深入研究供热基础设施 REITs 融资模式与供热数据资产化路径，助力企业盘活存量资产、拓宽融资渠道，同时挖掘数据要素价值潜能，推动供热行业向智慧化运营和绿色低碳方向转型升级。

7. 国际交流

与世界银行、德国国际合作机构、世界自然基金会等国际机构及丹麦、德国、芬兰等政府主管部门对接，学习国外先进经验，引进优秀实用技术产品，带领会员拓展国际市场，促进国际交流与合作。